Dreamweaver MX zum Nachschlagen

Ingo Steinhaus

Fast alle Hard- und Software-Bezeichnungen, die in diesem Buch erwähnt werden, sind gleichzeitig auch eingetragene Warenzeichen und sollten als solche betrachtet werden. Der Verlag folgt bei den Produktbezeichnungen im Wesentlichen den Schreibweisen der Hersteller. Der Verlag hat alle Sorgfalt walten lassen, um vollständige und akkurate Informationen in diesem Buch bzw. Programm und anderen evtl. beiliegenden Informationsträgern zu publizieren. SYBEX-Verlag GmbH, Düsseldorf, übernimmt weder die Garantie noch die juristische Verantwortung oder irgendeine Haftung für die Nutzung dieser Informationen, für deren Wirtschaftlichkeit oder fehlerfreie Funktion für einen bestimmten Zweck. Ferner kann der Verlag für Schäden, die auf eine Fehlfunktion von Programmen, Schaltplänen o. Ä. zurückzuführen sind, nicht haftbar gemacht werden, auch nicht für die Verletzung von Patent- und anderen Rechten Dritter, die daraus resultiert.

Projektmanagerin: Petra Fecke
DTP: Alright-Publishing, Getelo
Endkontrolle: Mathias Kaiser Redaktionsbüro, Düsseldorf
Umschlaggestaltung: Guido Krüsselsberg, Düsseldorf
Farbreproduktion: Fischer GmbH, Willich
Belichtung, Druck und buchbinderische Verarbeitung: LegoPrint S.p.A., Lavis (Italien)

ISBN 3-8155-0461-9

1. Auflage 2002

Alle Rechte vorbehalten. Kein Teil des Werks darf in irgendeiner Form (Druck, Fotokopie, Mikrofilm oder in einem anderen Verfahren) ohne schriftliche Genehmigung des Verlags reproduziert oder unter Verwendung elektronischer Systeme verarbeitet, vervielfältigt oder verbreitet werden.

Printed in Italy

Copyright © 2002 by SYBEX-Verlag GmbH, Köln

Inhaltsverzeichnis

Teil 1: Schritt-für-Schritt-Anleitungen

1. **Einführung in Dreamweaver MX** **13**
   - **Dreamweaver MX im Überblick** **13**
   - **Die Benutzeroberfläche** **14**
     - Das Arbeitsbereichslayout **15**
     - Die Bedienfelder **15**
     - Der Eigenschafteninspektor **16**
     - Die Markierungsleiste **16**
     - Die Leiste *Einfügen* **17**
   - **Hinweise zur Bedienung** **17**

2. **Websites verwalten** **21**
   - **Eine Website erzeugen** **21**
     - Der Site-Definitionsassistent **21**
     - Den lokalen Stammordner definieren **22**
     - Remote-Informationen eingeben **23**
     - Test-Server für dynamische Inhalte **25**
     - Cloaking **25**
     - Design Notes **26**
     - Sitemap-Layout **26**
     - Dateiansichtsspalten **27**
   - **Eine Website ändern** **28**
   - **Dateien und Ordner verwalten** **29**
     - Das Bedienfeld *Site* **29**
     - Dateien erzeugen und verändern **31**
     - Die Sitemap benutzen **32**
   - **Mit Dokumenten arbeiten** **33**
     - Dokumente aus Vorlagen erzeugen **34**
     - Seiteneigenschaften ändern **36**
     - Das HEAD-Tag ändern **38**
     - Meta-Eigenschaften **38**

3. Seiten und Frames gestalten 41

Layoutwerkzeuge 41
- Layoutansicht 41
- Raster 43
- Lineal 44
- Tracing-Bilder 45

Mit Tabellen gestalten 46
- Layouttabellen und -zellen einfügen 47
- Layouttabellen und -zellen bearbeiten 49

Mit Frames gestalten 53
- Hinweise zu Frames 54
- Framesets erzeugen 55
- Eigenschaften der Frames ändern 57
- Mit Frames arbeiten 59

4. HTML-Objekte einfügen 61

Text, Tabellen und Grafiken nutzen 61
- Text eingeben 61
- Zeichen und Absätze formatieren 62
- Tabellen einfügen 68
- Bilder und Medien einfügen 71

Hyperlinks einfügen 76
- Absolute und relative Pfade 76
- Hyperlinks zu einem Dokument 77
- Hyperlinks zu einer Dokumentposition 78
- Hyperlinks zu einer Mail-Adresse 79

HTML-Tags einfügen 80

Site-Elemente verwalten 81

Aufbau des Bedienfelds *Elemente* 81
- Vorschaufeld und Elementliste 82
- Elementkategorien 83

Die Arbeit mit dem Bedienfeld *Elemente* 83
- Elemente hinzufügen 83
- Elemente und Favoriten organisieren 84

Vorlagen und Bibliotheken 85
- Vorlagen 85
- Bibliotheken 86

5. Bibliotheken und Vorlagen ... 87

Vorlagen nutzen ... 87
- Vorlagen bearbeiten ... 90

Dynamische Vorlagen ... 92
- Bearbeitbare Bereiche ... 92
- Wiederholende Bereiche ... 95
- Optionale Bereiche ... 97
- Bearbeitbare Attribute ... 100
- Verschachtelte Vorlagen ... 102

Bibliotheken ... 102

6. Stylesheets nutzen ... 107

Cascading Stylesheets ... 107
- Was sind Cascading Stylesheets? ... 107
- Vorteile von Cascading Stylesheets ... 107
- Die Arbeit mit Cascading Stylesheets ... 108

Stylesheets mit Dreamweaver bearbeiten ... 112
- Stylesheets erzeugen und nutzen ... 113
- Stile zuweisen und entfernen ... 115
- Stile erzeugen und ändern ... 115

7. Navigationselemente ... 125

Einfache Navigationselemente ... 125
- Textmenüs ... 125
- Sprungmenüs ... 126

Navigationsleisten ... 128
- Navigationsleisten einfügen ... 129
- Navigationsleisten bearbeiten ... 131

Flash-Schaltflächen ... 131

Imagemaps ... 132
- Imagemaps einfügen ... 133

Popup-Menüs ... 134
- Ein einfaches Popup-Menü aufbauen ... 136
- Ein hierarchisches Popup-Menü aufbauen ... 137
- Das Erscheinungsbild des Menüs ändern ... 138
- Die Menüzellen verändern ... 139

	Die Menüposition verändern	140
	Ein fertiges Menü bearbeiten	140
	Eine *MouseOver*-Animation nutzen	141

8. Ebenen und Animationen — 143

DHTML und JavaScript — 143
- Was ist DHTML? — 143
- Ebenen und Verhalten — 144

Mit Ebenen arbeiten — 145
- Ebenen und HTML — 145
- Ebenen einfügen — 146
- Ebenen bearbeiten — 147
- Ebenen formatieren — 147

Interaktivität mit Verhalten — 148
- Das Bedienfeld *Verhalten* — 148
- Bildwechsel unter dem Mauszeiger — 152

Animationen mit der Zeitleiste — 153
- Die Dreamweaver-Zeitleiste — 153
- Ein automatisches Wechselbild — 155
- Ein Bild auf der Zeitleiste bewegen — 158

9. Formulare — 163

Formulare erzeugen — 163

Die Formularleiste — 165

Formularobjekte einfügen — 167
- Textfelder einfügen — 167
- Versteckte Felder einfügen — 168
- Kontrollkästchen einfügen — 169
- Optionsschalter einfügen — 169
- Optionsschaltergruppen einfügen — 170
- Listen einfügen — 171
- Bildfelder einfügen — 172
- Dateifelder einfügen — 173
- Schaltflächen einfügen — 173

Formulare gestalten — 174
- Beschriftungen — 174
- Feldgruppen — 176

10. Dynamische Websites 179

Datenbankzugriff vorbereiten 179
- Zugriffsverfahren 180
- Die Datenbanksite einrichten 181
- ASP-Datenquellen einfügen 182
- MySQL/PHP-Datenquellen einfügen 183

Datenbankverbindungen nutzen 185
- Bindungen einfügen 185
- Datenfelder einfügen 187
- Datenbankobjekte nutzen 188
- Master/Detail-Seiten erzeugen 192

Datenbankanwendungen entwickeln 194
- Die Startseite gestalten 194
- Datensätze eingeben 197
- Datensätze ändern 199
- Datensätze löschen 201

Teil 2: Referenz

Die Dokumentsymbolleiste 205
Das Bedienfeld *Einfügen* 205
- Das Register *Allgemein* 206
- Das Register *Layout* 207
- Das Register *Text* 207
- Das Register *Tabellen* 209
- Das Register *Frames* 209
- Das Register *Formulare* 210
- Das Register *Vorlagen* 211
- Das Register *Zeichen* 212
- Das Register *Medien* 213
- Das Register *Head* 214
- Das Register *Skript* 214
- Das Register *Anwendung* 215
- Wichtige Hinweise 215

Der Eigenschafteninspektor 216
- Der Eigenschafteninspektor für Text 218
- Der Eigenschafteninspektor für Grafiken 218
- Der Eigenschafteninspektor für Tabellen 218
- Der Eigenschafteninspektor für Tabellenzellen 219

Der Eigenschafteninspektor für Ebenen	219
Der Eigenschafteninspektor für Framesets	219
Der Eigenschafteninspektor für Frames	220
Der Eigenschafteninspektor für Plug-Ins	220
Der Eigenschafteninspektor für Flash-Filme	220

Das Bedienfeld *Site* 221

Das Bedienfeld *Elemente* 222

Das Bedienfeld *CSS-Stile* 224

Das Bedienfeld *Ebenen* 225

Das Bedienfeld *Frames* 225

Das Bedienfeld *Verhalten* 226
    Verhalten im Überblick 226
    Ereignisse im Überblick 227

Das Bedienfeld *Zeitleisten* 228

Das Bedienfeld *Tag-Inspektor* 228

Das Bedienfeld *Codeinspektor* 229

Das Bedienfeld *Codefragmente* 231

Das Bedienfeld *Referenz* 232

Das Bedienfeld *HTML-Stile* 232

Das Bedienfeld *Antworten* 233

Das Bedienfeld *Verlauf* 233

Die Bedienfeldgruppe *Ergebnisse* 234
    Das Bedienfeld *Suchen* 234
    Das Bedienfeld *Überprüfung* 234
    Das Bedienfeld *Zielbrowser-Prüfung* 235
    Das Bedienfeld *Hyperlink-Prüfer* 235
    Das Bedienfeld *Site-Berichte* 236
    Das Bedienfeld *FTP-Protokoll* 236
    Das Bedienfeld *Server-Debug* 236

Die Bedienfeldgruppe *Anwendung* 237
    Das Bedienfeld *Datenbanken* 237
    Das Bedienfeld *Bindungen* 237
    Das Bedienfeld *Serververhalten* 237
    Serververhalten im Überblick 238
    Das Bedienfeld *Komponenten* 239

Voreinstellungen ... 239
- Allgemein ... 240
- Codeformat ... 241
- Code-Hinweise ... 242
- Code-Umschreibung ... 243
- CSS-Stile ... 244
- Dateitypen/Editoren ... 245
- Ebenen ... 246
- Eingabehilfe ... 247
- Farbe für Code ... 248
- Fenster ... 249
- Layoutansicht ... 250
- Markierung ... 251
- Neues Dokument ... 252
- Quick Tag Editor ... 253
- Schriftarten ... 254
- Site ... 255
- Statusleiste ... 256
- Unsichtbare Elemente ... 257
- Validator ... 258
- Vorschau in Browser ... 259

Tastaturbefehle ... 260
- Dateibefehle ... 260
- Bearbeitungsbefehle ... 260
- Ansichtsbefehle ... 261
- Einfügebefehle ... 261
- Tabellenbefehle ... 262
- Formatierungsbefehle ... 262
- Site-Befehle ... 263
- Bedienfelder ... 263
- Sonstige Befehle ... 264
- Tastenbefehle im Bedienfeld *Site* ... 264
- Tastenbefehle in der Codeansicht ... 265
- Tastenbefehle in der Entwurfsansicht ... 267

HTML-Tags ... 268

HTML-Sonderzeichen ... 271

Dreamweaver MX im Web ... 277

Stichwortverzeichnis ... 279

Teil 1
Schritt-für-Schritt-Anleitungen

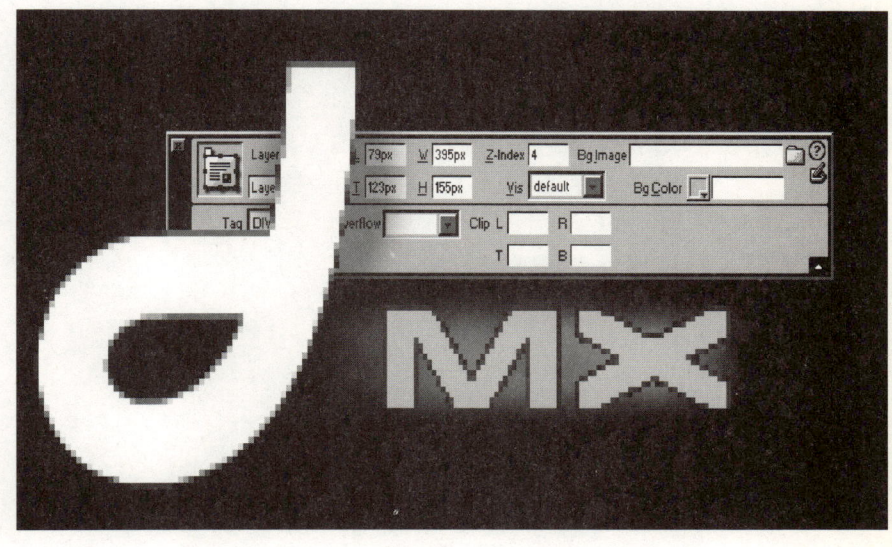

1. Einführung in Dreamweaver MX

Dynamische Webseiten sind im Internet inzwischen zum Standard geworden. Die Anbindung an Datenbanken und die interaktive Reaktion auf Benutzereingaben garantieren Aktualität und abwechslungsreiche Websites für regelmäßig wiederkehrende Besucher. Dreamweaver MX wurde deshalb mit der Ultradev-Edition vereint und enthält jetzt neben den bekannten Webdesign-Werkzeugen auch Entwicklungstools für Scripting und Server-Technologie.

Dreamweaver MX im Überblick

Dreamweaver MX bietet alles, was Sie von einem Profiprogramm erwarten: Ein browserunabhängiges Layout, maximale Freiheit bei der Gestaltung, einen Code-Editor für HTML und JavaScript sowie viele komfortable Funktionen für die Entwicklung im Team.

Das Programm ist ein Webdesign-Paket mit perfekter Integration und abgestimmter Oberfläche. Designer und Entwickler können in Dreamweaver MX in einer gemeinsamen Umgebung zusammenarbeiten und Seiten verwalten, die auf HTML, XHTML, XML, ColdFusion, ASP, ASP.NET, ASL, JSP oder PHP basieren.

Dreamweaver MX enthält den Funktionsumfang von Dreamweaver UltraDev 4 sowie zahlreiche Neuerungen für die Code-Bearbeitung direkt in Dreamweaver. Die folgende Liste stellt in Stichworten einige wichtige Funktionen für Webentwickler vor.

- Integrierter Datei-Explorer mit komfortabler Site-Verwaltung.
- Professionelle Vorlagen
- Beispiel-Webkomponenten
- Assistent zur Site-Definition
- Erzeugen von JavaScript-Popupmenüs
- Code-Bearbeitung
- Anpassbare Syntaxfarbcodierung
- Verbesserte Bearbeitung von Tabellen
- Anpassbare Tag-Datenbank
- Servercode-Bibliotheken für ColdFusion, ASP, ASP.NET, JSP und PHP

- Tag-Editoren für HTML, CFML und ASP.NET
- Dynamische Formularobjekte
- Unterstützung der ColdFusion-Entwicklung
- Bequeme Site-Definition für ColdFusion MX

Die Benutzeroberfläche

Dreamweaver MX verfügt über eine intuitiv zu bedienende Benutzeroberfläche, die in einem übersichtlichen Layout Zugriff auf alle wichtigen Werkzeuge und Funktionen ermöglicht. Auf den nachfolgenden Seiten erfahren Sie, aus welchen Bedienelementen die Benutzeroberfläche von Dreamweaver MX besteht.

Das Arbeitsfenster von Dreamweaver

1. Einführung in Dreamweaver MX 15

Das Arbeitsbereichslayout

Wenn Sie Dreamweaver zum ersten Mal starten, wird ein Dialogfeld angezeigt, in dem Sie ein Arbeitsbereichslayout wählen können.

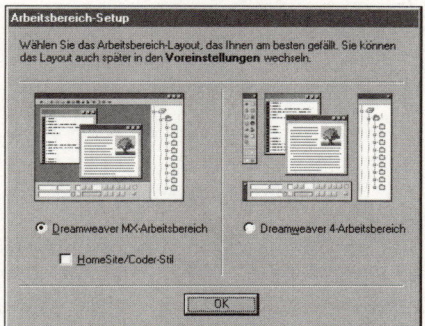

Wahl des Arbeitsbereichslayouts

Sie haben hier drei verschiedene Möglichkeiten zur Auswahl:

- *Dreamweaver MX-Arbeitsbereich* ist ein Layout, bei dem alle Dokumentfenster und Bedienfelder in ein größeres Anwendungsfenster eingebettet und die Bedienfeldgruppen an der rechten Seite angedockt sind. Dieses Layout ist das Standardlayout und wird deshalb in diesem Buch vorausgesetzt.
- *Dreamweaver MX-Arbeitsbereich* mit aktiviertem Kontrollkästchen *HomeSite/Coder-Stil* bietet einen integrierten Arbeitsbereich, bei dem die Bedienfeldgruppen an der linken Seite angedockt sind. Außerdem wird in den Dokumentfenstern die Codeansicht angezeigt.
- *Dreamweaver 4-Arbeitsbereich* ist ein Layout, das dem von Dreamweaver 4 gleicht und bei dem jedes Dokument in einem eigenen schwebenden Fenster angezeigt wird. Die Bedienfeldgruppen sind aneinander gekoppelt, sind aber nicht in einem übergeordneten Anwendungsfenster angedockt.

Hinweis

So wechseln Sie den Arbeitsbereich später, indem Sie *Bearbeiten > Voreinstellungen > Allgemein* wählen und auf *Arbeitsbereich ändern* klicken.

Die Bedienfelder

Am rechten und am unteren Rand des integrierten Arbeitsbereichs sind so genannte Bedienfeldgruppen angeordnet. Sie enthalten ein oder mehrere Bedienfelder, die zu bestimmten Dreamweaver-Funktionen Befehle und weitere Steuerelemente anbieten.

Die Bedienfeldgruppen

- Nicht alle Bedienfeldgruppen werden angezeigt. Mit den Befehlen im Menü *Fenster* können Sie die einzelnen Bedienfelder direkt anzeigen oder verstecken.
- Die Bedienfelder können durch Klicken auf das Dreieck am linken Rand der Titelzeile verkleinert und vergrößert werden.
- Die Bedienfelder können mit gedrückter Maustaste am Ziehfeld links vor dem Dreieck aus dem Andockbereich heraus und auch wieder hinein gezogen werden.

Der Eigenschafteninspektor

Am unteren Rand des Dreamweaver-Fensters sehen Sie ein sehr wichtiges Bedienfeld: den *Eigenschafteninspektor*. In diesem Bedienfeld können Sie Eigenschaften eines ausgewählten Seitenelements, z. B. von Text oder Grafiken, anzeigen und ändern. Seitenelemente lassen sich in der Entwurfs- oder in der Codeansicht auswählen.

Der Inhalt des Eigenschafteninspektors hängt vom jeweils ausgewählten Element ab. Sie können Informationen zu bestimmten Eigenschaften aufrufen, indem Sie im Dokumentfenster ein Element auswählen und dann rechts oben im Eigenschafteninspektor auf das Fragezeichen klicken.

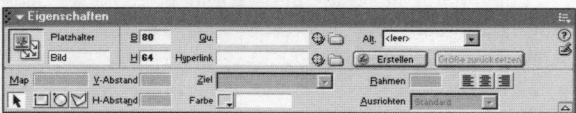

Der Eigenschafteninspektor

Sie sehen zunächst den größten Teil der Eigenschaften für das ausgewählte Element. Klicken Sie auf den Erweiterungspfeil in der rechten unteren Ecke des Inspektors, um ihn zu verkleinern und nur die häufigsten Eigenschaften zusehen.

Die Markierungsleiste

Die Eigenschaften eines bestimmten Seitenelementes sehen Sie, wenn Sie auf das Element klicken. Allerdings sind nicht immer alle HTML-Elemente sichtbar oder können nicht direkt angeklickt werden. Für diesen Zweck hat jedes Dreamweaver-Fenster eine

Markierungsleiste am unteren Rand, die die aktuell erreichbaren HTML-Tags anzeigt. Sie können einfach auf einen Tag-Namen klicken, um ihn zu markieren und die Einstellmöglichkeiten im Eigenschafteninspektor zu sehen.

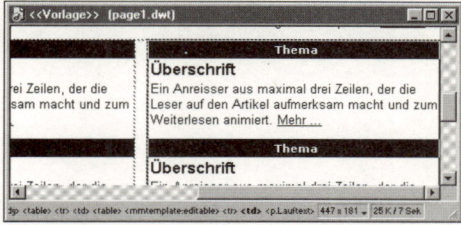

Die Markierungsleiste

Die Leiste *Einfügen*

Die Leiste *Einfügen* am oberen Rand des Bildschirms enthält Schaltflächen zum Erstellen und Einfügen von Objekten wie z. B. Tabellen, Ebenen und Bilder. Die Schaltflächen sind auf Registerkarten aufgeteilt.

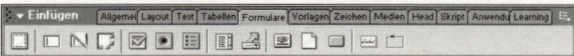

Die Befehlsleiste Einfügen

Hinweise zur Bedienung

◆ Sie verkleinern ein Bedienfeld, indem Sie auf das abwärts zeigende Dreieck im linken Bereich der Titelleiste klicken.

Bedienfeld verkleinern

◆ Sie vergrößern ein verkleinertes Bedienfeld, indem Sie auf das nach rechts zeigende Dreieck klicken.

Bedienfeld vergrößern

◆ Sie verändern die Höhe der angedockten Bedienfelder, indem Sie bei gedrückter linker Maustaste in der Titelzeile ziehen.

Bedienfeldhöhe verändern

◆ Sie verändern die Breite der rechts angedockten Bedienfelder, indem Sie bei gedrückter linker Maustaste an der Randleiste ziehen.

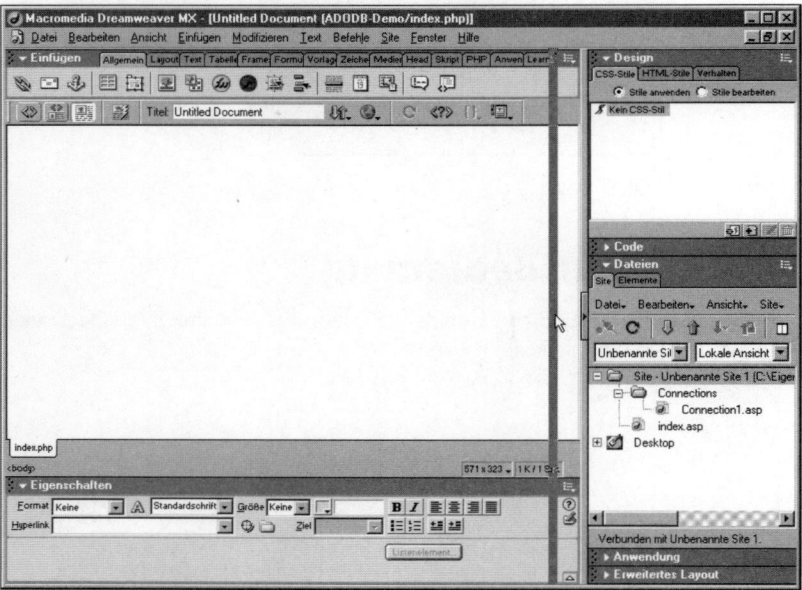

Bedienfeldbreite verändern

◆ Sie können die Bedienfelder aus dem Andockbereich herausziehen, wenn Sie den gepunkteten Ziehbereich links in der Titelzeile mit der Maus ziehen. Mit diesem Ziehbereich können Sie außerdem die Reihenfolge der Bedienfelder im Andockbereich ändern und schwebende Bedienfelder auch wieder in den Andockbereich einfügen.

1. Einführung in Dreamweaver MX

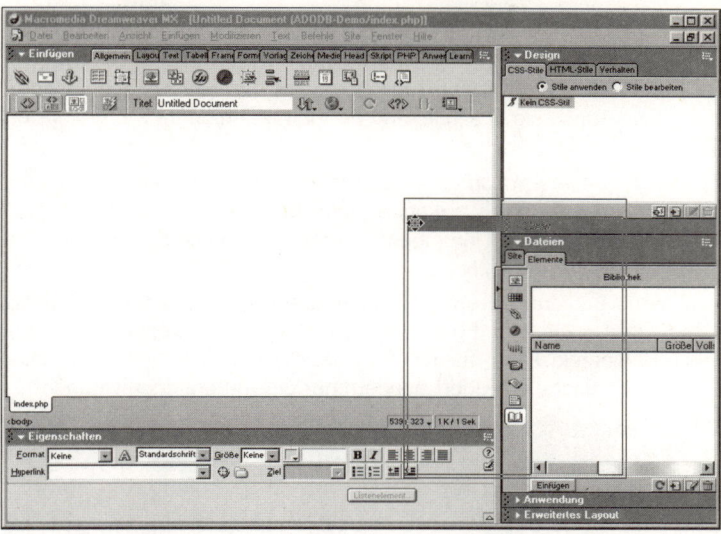

Bedienfelder ziehen

◆ Jedes Bedienfeld besitzt im rechten Bereich der Titelleiste das Symbol für das Kontextmenü, in dem Sie Befehle für die Aufgabe des Bedienfelds finden. Außerdem können Sie hier eine kontextsensitive Hilfe wählen: Nach Anklicken des Befehls *Hilfe* erhalten Sie Infos zum aktuellen Bedienfeld.

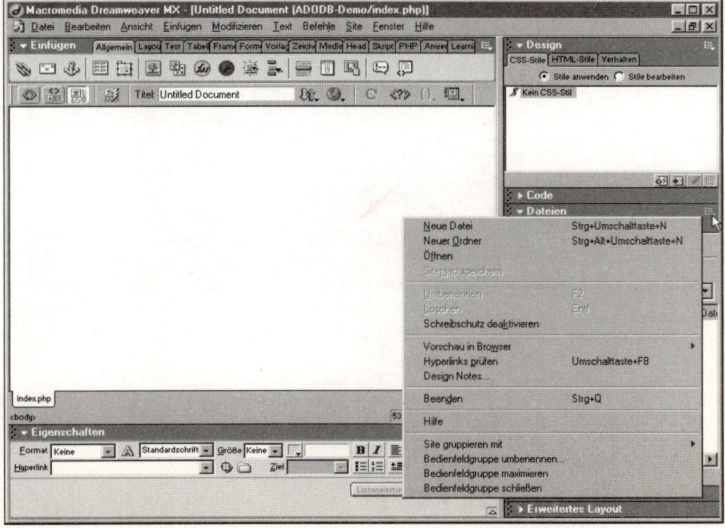

Befehle im Bedienfeld

- Mit dem Befehl *Bedienfeldgruppe umbenennen* können Sie der Gruppe einen anderen als den Standardnamen geben.
- Mit dem Befehl *Bedienfeldgruppe schließen* entfernen Sie die Bedienfelder vom Bildschirm. Sie können sie anschließend mit den Befehlen im Menü *Fenster* wieder anzeigen.
- Mit dem Befehl *[Bedienfeldname] gruppieren mit* können Sie die Struktur der Bedienfelder umbauen. Wenn Sie im angezeigten Untermenü *Neue Bedienfeldgruppe* wählen, können Sie sich eine eigene, an Ihre persönlichen Bedürfnisse angepasste Gruppe zusammenstellen.

Dabei trägt die neue Bedienfeldgruppe zunächst den Namen des Bedienfelds. Fügen Sie weitere Bedienfelder hinzu und geben Sie den Bedienfeldgruppen andere Namen. Achtung: Jedes Bedienfeld kann nur einmal vorkommen. Sie können also keine zusätzliche Benutzeroberfläche erzeugen, sondern nur die vorhandenen verändern.

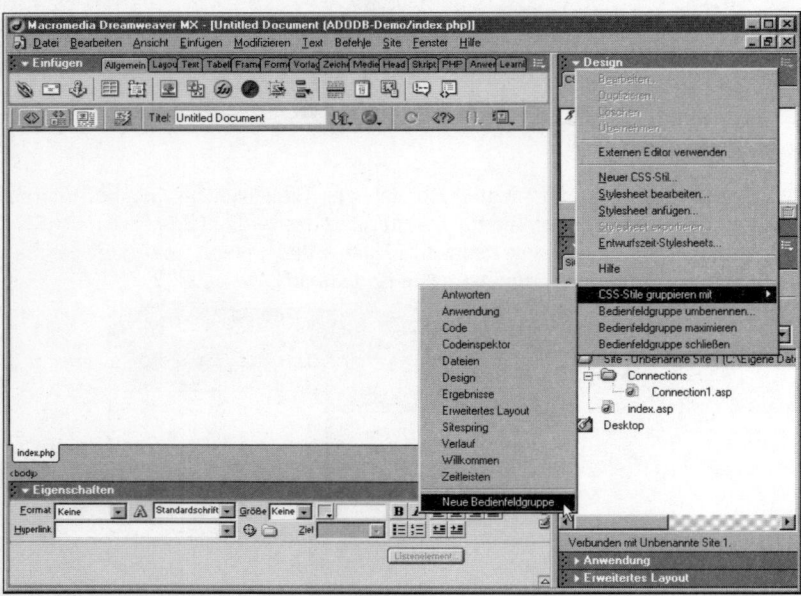

Bedienfeld erzeugen

2. Websites verwalten

Dreamweaver MX besitzt alle notwendigen Funktionen für die Arbeit an einer Website. Mit diesem Programm können Sie kleinere private Websites, mittelgroße Firmenwebsites mit 40-50 statischen Seiten oder große Websites mit einigen hundert dynamisch erzeugten Seiten mit dem gleichen Komfort bearbeiten.

Eine Website erzeugen

Dreamweaver MX besitzt zwei Möglichkeiten, eine neue Site zu erzeugen. Sie finden beide im Dialogfeld *Site-Definition*. Die Registerkarte *Grundeinstellungen* enthält den *Site-Definitionsassistenten* und die Registerkarte *Erweitert* die Profioptionen.

Der Site-Definitionsassistent

Der Site-Definitionsassistent ist eine praktische Hilfe für Einsteiger, die nur wenig Erfahrung mit Dreamweaver haben. Er besteht aus drei Schritten mit teilweise mehreren Einzelfenstern:

- Im Schritt *Dateibearbeitung* geben Sie den lokalen Stammordner an.
- Im Schritt *Dateitest* geben Sie einen Ordner für dynamische Webseiten an.
- Im Schritt *Dateifreigabe* geben Sie den entfernten Ordner auf dem Webserver an.

Die Arbeit mit dem Site-Definitionsassistenten ist mehr oder weniger selbsterklärend, da alle Arbeitsschritte ausführlich erläutert werden. In diesem Buch werden nur die fortgeschrittenen Optionen vorgestellt, da Sie damit größeren Einfluss auf die Site-Definition haben.

Den lokalen Stammordner definieren

Mit den fortgeschrittenen Optionen des Dialogfelds *Site-Definition* erzeugen Sie eine neue Website und geben dabei direkt alle notwendigen Angaben ein.

1. Wählen Sie *Site > Neue Site*. Im Dialogfeld *Site-Definition* ist die Kategorie *Lokale Infos* ausgewählt.

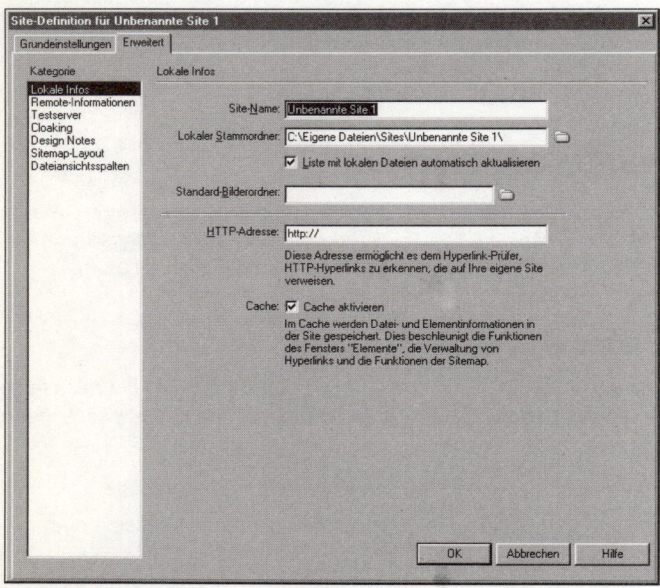

Die Kategorie Lokale Infos *Im Dialogfeld* Site-Definition

2. Geben Sie im Feld *Site-Name* einen Namen für die Site ein. Der Sitename wird später im Bedienfeld *Site* und im Menü *Site > Sites bearbeiten* angezeigt. Sie können einen beliebigen Namen eingeben. Er dient nur als interner Bezeichner zur Identifikation der Site.

3. Geben Sie im Feld *Lokaler Stammordner* den Ordner an, in dem alle Sitedateien, Vorlagen und Bibliothekselemente gespeichert werden sollen. Wenn Dreamweaver relative Hyperlinks auflöst, dient dieser Ordner als Bezugspunkt. Nach einem Klick auf das Ordnersymbol neben dem Eingabefeld wählen Sie entweder den Ordner aus oder erzeugen einen neuen Ordner.

2. Websites verwalten 23

4. Geben Sie unter *Liste mit lokalen Dateien automatisch aktualisieren* an, ob die Dateiliste automatisch aktualisiert werden soll, wenn Sie Dateien in die lokale Site kopieren. Wenn diese Option deaktiviert ist, müssen Sie im Bedienfeld *Site* auf *Aktualisieren* klicken.

5. Geben Sie im Feld *Standard-Bilderordner* den Pfad zu einem Standardordner für Grafiken an. Dieser Ordner wird zum Speichern aller Grafiken benutzt, die Sie der Website hinzufügen.

6. Geben Sie im Feld *HTTP-Adresse* die Webadresse Ihrer Website an. Dadurch ermöglichen Sie Dreamweaver die Kontrolle von absoluten Hyperlinks, die eine vollständige URL besitzen.

7. Aktivieren Sie *Cache aktivieren*, wenn ein lokaler Cache erstellt werden soll, um die Geschwindigkeit der Hyperlinks zu erhöhen und die Siteverwaltung mit dem Bedienfeld *Element* zu vereinfachen.

Remote-Informationen eingeben

Im nächsten Schritt legen Sie fest, auf welchem Webserver die Site eingerichtet werden soll und wie sich Dreamweaver damit verbinden soll.

1. Wählen Sie im Dialogfeld *Site-Definition* die Kategorie *Remote-Informationen*.

2. Aktivieren Sie im Listenfeld *Zugriff* die Art des Zugriffs auf den Webserver.

3. Dreamweaver kennt fünf verschiedene Arten des Zugriffs auf einen Webserver:

   ▶ *FTP* ist der klassische Weg. Hierfür benötigen Sie den Namen des FTP-Servers, das Hostverzeichnis, den Benutzernamen und das Kennwort. Die Einstellungen für *Passives FTP* und *Firewall* sind nur notwendig, wenn Sie in einem LAN arbeiten. Welche Option für Sie notwendig ist, müssen Sie beim Systemadministrator erfragen. Aktivieren Sie *Ein- und Auschecken von Dateien aktivieren*, wenn Sie die Arbeitsgruppenfunktionen von Dreamweaver nutzen.

Hinweis

Wenn Sie eine Arbeitsgruppe nutzen, können Sie Dateien ein- und auschecken und über *Design Notes* Anmerkungen und Notizen einfügen. Wenn Sie eine Datei auschecken, kann keine andere Person diese Datei bearbeiten. Eine ausgecheckte Datei ist durch ein Häkchen gekennzeichnet. Ein grünes Häkchen bedeutet, dass Sie selbst die Datei ausgecheckt haben. Ein rotes Häkchen bedeutet, dass die Datei von einem anderen Mitarbeiter ausgecheckt wurde.

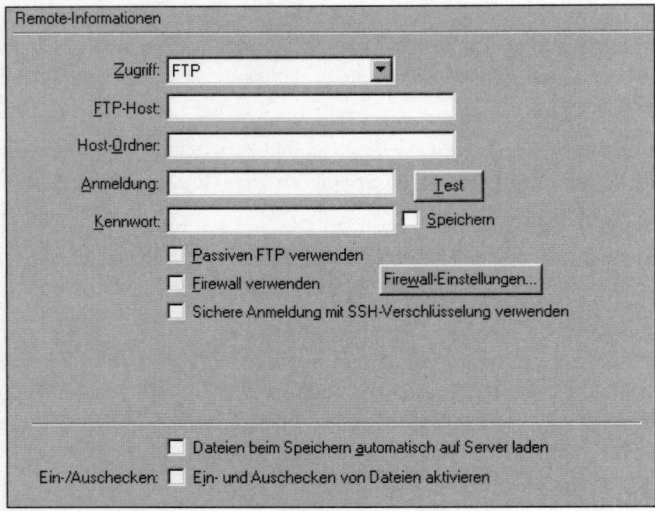

Zugriff mit FTP

▶ Die Option *Lokal/Netzwerk* ist sinnvoll, wenn Sie die Site erst lokal testen möchten, um Sie dann mit einem eigenständigen FTP-Programm zu übertragen. Hierfür müssen Sie lediglich einen Ordner angeben, der sich auf Ihrem Rechner oder in einem lokalen Netzwerk befinden kann. Achten Sie darauf, dass Sie in einem Netzwerk Schreibrechte für den Ordner haben müssen.

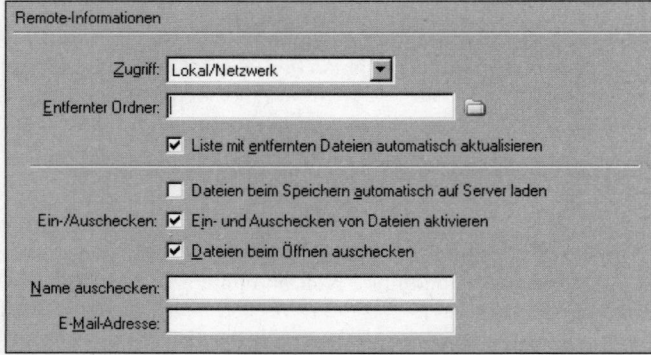

Lokaler Zugriff

▶ Der Zugriff auf *Visual SourceSafe-Datenbanken* und *WebDAV* ist ebenfalls möglich. Diese beiden Verfahren arbeiten mit Versionskontrollsystemen zusammen. Der Einsatz solcher Systeme ist recht kompliziert und erfordert entweder eine Installation von Visual SourceSafe auf Ihrem System oder den Zugriff auf ein von WebDAV unterstütztes System.

2. Websites verwalten

> **Hinweis**
>
> Bei einer lokal oder im LAN angelegten „Remote-Site" können Sie den Microsoft Personal Webserver (Windows 98/Me/XP Home) oder den Microsoft Internet Information Server IIS (Windows NT/2000/XP Professional) nutzen, um das Zusammenspiel mit dem Webserver ohne vorherige Übertragung ins Internet auszuprobieren. Der IIS bietet zudem die Möglichkeit, dynamische Websites mit ASP bzw. ASP.NET lokal zu testen.

Test-Server für dynamische Inhalte

Um mit dynamischen Inhalten und Datenbank in Dreamweaver arbeiten zu können, benötigen Sie auch für die Arbeit an der lokalen Site den Zugriff auf einen Webserver – anderenfalls funktionieren die Routinen für PHP, ASP, ColdFusion und die anderen Datentypen nicht.

1. Wählen Sie im Dialogfeld *Site-Definition* die Kategorie *Testserver*.
2. Aktivieren Sie im Listenfeld *Servermodell* die Art der Datenbankschnittstelle – zum Beispiel *ASP.NET*.
3. Aktivieren Sie im Listenfeld *Zugriff* die Art des Zugriffs auf den Webserver.
4. Füllen Sie die weiteren Optionen wie im Abschnitt *Remote-Informationen eingeben* aus.

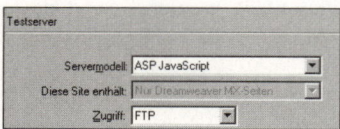

Testserver

Cloaking

Mit Cloaking ist der Ausschluss bestimmter Dateien und Ordner aus den Verwaltungsfunktionen von Dreamweaver gemeint. Sie verhindern damit, dass bestimmte Dateien oder Ordner auf den Webserver kopiert werden.

1. Wählen Sie im Dialogfeld *Site-Definition* die Kategorie *Cloaking*.
2. Aktivieren Sie *Cloaking aktivieren,* wenn Sie die Funktion nutzen wollen.
3. Aktivieren Sie *Cloaking von Dateien mit Erweiterung,* und geben Sie Dateierweiterungen ein, um bestimmte Dateitypen zu behandeln.

> **Hinweis**
>
> Sie schließen Ordner und Dateien aus der Übertragung aus, indem Sie mit rechts darauf klicken und den Befehl *Cloaking > Cloaking aktivieren* wählen.

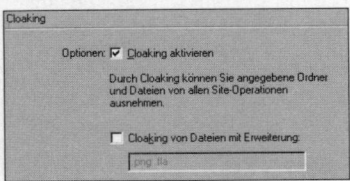

Cloaking

Design Notes

Mit *Design Notes* speichern Sie zusätzliche Dateiinformationen, wie beispielsweise Dateinamen von Bildquellen und Anmerkungen zum Dateistatus. Außerdem sichern Design Notes vertrauliche Informationen, die aus Sicherheitsgründen nicht in einem Dokument enthalten sind.

1. Wählen Sie im Dialogfeld *Site-Definition* die Kategorie *Design Notes*.
2. Aktivieren Sie *Design Notes verwalten*, um die Funktion zu nutzen.
3. Aktivieren Sie *Design Notes für gemeinsame Nutzung bereitstellen*, um Design Notes auch in Arbeitsgruppen zu nutzen. Anderenfalls werden Design Notes nur lokal verwaltet, aber nicht auf den Server übertragen.

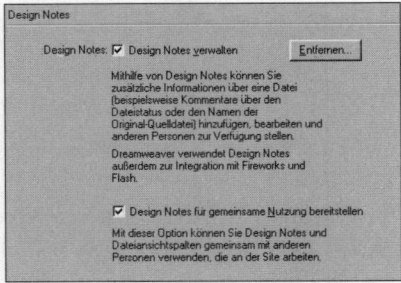

Design Notes

Sitemap-Layout

Die Sitemap ist eine Funktion von Dreamweaver, bei der Ihre Website in der Site-Verwaltung nicht in Form von Dateien und Ordnern, sondern in der gewählten Site-Struktur – zum Beispiel als Baumstruktur – angezeigt werden. Sie können das Layout der Sitemap modifizieren und sowohl versteckte als auch abhängige Dateien aus- oder einblenden.

2. Websites verwalten

1. Wählen Sie im Dialogfeld *Site-Definition* die Kategorie *Sitemap-Layout*.
2. Geben Sie im Feld *Homepage* die lokale Startseite ein. Sie dient in der Sitemap als Wurzel für die Darstellung.
3. Die weiteren Optionen sollten Sie nur verändern, wenn Sie mit einer sehr umfangreichen Site arbeiten.
4. Die Option *Als versteckt markierte Dateien anzeigen* blendet versteckte Dateien in kursiver Schrift ein.
5. Die Option *Abhängige Dateien anzeigen* blendet abhängige Dateien in der Sitemap ein.

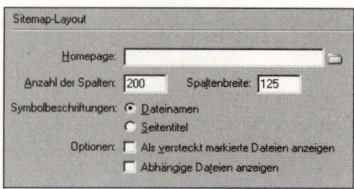

Sitemap-Layout

Dateiansichtsspalten

Die Spalten in den Listen *Lokaler Ordner* und *Remote-Site* des *Site*-Bedienfelds können individuell angepasst werden. Sie können neue Spalten hinzufügen (insgesamt 10), Spalten umordnen, löschen oder ausblenden, Design Notes mit Spaltendaten verknüpfen und Spalten für die gemeinsame Nutzung zugänglich machen.

1. Wählen Sie im Dialogfeld *Site-Definition* die Kategorie *Dateiansichtsspalten*.
2. Ändern Sie die Spalten nach Ihren Wünschen.

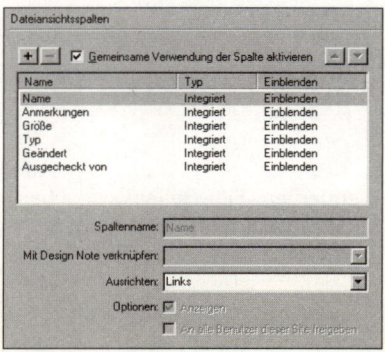

Dateiansichtsspalten

Eine Website ändern

Die Site-Definition ist jederzeit veränderbar.

1. Wählen Sie im Bedienfeld *Dateien / Sites* den Befehl *Site > Sites bearbeiten*. Dreamweaver blendet nun einen Dialog zur Verwaltung aller von Ihnen angelegten Sites ein.

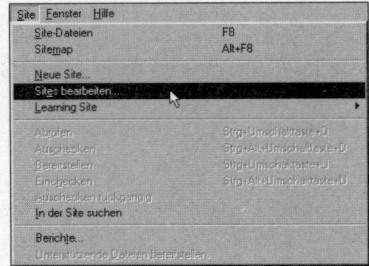

Der Befehl Site > Sites bearbeiten

2. Markieren Sie die gewünschte Site und klicken Sie auf *Bearbeiten*. Dreamweaver öffnet nun das Dialogfeld *Site-Definition*.
3. Bearbeiten Sie die Site-Definition, und klicken Sie auf *OK*.
4. Schließen Sie den Verwaltungsdialog mit einem Klick auf *Fertig*.

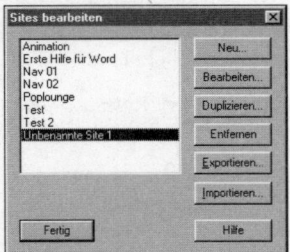

Wählen Sie die Site aus

Hinweis

In diesem Dialogfeld können Sie Websites entfernen, Site-Definitionsdateien exportieren und importieren sowie die Kopie einer Website unter einem anderen Namen erzeugen.

Dateien und Ordner verwalten

Alle Funktionen für das Verwalten von Dateien finden Sie im Bedienfeld *Dateien*. Für die eigentliche Siteverwaltung ist das Bedienfeld *Site* verantwortlich. Mit dem Menübefehl *Fenster > Site* können Sie das Bedienfeld *Site* jederzeit ein- bzw. ausblenden.

Das Bedienfeld *Site*

Das Bedienfeld *Site* dient allen Dateiverwaltungsaufgaben wie etwa dem Erzeugen neuer HTML-Dokumente, dem Anzeigen, Öffnen und Verschieben von Dateien sowie dem Löschen von Elementen. Mit dem Bedienfeld *Site* übertragen Sie Dateien von der lokalen auf die Remote-Site und umgekehrt. Das Bedienfeld *Site* unterstützt Sie außerdem bei der Gestaltung Ihres Navigationssystems.

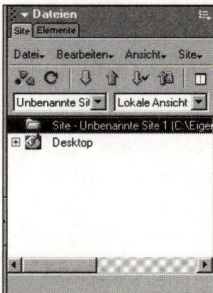

Das angedockte Bedienfeld Site

Hinweis

In der Vorgabeeinstellung für die Benutzeroberfläche ist das Bedienfeld angedockt. Für umfangreichere Arbeiten an der Site-Definition oder den Dateien der Site sollten Sie das Bedienfeld mit gedrückter Maustaste aus der Gruppe herausziehen und als schwebendes Fenster nutzen – es wirkt dann wie ein normales Fenster.

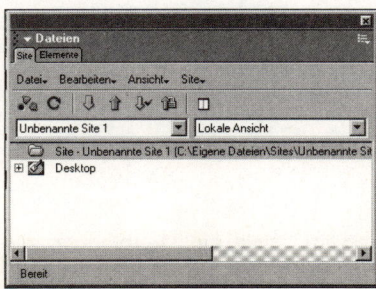

Das schwebende Bedienfeld

In der Vorgabeeinstellung wird die lokale Site angezeigt. Sie können diese Anordnung bei Bedarf ändern.

Die Site-Palette hat eine Symbolleiste mit verschiedenen Steuerelementen:

1. Die Pulldown-Liste links enthält alle definierten Sites. Sie können damit rasch zwischen Ihren Websites wechseln.
2. Die zweite Pulldown-Liste enthält verschiedene Ansichtsoptionen:
   - ▶ *Lokale Ansicht* zeigt alle Dateien im lokalen Stammordner.
   - ▶ *Remote-Ansicht* zeigt alle Dateien auf dem Webserver bzw. im lokalen Publikationsverzeichnis.
   - ▶ *Testserver* zeigt alle dynamisch erzeugten Dateien auf dem Testserver für die Datenbankschnittstelle.
   - ▶ *Sitemap-Ansicht* zeigt die Site in Form von verknüpften Symbolen. Sie können hier neue Dateien in eine Site einfügen und Hyperlinks hinzufügen, modifizieren und entfernen.

Hinweis

Die Sitemap-Ansicht kann nur für lokale Sites verwendet werden. Wenn Sie die Sitemap einer Remote-Site sehen, müssen Sie sie in einen lokalen Ordner kopieren und als neue Site definieren.

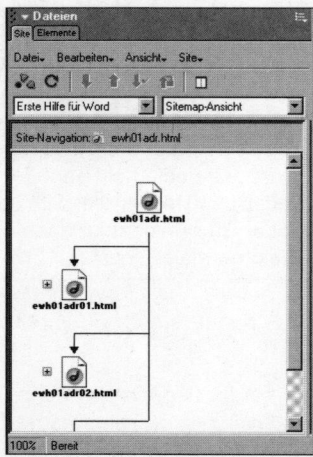

Die Sitemap-Ansicht

3. *Verbinden/Trennen* (FTP, WebDAV und SourceSafe) stellt eine Verbindung zur Remote-Site her oder trennt sie. Dreamweaver trennt die Verbindung automatisch, wenn es 30 Minuten keinen Datenfluss gab.

4. *Aktualisieren* erneuert die Verzeichnislisten der lokalen und der Remote-Site. Hiermit können Sie die Verzeichnislisten manuell aktualisieren, wenn Sie die automatische Aktualisierung in der Site-Definition ausgeschaltet haben.

5. *Datei(en) abrufen* kopiert die markierten Dateien von der Remote-Site in Ihre lokale Site. Dabei werden lokale Versionen der Dateien überschrieben. Ausnahme: Sie haben in der Site-Definition *Ein-/Auschecken von Dateien aktivieren* markiert. In diesem Fall sind die lokalen Kopien schreibgeschützt.

6. *Datei(en) bereitstellen* kopiert die ausgewählten Dateien von der lokalen Site auf die Remote-Site. Dabei werden eventuell vorhandene Dateien überschrieben.

7. *Datei(en) auschecken* überträgt eine Kopie der Datei vom Remote-Server an die lokale Site. Dabei wird eine möglicherweise vorhandene lokale Kopie überschrieben. Die Datei wird auf dem Server als ausgecheckt markiert.

8. *Einchecken* überträgt eine Kopie der lokalen Datei an den Remote-Server und ermöglicht es anderen, die Datei zu bearbeiten. Die lokale Datei wird schreibgeschützt.

> **Hinweis**
>
> Die letzte Schaltfläche aktiviert eine Darstellung als Sitefenster wie in Dreamweaver 4. Diese Option sollten Sie nur nutzen, wenn Sie eine Arbeitsoberfläche wie in Dreamweaver nutzen wollen. Das Fenster ist etwas anders aufgebaut als das Bedienfeld *Site* und wird hier nicht näher erklärt.

Dateien erzeugen und verändern

In der Sitedateien-Ansicht (Befehl *Ansicht > Site-Dateien* im Bedienfeld *Site*) können Sie lokale Sites und Remote-Sites als Dateilisten anzeigen, Dateien öffnen und umbenennen, neue Ordner oder Dateien in eine Site einfügen oder die Ansicht einer geänderten Site aktualisieren. In dieser Ansicht erkennen Sie auch, welche Dateien seit der letzten Übertragung aktualisiert wurden.

Das Bedienfeld *Site* bietet über die Bedienfeld-eigene Menüleiste einige Funktionen für die Verwaltung von Dateien für die Website:

- Sie erzeugen eine neue Datei mit *Datei > Neue Datei*. Dreamweaver fügt eine leere Datei in die Ansicht ein und öffnet den Dateinamen für die Bearbeitung. Geben Sie nun den gewünschten Dateinamen ein.

- Sie erzeugen einen neuen Ordner mit *Datei > Neuer Ordner*. Dreamweaver fügt den Ordner ein und öffnet den Ordnernamen für die Bearbeitung. Geben Sie nun den gewünschten Namen ein.

- Sie verschieben oder kopieren eine Datei oder einen Ordner wie vom Windows Explorer gewohnt durch Ziehen mit gedrückter Maustaste.

- Sie geben einem Ordner oder einer Datei einen anderen Namen, indem Sie den Ordner oder die Datei markieren und auf (F2) drücken.
- Sie öffnen eine Datei, indem Sie darauf doppelklicken.

Die Sitemap benutzen

HTML-Dateien und anderer Seiteninhalt werden in der Sitemap, die Sie mit *Ansicht > Sitemap* in der Menüleiste des Bedienfelds *Site* aktivieren, durch Symbole dargestellt. Hyperlinks werden in der Reihenfolge angezeigt, in der sie im HTML-Quellcode auftreten.

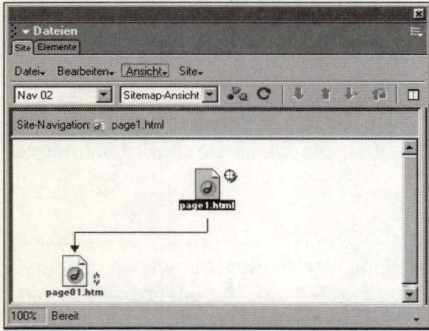

Die Sitemap-Ansicht im Detail

- Roter Text stellt einen fehlerhaften Hyperlink dar.
- Blauer Text mit einem Globus-Symbol kennzeichnet eine Datei, die sich in einer anderen Site befindet, oder einen besonderen Hyperlink (wie beispielsweise eine E-Mail-Verknüpfung oder einen Skript-Hyperlink).
- Ein grünes Häkchen kennzeichnet eine von Ihnen ausgecheckte Datei.
- Ein rotes Häkchen kennzeichnet eine von einer anderen Person ausgecheckten Datei.
- Ein Sperrsymbol in der Form eines Vorhängeschlosses kennzeichnet eine schreibgeschützte Datei.

Als Vorgabe werden in der Sitemap zwei Ebenen angezeigt, wobei die aktuelle Homepage als Ausgangspunkt dient. Klicken Sie auf die Plus- (+) und Minuszeichen (-) neben den Seiten, um die Seiten unterhalb der zweiten Ebene ein- oder auszublenden.

2. Websites verwalten

> **Hinweis**
>
> Versteckte und abhängige Dateien werden in der Sitemap nicht angezeigt. Versteckte Dateien sind HTML-Dateien, die als versteckt markiert wurden. Abhängige Dateien enthalten keinen HTML-Seiteninhalt, sondern Bilder, Vorlagen oder Flash-Dateien.

In der Sitemap haben Sie folgende Möglichkeiten:

- Sie öffnen eine Datei, indem Sie darauf doppelklicken.
- Wählen Sie *Ansicht > Seitentitel anzeigen*, um die Titel anstatt der Dateinamen zu sehen.

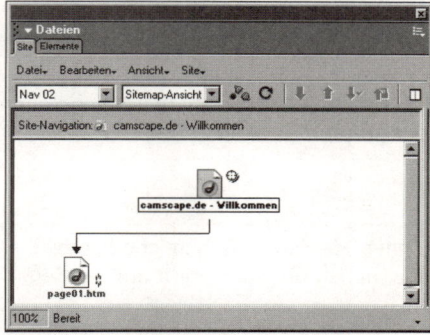

Titel umbenennen

- Markieren Sie eine Datei und drücken Sie auf [F2], um der Datei einen anderen Dateinamen oder einen anderen Titel zu geben.
- Markieren Sie eine Datei, die zur Homepage werden soll und wählen Sie *Site > Als Homepage einrichten*. Damit hat die Sitemap nun diese Datei als Wurzel und nutzt sie als Startseite für die gesamte Website.
- Markieren Sie eine Datei und wählen Sie *Ansicht > Als Stammordner anzeigen*. Damit hat die Sitemap nun diese Datei als Wurzel. Sie wird aber nicht als Startseite für die gesamte Website genutzt.

Mit Dokumenten arbeiten

Dreamweaver bietet mehrere Möglichkeiten zum Erzeugen von Dokumenten. Sie können neue, leere HTML-Dokumente erstellen, ein bereits vorhandenes HTML-Dokument öffnen, auch wenn es nicht mit Dreamweaver erstellt wurde oder ein neues Dokument unter Verwendung einer Vorlage anlegen. Darüber hinaus können Sie auch andere Dateien, wie z.B. JavaScript-Dateien, Cascading Stylesheets (CSS-Dateien) oder Textdateien öffnen.

Für das Anlegen neuer Dokumente können Sie zwischen zwei Techniken wählen:

- Erzeugen Sie im Bedienfeld *Site* zunächst eine oder mehrere leere HTML-Dateien, um die Struktur der Sitze vorab zu bilden.
- Erzeugen Sie mit dem Hauptmenübefehl *Datei > Neu* alle Dateien einzeln.

Dokumente aus Vorlagen erzeugen

Die Vorlagen von Dreamweaver helfen Ihnen dabei, Webseiten mit einem einheitlichen Layout zu erzeugen. Außerdem vereinfachen Vorlagen die Verwaltung einer Website, da Sie das Layout Ihrer Site in der Vorlage verändern und dadurch Hunderte von Seiten in Sekundenschnelle ändern können.

Eine Vorlage ist ein Dokument, das Sie als Grundlage für andere Dokumente verwenden können. Wenn Sie ein Dokument von einer Vorlage erstellen, sind einige Teile des Dokuments „gesperrt". Diese gesperrten Bereiche können nicht von Ihnen bearbeitet werden. Welche Bereiche bearbeitbar oder gesperrt sind, ist in der Vorlagendatei definiert.

> **Hinweis**
>
> Wenn Sie eine Vorlagendatei öffnen, können Sie darin alle Bereiche bearbeiten. In einem Dokument auf Basis einer Vorlage, haben Sie nur Zugriff auf die Bereiche, die als bearbeitbar markiert sind.

So erstellen Sie ein neues Dokument von einer Vorlage:

1. Wählen Sie *Datei > Neu*.
2. Es erscheint ein Dialogfeld mit einer Liste aller Vorlagen.
3. In der Registerkarte *Allgemein* finden Sie eine große Zahl an vordefinierten Dreamweaver-Vorlagen.
4. Markieren Sie in der Liste *Kategorie* die gewünschte Art von Vorlage, z.B. *Seitendesign*.
5. Markieren Sie in der Liste rechts daneben die eigentliche Vorlage. Das Vorschaufeld zeigt das Layout der Vorlage an.
6. Wählen Sie eine Vorlage aus und klicken Sie auf *Erstellen*.

> **Hinweis**
>
> Die bearbeitbaren Bereiche des neuen Dokuments sind blau umrandet. Das gesamte Dokument ist von einem gelben Rahmen umgeben. Dies soll darauf hinweisen, dass das Dokument auf einer Vorlage basiert und einige Teile nicht bearbeitet werden können.

2. Websites verwalten

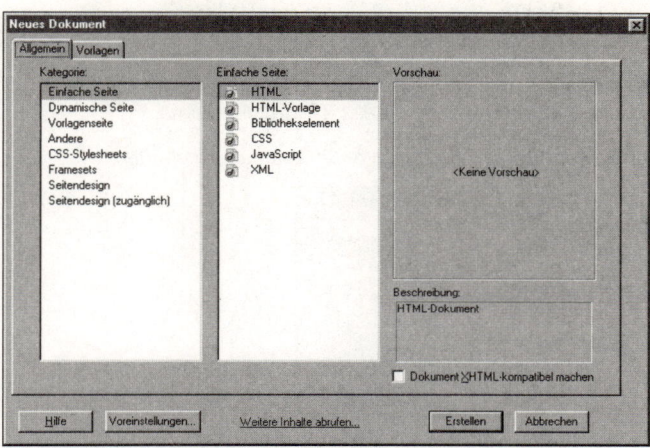

Auswahl einer Vorlage

Um einen bearbeitbaren Bereich zu ändern, setzen Sie einfach den Cursor dort hinein und ändern oder überschreiben den Inhalt. In manchen Fällen enthält ein bearbeitbarer Bereich keinen Inhalt. Klicken Sie dann einfach in den Bereich.

Ein Dokument mit gesperrten und bearbeitbaren Bereichen

Seiteneigenschaften ändern

Der Seitentitel, Hintergrundbilder und -farben, Text- und Hyperlinkfarben sowie die Seitenränder gehören zu den Grundattributen eines HTML-Dokuments.

1. Seiteneigenschaften ändern Sie mit *Modifizieren > Seiteneigenschaften*.

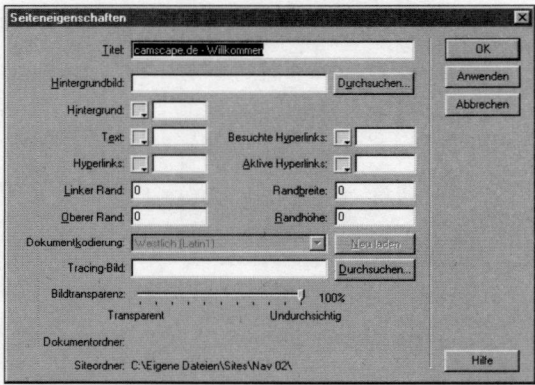

Seiteneigenschaften ändern

2. Geben Sie den gewünschten Titel im Feld *Titel* ein.

3. Um ein Hintergrundbild einzustellen, klicken Sie auf *Durchsuchen* und wählen Sie das gewünschte Bild aus. Alternativ können Sie den Pfad manuell in das Feld *Hintergrundbild* eingeben.

4. Um eine Hintergrundfarbe festzulegen, klicken Sie in das Feld für die Hintergrundfarbe und wählen Sie die Farbe im Farbwähler aus.

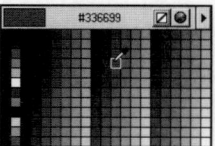

Hintergrundfarbe auswählen

5. Wählen Sie die Farben für Text, normale, besuchte und aktivierte Hyperlinks in den entsprechenden Feldern aus.

Hinweis

Nicht alle Farbkombinationen sind optimal erkennbar. Um sicher zu gehen, sollten Sie *Befehle > Farbschema einstellen* wählen. Dort können Sie eine Kombination aus Hintergrundfarbe und Farbe für Text und Hyperlinks wählen.

2. Websites verwalten

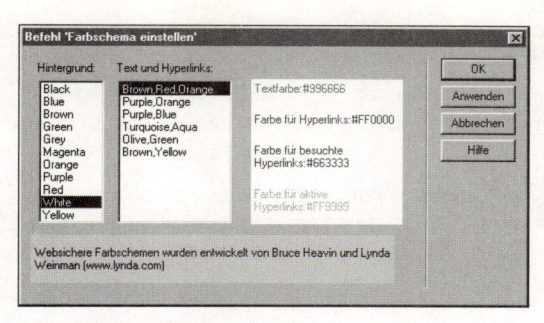

Farbschema auswählen

- *Linker Rand* und *Oberer Rand* geben die Breite der Seitenränder im BODY-Tag an. Diese Angaben gelten nur für Microsoft Internet Explorer.
- *Randbreite* und *Randhöhe* definieren die Breite der Seitenränder im BODY-Tag. Diese Angaben gelten nur für Netscape Navigator.

Hinweis

Damit Ihre Website auf allen Browsern läuft, empfiehlt es sich, Ränder für beide Browser zu definieren. Geben Sie deshalb bei allen vier Randoptionen einen entsprechenden Wert ein. Wenn in keinem der beiden Browser ein Rand angezeigt werden soll, setzen Sie alle vier Werte auf Null.

- *Dokumentkodierung* bestimmt den Zeichensatz, der in einem Dokument verwendet werden soll. Wählen Sie für Deutsch und andere westeuropäische Sprachen die Einstellung *Westlich (Latin 1)*.
- *Tracing-Bild* definiert ein Bild als Hilfsmittel für das Design.

Hinweis

Ein Tracing-Bild ist eine JPEG-, GIF- oder PNG-Datei, die im Hintergrund des Dokumentfensters erscheint. Sie können das Bild ausblenden, seine Transparenz festlegen und seine Position ändern. Es ist nur in Dreamweaver sichtbar und niemals im Browser. Dieses Bild dient nur als Bezugspunkt beim „Abzeichnen" eines Designs.

- *Bildtransparenz* bestimmt die Transparenz des Tracing-Bildes, von vollkommen transparent bis zu vollkommen undurchsichtig.

Das HEAD-Tag ändern

HTML-Dateien bestehen aus zwei Hauptbereichen: dem HEAD-Bereich und dem BODY-Bereich. Der BODY-Bereich ist der Hauptteil des Dokuments mit Text und Bildern.

Der HEAD-Bereich ist unsichtbar und enthält neben dem Seitentitel noch weitere wichtige Informationen wie zum Beispiel den Dokumenttyp, die Sprachkodierung, JavaScript- und VBScript-Funktionen und -Variablen, Schlüsselwörter, Inhaltsangaben für Suchmaschinen sowie Styles.

Die Elemente im HEAD-Bereich können Sie im Menü *Ansicht*, der Codeansicht des Dokumentfensters oder im Codeinspektor sichtbar machen.

1. Wählen Sie *Ansicht > Head-Inhalt*. Für jedes Element des Inhalts wird oben in der Entwurfsansicht des Dokumentfensters ein Symbol angezeigt.

Die Head-Ansicht

2. Klicken Sie auf eines der Symbole im HEAD-Bereich, um es auszuwählen.
3. Definieren oder verändern Sie die gewünschten Eigenschaften des Elements des Eigenschafteninspektors.

Meta-Eigenschaften

Ein META-Tag ist ein HEAD-Element, das Angaben über die aktuelle Seite enthält – zum Beispiel Informationen über den Autor, das Copyright oder Schlüsselwörter. Diese Tags können auch dazu verwendet werden, um Informationen wie Ablaufdatum oder Aktualisierungsintervall für die Seite an den Server zu übermitteln. Dieses Element wird durch Anklicken des entsprechenden Symbols im HEAD-Bereich verändert. Für jedes META-Tag gibt es ein Symbol.

2. Websites verwalten 39

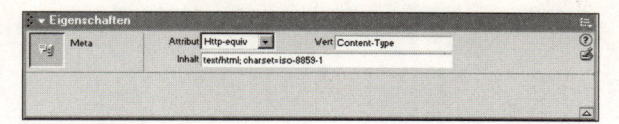

Meta-Eigenschaften ändern

- *Attribut* bestimmt, ob das META-Tag beschreibende Informationen über die Seite (*Name*) oder HTTP-Header-Informationen (*Http-equiv*) enthält.
- *Wert* gibt die Art der Information an. Einige Werte (*description*, *keywords* und *refresh*) sind genau definiert und haben jeweils eigene Eigenschafteninspektoren und Symbole.
- *Inhalt* ist die eigentliche Information.

Schlüsselwörter

Viele Suchmaschinen lesen den Inhalt des META-Tags *keywords* (Schlüsselwörter) und indizieren die Seiten anhand dieser Informationen in ihren Datenbanken. Sie fügen dieses Element mit *Einfügen > Head-Tags > Schlüsselwörter* ein.

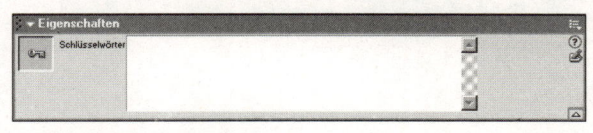

Schlüsselwörter ändern

Geben Sie Ihre Schlüsselwörter, durch Kommas voneinander getrennt, im Feld *Schlüsselwörter* ein.

Weitere HEAD-Elemente

Dreamweaver kennt weitere HEAD-Elemente, die verschiedene Angaben zur Seite machen:

- Das Element *Beschreibung* gibt eine kurze Inhaltsangabe für Suchmaschinen an. (*Einfügen > Head-Tags > Beschreibung*)
- Das Element *Aktualisieren* legt fest, dass der Browser die Anzeige nach einer bestimmten Zeit automatisch aktualisieren soll, indem er die Seite neu lädt oder eine andere Seite aufruft. Dieses Element wird häufig dazu verwendet, den Besucher automatisch zu einer anderen URL umzuleiten. (*Einfügen > Head-Tags > Aktualisieren*)
- Das Element *Basis* legt das Basis-URL für alle dokumentbezogenen Pfade auf der Seite fest. (*Einfügen > Head-Tags > Basis*)
- Das Element *Verknüpfung* dient dem Einfügen von Unterstützungsdateien wie Script-Dateien, CSS-Dateien und anderen. Außerdem kann es die Beziehung zu einem anderen Dokument definieren (*Einfügen > Head-Tags > Verknüpfung*).

3. Seiten und Frames gestalten

Dreamweaver MX kennt eine Reihe von Funktionen, mit denen Sie Webseiten wie in einem DTP-Programm gestalten können. Eine andere Möglichkeit der Seitengestaltung sind Frames.

Layoutwerkzeuge

Dreamweaver besitzt vier Werkzeuge für die Umsetzung eines Layouts:

- Die Layoutansicht erleichtert das Zeichnen von Layoutrastern.
- Das Raster und das Lineal erleichtern die Positionierung von Objekten.
- Ein Tracing-Bild hilft beim Nachzeichnen von vorhandenen Dokumenten.

Layoutansicht

Um die Arbeit mit Tabellen beim Seitenlayout zu vereinfachen, kennt Dreamweaver die Layoutansicht. Hier verwenden Sie für den Entwurf Tabellen, die Sie schnell und einfach auf die Seite zeichnen und sie anschließend nach Bedarf anpassen oder verschieben. Dabei kann das Layout eine feste Breite haben oder auf die Größe des Browserfensters erweitert werden.

> **Hinweis**
>
> Sie aktivieren die Layoutansicht im Register *Layout* der Befehlsleiste, indem Sie auf *Layoutansicht* klicken. Alternativ hierzu können Sie auch den Menübefehl *Ansicht > Tabellenansicht > Layoutansicht* aufrufen. Die Tabellen einer Seite werden in diesem Modus anders gekennzeichnet, damit Sie sie als Layouttabellen erkennen.

Dreamweaver unterscheidet zwischen Layouttabellen und Layoutzellen:

- Eine *Layouttabelle* ist ein Bereich auf einer HTML-Seite, den Sie für die Gestaltung nutzen. Durch das Einfügen einer Layouttabelle können Sie zum Beispiel bestimmen, dass das Layout 750 Pixel breit ist, indem Sie einfach die Layouttabelle in dieser Größe ausgeben.

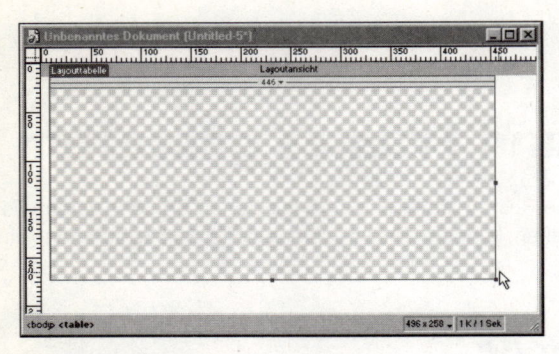

Eine Layouttabelle

- Eine *Layoutzelle* ist ein rechteckiger Bereich, den Sie innerhalb einer Layouttabelle zeichnen. Er kann alle Arten von HTML-Elementen aufnehmen und ist mit der Maus verschiebbar. Da es sich hier um Tabellen handelt, können sich Layoutzellen nicht überdecken und haften immer am Rand einer anderen Zelle oder am Seitengitter.

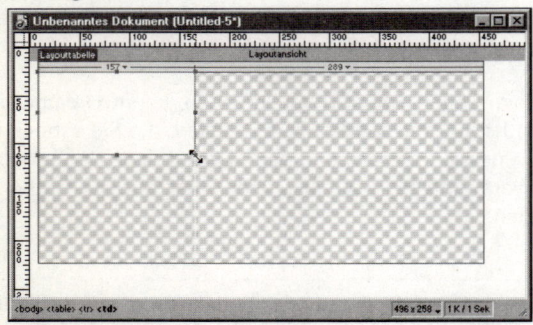

Eine Layoutzelle

Hinweis

Bei komplexen Layouts wie zum Beispiel dem Wechsel der Spaltenzahl auf der Seite ist es sinnvoll, verschachtelte Layouttabellen zu nutzen, indem Sie eine Layouttabelle innerhalb einer anderen Layouttabelle zeichnen. Dadurch erhalten Sie einen unabhängigen Bereich innerhalb eines Layouts, dessen Größe sich nicht durch dynamische Änderungen in der Webseite (Datenbankdaten) verändern kann.

3. Seiten und Frames gestalten

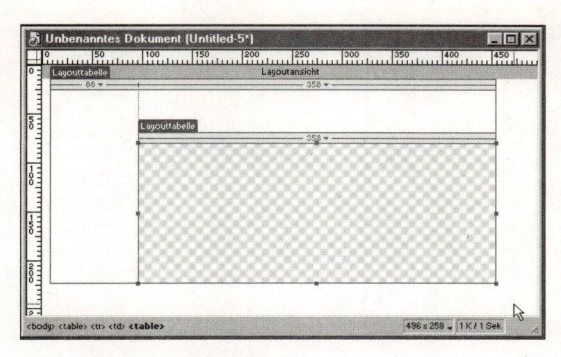

Verschachtelte Layouttabellen

Ebenen können Sie nur in der Standardansicht zeichnen. Es ist aber problemlos möglich, Ebenen und Layouttabellen in der Layoutansicht gemeinsam zu nutzen. Der Vorteil: Mit Layouttabellen und Layoutzellen geben Sie das Grundraster der Seite aus. Inhalte fügen Sie nicht direkt in die Layoutzellen ein, sondern in die Ebenen. Sobald das Seitenlayout steht, können Sie die Layouttabelle löschen und das reine Ebenenlayout benutzen. In diesem Fall nutzen Sie die Layouttabellen nur als eine Art „Hilfslinienfunktion".

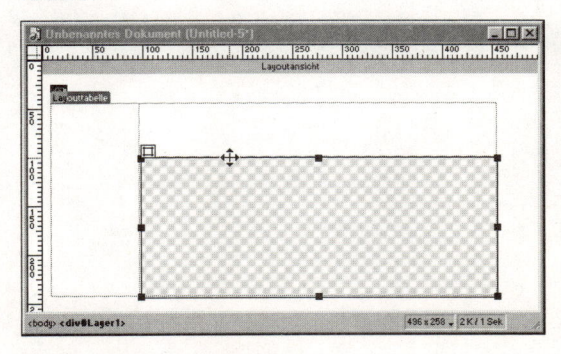

Eine Ebene in einer Layouttabelle

Raster

Das Raster von Dreamweaver ist ein Netz aus Hilfslinien, das in der Voreinstellung unsichtbar ist. Die Entfernung der Rasterlinien untereinander ist veränderlich, sodass Sie problemlos die Abstände zwischen Layoutelementen und deren Breite oder Höhe bestimmen können. Dies wird durch das „Anhaften" von Layoutelementen am Raster erreicht.

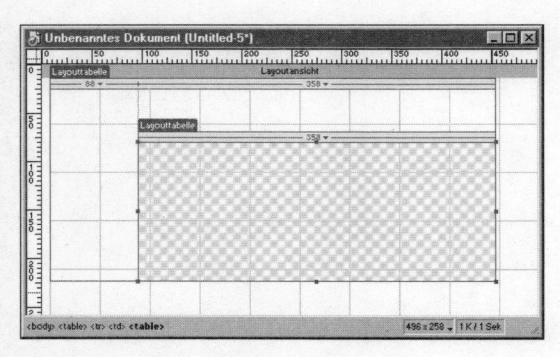

Das Raster von Dreamweaver

> **Hinweis**
>
> Sie aktivieren das Raster mit dem Untermenü *Ansicht > Raster*. Dort finden Sie auch Befehle zum Einstellen des Rasters und zum Aktivieren des „Anhaftens".

In der Voreinstellung ist das Raster auf einen Linienabstand von 50 Pixeln eingestellt und wird in durchgezogenen Linien dargestellt. Mit dem Befehl *Ansicht > Raster > Rastereinstellungen* können Sie dies ändern.

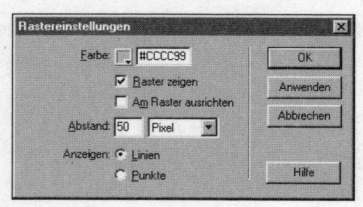

Das Raster einstellen

Lineal

Dreamweaver besitzt zwei Lineale, die jeweils am linken und rechten Rand der Seite eingeblendet werden. Als Maßeinheit sind Pixel, Zoll oder Zentimeter möglich. Die Lineale sind einfache visuelle Anhaltspunkte zur Positionierung und Größenänderung von Ebenen und Tabellen.

> **Hinweis**
>
> Sie aktivieren die Lineale mit dem Untermenü *Ansicht > Lineale*. Dort finden Sie auch Befehle zum Einstellen der Maßeinheit.

3. Seiten und Frames gestalten

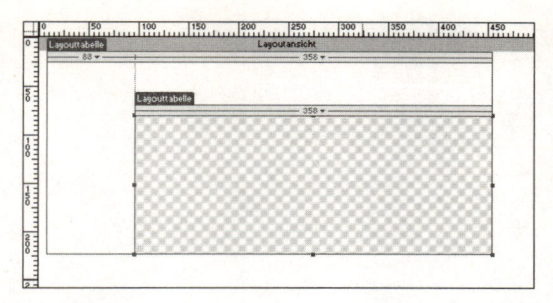

Das Lineal

Hinweis

Um den Nullpunkt der Lineale zu ändern, ziehen Sie das Symbol am Linealursprung in der oberen rechten Ecke der Entwurfsansicht an eine beliebige Stelle der Seite. Um den Nullpunkt wieder an die Standardposition zurückzusetzen, wählen Sie *Ansicht > Lineale > Ursprung zurücksetzen*.

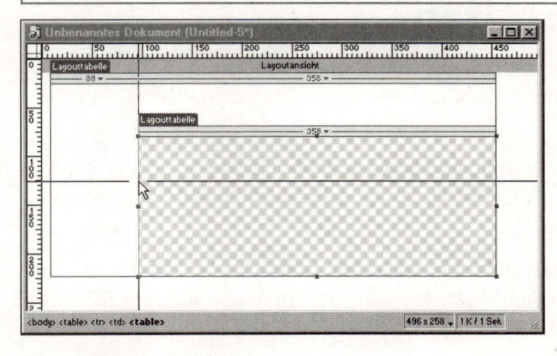

Den Nullpunkt verändern

Tracing-Bilder

Tracing-Bilder sind Hilfsmittel zur Reproduktion eines Seitendesigns, das in einer Grafikanwendung als Muster erstellt wurde. Ein Tracing-Bild ist ein JPEG-, GIF- oder PNG-Bild, das im Hintergrund des Dokumentfensters platziert wird. Sie können das Bild ausblenden, seine Transparenz festlegen und seine Position ändern. Es ist nur in Dreamweaver sichtbar und niemals im Browser. Wenn das Tracing-Bild eingeblendet ist, sind das tatsächliche Hintergrundbild und die Hintergrundfarbe der Seite nicht sichtbar.

Hinweis

Sie fügen ein Tracing-Bild mit dem Befehl *Ansicht > Tracing-Bild > Laden* oder *Modifizieren > Seiteneigenschaften* in ein Fenster ein.

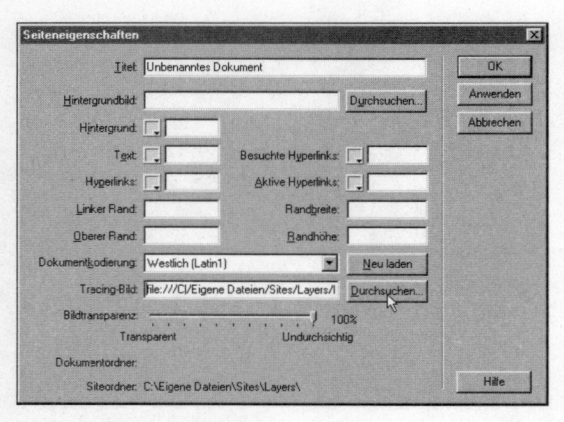

Ein Tracing-Bild einfügen

Mit Tabellen gestalten

Für die Gestaltung mit Tabellen kennt Dreamweaver spezielle Layouttabellen, die Layoutzellen enthalten. In der Layoutansicht fügen Sie diese Layouttabellen und Layoutzellen in Ihre Seite ein.

Layoutzellen können sich nicht außerhalb von Layouttabellen befinden. Wenn Sie eine Layoutzelle in Ihre Seite einfügen, erzeugt Dreamweaver automatisch eine Layouttabelle als Container für diese Zelle.

Für die Verwirklichung eines Seitenlayouts müssen Sie mehrere Layoutzellen in einer Layouttabelle verwenden. Bei einem komplexeren Seitenlayout können Sie auch mehrere Layouttabellen einsetzen.

In diesem Fall wird jeder Bereich mit einer Layouttabelle isoliert und ist unabhängig von anderen Bereichen. Dies ist sinnvoll, wenn der Inhalt einer Layoutzelle variabel ist und die Zelle größer werden kann. Da Zellen sich nicht überlappen können, wird der Aufbau des Layouts durch eine variable Zelle gestört. Bei mehreren Layouttabellen sind alle Tabellen voneinander unabhängig.

Sie haben außerdem die Möglichkeit, Layouttabellen zu verschachteln. Dabei fügen Sie eine weitere Layouttabelle in eine bereits vorhandene Layouttabelle ein. Die Zellen in der inneren Tabelle sind nicht durch die Zeilen und Spalten der übergeordneten Tabelle begrenzt.

Damit erzeugen Sie sehr leicht andere Spaltenbreiten, die ohne Probleme in jeder Browser-Version dargestellt werden können.

3. Seiten und Frames gestalten 47

Layouttabellen und -zellen einfügen

In der Layoutansicht zeichnen Sie Layoutzellen und Layouttabellen auf Ihrer Seite. Wenn Sie zuerst eine Layoutzelle einfügen, wird automatisch auch eine Layouttabelle erzeugt, da sich Layoutzellen grundsätzlich in Layouttabellen befinden. Die automatisch erzeugte Layouttabelle hat die Breite des Dokumentfensters. Sie müssen sie unter Umständen erst auf die erforderliche Größe einstellen.

Layouttabelle einfügen

So zeichnen Sie eine Layouttabelle:

1. Aktivieren Sie die Layoutansicht (*Ansicht > Tabellenansicht > Layoutansicht*), und klicken Sie dann am oberen Bildschirmrand auf der Registerkarte *Layout* der Befehlsleiste auf das Symbol *Layouttabelle zeichnen*. Der Mauszeiger nimmt daraufhin die Form eines Pluszeichens (+) an.

2. Bewegen Sie den Mauszeiger auf die Seite, und zeichnen Sie mit gedrückter Maustaste die Layouttabelle. Wenn dies die erste Layouttabelle auf Ihrer Seite ist, wird sie automatisch in der oberen linken Ecke der Seite angeordnet.

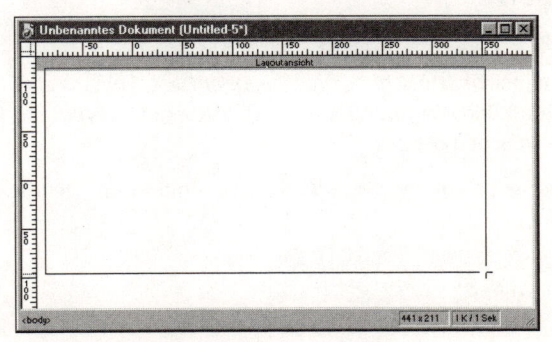

Eine Layouttabelle zeichnen

> **Hinweis**
>
> Sie zeichnen mehrere Layouttabellen hintereinander, indem Sie einfach während des Zeichnens auf [Strg] drücken.

Die Tabelle wird auf der Seite mit einem grünen Rahmen umgeben. Am oberen Rand der gezeichneten Layouttabellen wird ein Register angezeigt. Darüber können Sie die einzelnen Layouttabellen unterscheiden und durch Anklicken auswählen. Die Größe einer Tabelle wird in der Kopfzeile der Spalte oberhalb der Tabelle angezeigt.

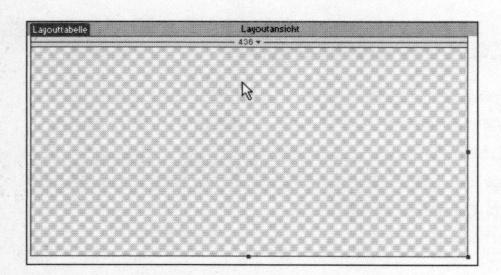

Der Rahmen einer Layouttabelle

> **Hinweis**
>
> Wenn eine Seite bereits Inhalte besitzt, kann eine leere Layouttabelle nur unterhalb des vorhandenen Inhalts gezeichnet werden. Doch Sie können eine Layouttabelle um vorhandene Tabellen oder Zellen zeichnen, indem Sie die Tabelle wie beschrieben ausgeben und dabei auf den Tabellenrändern zeichnen. Außerdem ist es möglich, eine Layouttabelle in eine leere Layouttabelle zu zeichnen.

Layoutzelle einfügen

So zeichnen Sie eine Layoutzelle:

1. Aktivieren Sie die Layoutansicht (*Ansicht > Tabellenansicht > Layoutansicht*) und klicken Sie dann am oberen Bildschirmrand auf der Registerkarte *Layout* der Befehlsleiste auf das Symbol *Layoutzelle zeichnen*.

2. Bewegen Sie den Mauszeiger auf die Seite und zeichnen Sie mit gedrückter Maustaste die Layoutzelle.

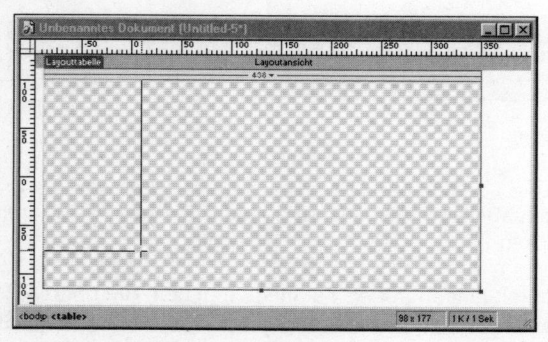

Eine Layoutzelle zeichnen

> **Hinweis**
>
> Sie zeichnen mehrere Layoutzellen hintereinander, indem Sie während des Zeichnens auf [Strg] drücken.

Die Zelle wird auf der Seite durch einen blauen Rahmen dargestellt. Blau ist die Standardfarbe für Rahmen von Layoutzellen. Die Größe der einzelnen Zellen wird in der Kopfzeile der Spalte oberhalb der Zelle angezeigt.

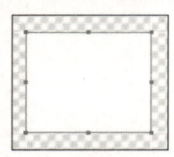

Der Rahmen einer Layoutzelle

Ein Seitenlayout mithilfe von Layoutzellen beruht auf einem Raster aus Zeilen und Spalten. Zellen können sich über mehrere Zeilen oder Spalten erstrecken, sie können sich jedoch auf der Seite grundsätzlich nicht überlappen.

In Dreamweaver werden neue Zellen automatisch an anderen Zellen ausgerichtet, wenn Sie sie in direkter Nähe einer vorhandenen Zelle (8 Pixel Abstand) zeichnen. Wenn Sie Zellen in der Nähe des Seitenrandes zeichnen, werden sie automatisch am Seitenrand ausgerichtet.

> **Hinweis**
>
> Sie können die Ausrichtfunktion vorübergehend deaktivieren, indem Sie beim Zeichnen der Zelle auf [Alt] drücken.

Layouttabellen und -zellen bearbeiten

Alle Zellen und Tabellen in Ihrem Layout können verschoben, vergrößert oder verkleinert werden, sodass Sie Ihr Seitenlayout schnell und einfach modifizieren können. Außerdem ist es möglich, die Breite automatisch bestimmen zu lassen und feste Breiten in komplexen Layouts zu erzwingen.

Verschieben und Skalieren

Ein Klick auf den Rand markiert eine Layouttabelle oder -zelle. Sie erkennen eine markierte Tabelle oder Zelle an den Anfasserquadraten.

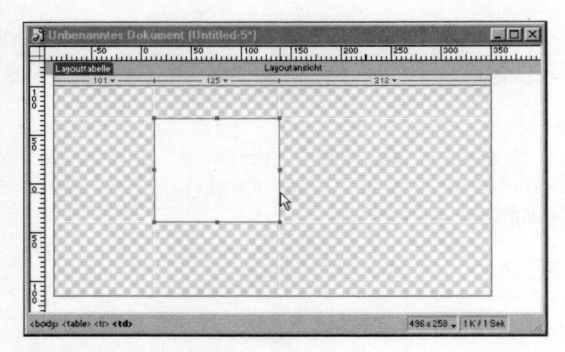

Eine markierte Layoutzelle

◆ Durch Ziehen mit der Maus am Rand der Tabelle oder Zelle verschieben Sie sie auf eine andere Position.

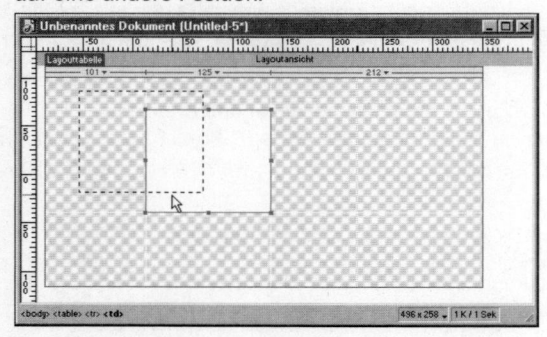

Verschieben einer Layoutzelle

◆ Durch Ziehen mit der Maus an den Anfasserquadraten verändern Sie die Größe einer Layoutzelle oder -tabelle.

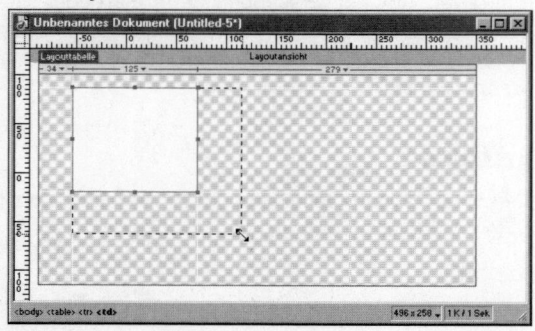

Skalieren einer Layoutzelle

3. Seiten und Frames gestalten

Eine Zelle wird automatisch an vorhandenen Zellen ausgerichtet, sofern sie sich in einem Abstand von 8 Pixeln zum Rahmen dieser Zellen befindet. Beachten Sie bei Größenänderungen, dass Zellen sich nicht überlappen und nicht über den Rahmen der Layouttabelle hinausgehen können. Eine Layoutzelle ist außerdem immer mindestens so groß wie ihr Inhalt.

Feste Spaltenbreiten erzwingen

Unter bestimmten Umständen geben Browser die Tabellen einer HTML-Seite nicht richtig aus. In diesem Fall müssen Sie ein Platzhalterbild benutzen. Dies ist ein transparentes Bild, das nicht im Browserfenster angezeigt wird, sondern der Bewahrung des Zellenabstands dient. Das Platzhalterbild bewirkt, dass die festgelegte Breite für alle Tabellen und Zellen auf der Seite angehalten wird.

Platzhalterbilder werden einzeln in jede Spalte einer Layouttabelle eingefügt. Spalten mit Platzhalterbildern haben eine doppelte Leiste entlang des oberen Spaltenrandes.

Sie fügen ein Platzhalterbild auf die folgende Weise ein:

1. Klicken Sie auf die Größenangabe in der Kopfzeile der Spalte.

2. Wählen Sie im Menü den Befehl *Platzhalterbild hinzufügen*. Es wird nun in die Spalte eingefügt. Es ist zwar nicht sichtbar, doch die Spalte kann sich etwas verschieben und oberhalb der Spalte wird eine doppelte Leiste angezeigt.

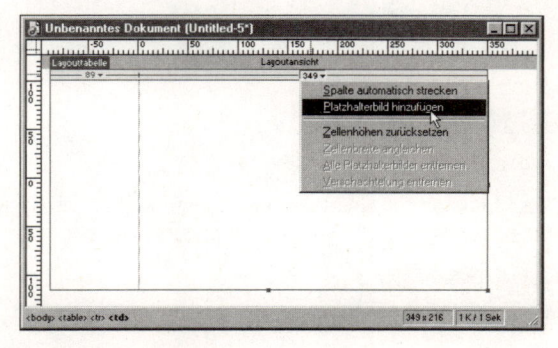

Platzhalterbild einfügen

Hinweis

Wenn Sie in einer Website erstmals ein Platzhalterbild einfügen, werden Sie in einem Dialogfeld gefragt, wie Sie die Datei mit dem Platzhalterbild einrichten möchten. Sie können alle Optionen einfach bestätigen.

Spalten automatisch strecken

In der Layoutansicht arbeiten Sie mit zwei verschiedenen Breiten: der festen Breite und der Breite durch automatisches Strecken. Die Breite einer Spalte wird im Kopfzeilenbereich oberhalb der einzelnen Spalten angezeigt. Bei der festen Breite handelt es sich um einen bestimmten numerischen Wert, wie z.B. 300 Pixel, der als Zahl angezeigt wird. Beim automatischen Strecken wird die Breite automatisch je nach Fenstergröße eingestellt und als Wellenlinie angezeigt. Wenn Sie die Funktion zum automatischen Strecken verwenden, füllt das Layout grundsätzlich das ganze Browserfenster aus. Das automatische Strecken gilt für alle weiteren Zellen oder Tabellen in der entsprechenden Spalte. Es kann nur eine Spalte im Layout automatisch gestreckt werden.

So aktivieren Sie das automatische Strecken:

1. Klicken Sie auf die Größenangabe in der Kopfzeile der Spalte.
2. Wählen Sie im Menü den Befehl *Spalte automatisch strecken*.

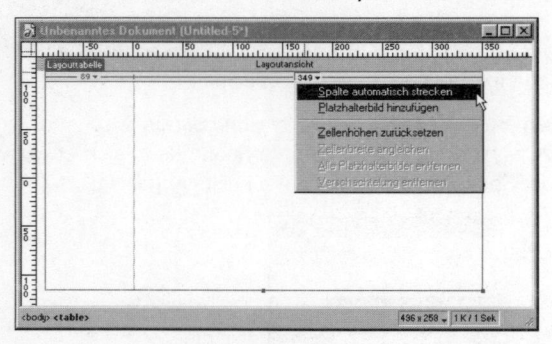

Das automatische Strecken aktivieren

Wenn Sie die automatische Streckfunktion für eine Spalte festlegen, fügt Dreamweaver zur Bewahrung des Layouts Platzhalterbilder in die Spalten mit fester Breite ein.

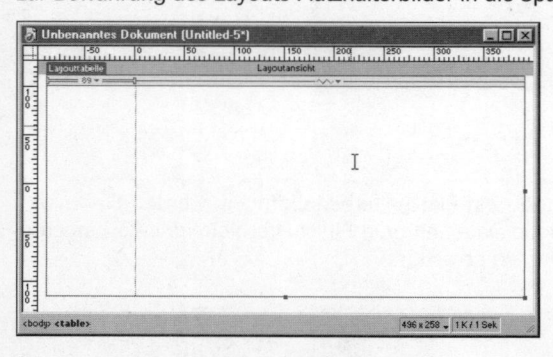

Das automatische Strecken der rechten Spalte

Hinweis

Das automatische Strecken ist besonders sinnvoll in einem zwei- oder dreispaltigen Layout, in dem der rechte Bereich immer an den rechten Rand des Browser-Fenster heranreichen soll. Dadurch werden bestimmte Layoutelemente wie Hintergründe immer über die volle Breite des Fensters ausgegeben.

Eigenschaften von Layouttabellen und -zellen

Layouttabellen und -zellen haben im Prinzip dieselben Eigenschaften wie Tabellen, Spalten und Zeilen.

Eigenschaften von Layouttabellen

Im Eigenschafteninspektor können Sie jeweils die Breite und Höhe, die vertikale Ausrichtung des Inhalts sowie die Farbe des Hintergrundes bestimmen. Für Randlinien und weitere Formatierungsmöglichkeiten müssen Sie die Standardansicht aktivieren (*Ansicht > Tabellenansicht > Standardansicht*) und die üblichen Tabellenformate benutzen.

Eigenschaften von Layoutzellen

Mit Frames gestalten

Mithilfe von Frames können Sie den Anzeigebereich des Browsers in verschiedene, frei definierbare Segmente aufteilen. Jedes Segment kann eigene Inhalte enthalten. Die Links in einem Frame können Seiten aufrufen, die dann in einem anderen Frame angezeigt werden.

Eine Webseite kann beispielsweise aus drei Frames bestehen: Ein schmaler Frame an der Seite enthält ein Menü, ein anderer Frame verläuft oben quer über die Seite und zeigt Logo und Titel der Website und ein dritter großer Frame nimmt den restlichen Platz ein und enthält den Hauptinhalt.

Bei jedem dieser Frames handelt es sich um eine separate HTML-Datei. Die Frames werden mithilfe eines oder mehrerer Framesets auf der Seite verknüpft. Ein Frameset ist eine HTML-Seite, die die Anzahl der Frames auf der Seite, die Größe der Frames, die Quelle der Frame-Seiten und andere Eigenschaften definiert.

Frames im Einsatz

Hinweise zu Frames

Frames werden hauptsächlich für Navigationsleisten eingesetzt. So kann eine Webseite beispielsweise zwei Frames enthalten. In einem dieser Frames wird das Navigationsmenü untergebracht, im anderen der Seiteninhalt. Nun können Besucher der Site auf eine Menüoption klicken, um etwas im Inhaltsbereich anzuzeigen. Das Navigationsmenü ändert sich dadurch nicht.

Die Arbeit mit Frames ist allerdings etwas kompliziert und meist können Sie ohne Frames die gleichen Ergebnisse erzielen wie mit Frames. Soll sich der Navigationsbereich beispielsweise links auf der Seite befinden, können Sie Ihre Seite entweder in zwei Frames aufteilen oder einfach den Navigationsbereich in alle Seiten Ihrer Site integrieren.

> **Hinweis**
>
> Bei einer Site mit Frames müssen Sie einen Navigationsbereich nur einmal erzeugen. Durch die Benutzung von Vorlagen können Sie diesen aber auch erreichen: Sie definieren den Navigationsbereich nur einmal in einer Vorlage, die für jede Seite benutzt wird.

Framesets

Wenn Sie sich für Frames in Ihrer Website entscheiden, sollten Sie sich zunächst mit den Grundkonzepten von Frames und Framesets vertraut machen, da die Verknüpfung von Frames nicht leicht ist.

Damit Sie Frames nutzen können, brauchen Sie eine spezielle HTML-Datei, in der ein Frameset definiert wird. Das Frameset bestimmt die Aufteilung des Fensters und enthält keinen weiteren Inhalt.

Dabei können Sie sich das Browser-Fenster wie den leeren Rahmen einer Tabelle vorstellen. Für eine Tabelle definieren Sie Zeilen und Spalten, in diesem Fall sind die entstehenden „Zellen" die Frames.

3. Seiten und Frames gestalten 55

Auch bei Frames ist eine Verschachtelung möglich. Anstelle einer Datei mit einem Inhalt können Sie auch ein weiteres Frameset in einem Frame öffnen. Auf diese Weise erreichen Sie beliebige Fensteraufteilungen.

Arbeiten mit Framesets

Frames können sich zwar als hervorragendes Tool für Webdesigner erweisen, müssen aber richtig erstellt werden, um die gewünschten Ergebnisse zu liefern. Führen Sie die folgenden Arbeitsschritte aus, damit Ihre Webseite funktioniert (die Schritte müssen nicht unbedingt in der angegebenen Reihenfolge ausgeführt werden):

- Erzeugen Sie das Frameset und die Frames auf Ihrer Webseite.
- Speichern Sie alle Dateien, die in den Frames verwendet werden.
- Definieren Sie die Eigenschaften für die einzelnen Frames und Framesets. Beispielsweise müssen Sie die Frames und Framesets benennen, Optionen für Rollbalken festlegen usw.
- Stellen Sie sicher, dass alle Hyperlinks ein Ziel (*target*-Option) haben, damit der verknüpfte Inhalt im jeweils richtigen Bereich angezeigt wird.

Warnung

Frames sind für das moderne Webdesign nur noch in Ausnahmen notwendig. Da Sie mit Dreamweaver-Vorlagen Navigationsleisten einmal gestalten und auf vielen Webseiten nutzen, ist eine Navigation mit Frames eigentlich überflüssig.

Framesets erzeugen

Dreamweaver bietet Ihnen zwei Möglichkeiten, ein Frameset zu erzeugen: Sie können es entwerfen oder eines der vordefinierten Framesets auswählen. Wenn Sie ein vordefiniertes Frameset wählen, werden alle Framesets und Frames automatisch eingerichtet. Dies ist die einfachste Methode, um schnell und problemlos ein Frame-Layout zu erzeugen. Frames können nur in der Entwurfsansicht des Dokumentfensters erstellt werden.

Vordefinierte Framesets erzeugen

Mit den vordefinierten Framesets von Dreamweaver können Sie schnell und einfach ein Frameset anlegen. Aus den Symbolen der vordefinierten Framesets auf der Registerkarte *Frames* der Befehlsleiste wird ersichtlich, wie die einzelnen Framesets aussehen.

Die Registerkarte Frames *der Befehlsleiste*

An den Farben können Sie die Aufteilung erkennen: Das ausgewählte Frameset umgibt das aktuelle Dokument mit der Einfügemarke. Der blaue Bereich im Symbol stellt die aktuelle Seite bzw. den ausgewählten Frame im Dokument dar. Der weiße Bereich zeigt die neuen Frames.

Sie erzeugen ein vordefiniertes Frameset, indem Sie einfach auf eines der Frameset-Symbole klicken.

Hinweis

Bevor Sie ein Frameset erzeugen oder mit den Frames arbeiten, sollten Sie die Frame-Rahmen im Dokumentfenster anzeigen. Wählen Sie dafür *Ansicht > Visuelle Hilfsmittel > Frame-Rahmen*. Frame-Rahmen sind eine visuelle Hilfe für die Frames in Ihrem Dokument.

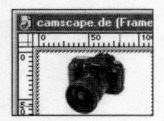

Frame-Rahmen an einer Dokumentecke

Beliebige Framesets erzeugen

Für das manuelle Erzeugen eines neuen Framesets haben Sie zwei Möglichkeiten:

- Wählen Sie *Modifizieren > Frameset > Frame links/rechts/unten/oben teilen*. Dreamweaver teilt das aktuelle Fenster nun entsprechend auf.
- Wenn Sie die Frame-Rahmen anzeigen, ohne ein Frameset definiert zu haben, erscheint ein zusätzlicher Rand um das Dokument. An diesen grauen Randlinien können Sie mit der Maus ziehen, um Frames zu erzeugen. Wenn Sie dabei von einer der Ecken aus ziehen, wird das Dokument in vier Frames unterteilt.

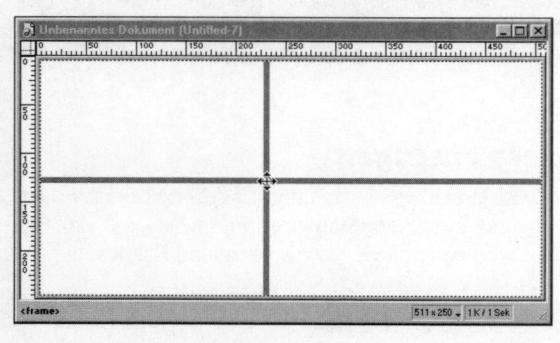

Vierteilung mit Frame-Rahmen

3. Seiten und Frames gestalten 57

Eigenschaften der Frames ändern

Frames und Framesets sind jeweils eigenständige HTML-Dokumente. Wenn Sie Änderungen an einem Frame oder Frameset vornehmen möchten, müssen Sie den jeweiligen Frame oder das Frameset zunächst auswählen. Sie können Frames und Framesets im Dokumentfenster oder im Bedienfeld *Frame* (*Fenster > Andere > Frames*) auswählen.

> **Hinweis**
>
> Im Dokumentfenster wählen Sie einen Frame aus, indem Sie darin klicken. Sie wählen das Frameset aus, indem Sie in den Frame-Rahmen klicken.

Das Bedienfeld Frame

Mit *Fenster > Andere > Frames* zeigen Sie das Bedienfeld *Frame* an.

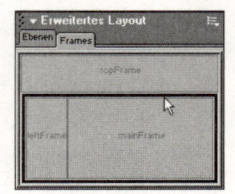

Das Bedienfeld Frame

Im Bedienfeld *Frame* werden alle Frames in einem Dokument dargestellt. Wenn Sie in der Palette auf einen Frame oder ein Frameset klicken, wird das entsprechende im Dokument ausgewählt. Anschließend können Sie die Eigenschaften des ausgewählten Frames oder Framesets im Eigenschafteninspektor bearbeiten.

Im Bedienfeld *Frame* ist die Struktur der Framesets besser zu erkennen, da ein Frameset von einem dicken dreidimensionalen Rahmen umgeben ist. Frames dagegen sind von einer dünnen grauen Linie umgeben. Außerdem ist der Frame-Name erkennbar.

Eigenschaften eines Framesets

Mit den Frameset-Eigenschaften können Sie Rahmen festlegen und die Frame-Größe definieren.

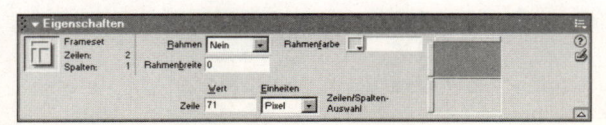

Eigenschaften eines Framesets

> **Warnung**
>
> Wenn Sie Eigenschaft eines Frames verändern, wird die entsprechende Eigenschaft eines Framesets außer Kraft gesetzt. Wenn Sie den Rahmen eines Frames ändern, hat diese Änderung Vorrang vor den Rahmeneigenschaften des Framesets.

Eigenschaften eines Frames

Mithilfe des Eigenschafteninspektors können Sie Frames benennen und Ränder und Rahmen definieren. Eventuell müssen Sie unten rechts im Eigenschafteninspektor auf den Erweiterungspfeil klicken.

> **Hinweis**
>
> Sie müssen alle Frames benennen, damit die Hyperlinks auf der Seite ordnungsgemäß funktionieren.

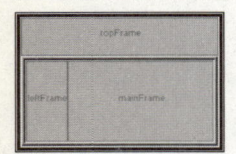

Eigenschaften eines Frames

- Geben Sie dem Frame einen Namen im Feld *Frame-Name*.

  Der Frame-Name wird für Hyperlink-Ziele und Skriptreferenzen verwendet. Ein Frame-Name sollte aus einem einzigen Wort bestehen. Unterstriche (_) können verwendet werden, Bindestriche (-), Punkte (.) und Leerzeichen jedoch nicht.

  Quelle gibt das HTML-Dokument im Frame an. Eine Alternative bietet der Befehl *Datei > Öffnen in Frame*.

- *Rollen* bestimmt, ob Rollbalken angezeigt werden sollen, wenn nicht genügend Platz für den Inhalt des aktuellen Frames ist. Die Standardeinstellung ist *Auto*.
- *Keine Größenänderung* beschränkt die Größe des aktuellen Frames und verhindert, dass die Frame-Größe im Browser geändert werden kann.
- *Rahmen* entscheidet, ob der Rahmen des Frames im Browser angezeigt wird.
- *Rahmenfarbe* legt die Farbe für alle Rahmen fest, die an den aktuellen Frame angrenzen.

> **Hinweis**
>
> Die Breite des Rahmens verändern Sie im Frameset. Geben Sie „0" ein, um den Rahmen völlig auszublenden.

3. Seiten und Frames gestalten 59

Mit Frames arbeiten

Ein Knackpunkt bei Frames ist das Einfügen von Hyperlinks, das etwas komplizierter als bei Einzeldateien ist.

Frames und Hyperlinks

Wenn Sie Hyperlinks in Frames verwenden, müssen Sie unbedingt ein Ziel für den Hyperlink angeben. Das „Ziel" eines Hyperlinks ist der Frame, in dem der Inhalt geöffnet wird.

Ein Beispiel: Das Navigationsmenü befindet sich im linken Frame und jeder Link soll eine Datei im rechten Frame anzeigen. In diesem Fall müssen Sie Ziele für alle Hyperlinks angeben. Das Ziel entspricht dem Namen des Frames – also zum Beispiel „Hauptframe". Wenn einer Besucher der Website auf das Navigationsmenü klickt, erscheinen alle Inhalte der Site im Hauptframe.

- Wenn Sie einen neuen Hyperlink erzeugen, geben Sie das Ziel im Dialog des Befehls *Einfügen > Hyperlink* ein.

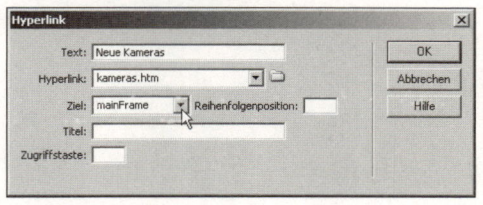

Ziel für einen Hyperlink angeben

- Bei einem bestehenden Hyperlink verwenden Sie das Popupmenü *Ziel* des Eigenschafteninspektors, um den Frame auszuwählen.

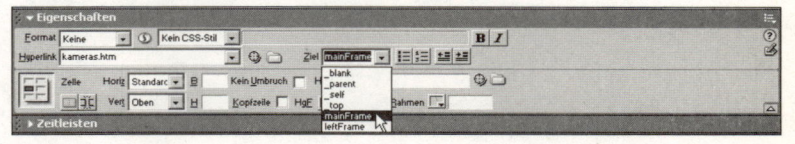

Ziel im Eigenschafteninspektor angeben

Im Pop-Upmenü *Ziel* finden Sie alle Frame-Namen des Framesets sowie eine Reihe von vordefinierten Namen, die jeweils bestimmte Aufgaben erfüllen.

- *_blank* öffnet das Dokument in einem neuen Browserfenster. Das aktuelle Fenster bleibt dabei verfügbar.
- *_parent* öffnet das Dokument im übergeordneten Frameset des Hyperlinks. Falls die Website nur ein Frameset hat, werden alle Frames ersetzt und das Dokument erscheint wie ein frameloses Dokument.

- _self_ öffnet das Dokument im aktuellen Frame. Dabei wird der Inhalt des Frames ersetzt.
- _top_ öffnet das Dokument im äußersten Frameset des aktuellen Dokuments. Dabei werden alle Frames ersetzt und das Dokument erscheint wie ein frameloses Dokument im Browser.

> **Hinweis**
>
> Das Hyperlink-Ziel _blank_ können Sie auch benutzen, wenn Sie keine Frames benutzen. Dieser kleine Trick ist sehr hilfreich, um alle Links in einem neuen Fenster zu öffnen.

4. HTML-Objekte einfügen

Zu den grundlegenden Arbeitsschritten mit Dreamweaver gehören das Einfügen und Formatieren von Text, Bildern und anderen HTML-Objekten wie Hyperlinks.

Text, Tabellen und Grafiken nutzen

Dreamweaver MX bietet für das Einfügen und Formatieren von Text, Tabellen und Grafiken zahlreiche, benutzerfreundliche Funktionen.

Text eingeben

Zum Eingeben von Text in Dreamweaver MX gibt es eigentlich nicht viel zu sagen: Das Programm wird wie ein Textverarbeitungsprogramm bedient:

- Das Eingeben von Text geschieht wie in einer Textverarbeitung. Sie haben alle üblichen Funktionen für die Arbeit mit der Zwischenablage zur Verfügung sowie alle gewohnten Tastenbefehle zur Steuerung des Cursors.
- Mit dem Befehl *Bearbeiten > Suchen und Ersetzen* können Sie wie aus Word gewohnt Text in beliebiger Länge suchen und ersetzen.

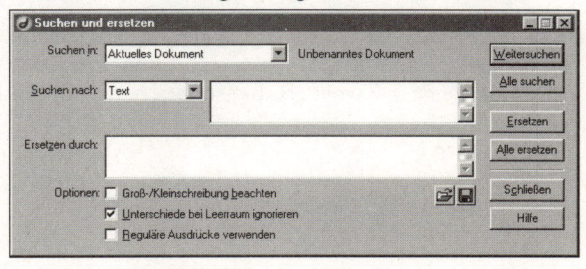

Das Dialogfeld Suchen und Ersetzen

- Der Befehl *Text > Rechtschreibung prüfen* startet die in Dreamweaver MX integrierte Rechtschreibprüfung.
- Dokumente aus anderen Anwendungen konvertieren Sie am besten über die Zwischenablage oder indem Sie sie im HTML-Format speichern und in Dreamweaver MX öffnen.

> **Hinweis**
>
> Word-Dokumente im HTML-Format benötigen eine besondere Konvertierung mit dem Befehl *Datei > Importieren > Word-HTML*. Dies ist notwendig, da Word zahlreiche HTML- und XML-Tags für eigene Zwecke in ein HTML-Dokument einfügt.

Zeichen und Absätze formatieren

Die Formatierungsfunktionen in Dreamweaver sind denen eines Textverarbeitungsprogramms sehr ähnlich. Über das Menü *Text* oder den Eigenschafteninspektor können Sie einen Textblock formatieren. Schriftart, Größe, Farbe und Ausrichtung sind sehr leicht mit dem Eigenschafteninspektor zu ändern.

Formatieren mit dem Eigenschafteninspektor

Der Eigenschafteninspektor zeigt zu jedem markierten HTML-Objekt die aktuell verfügbaren Formatierungsoptionen an. Wenn Sie einen Textabsatz oder eine Zeile Text markieren, indem Sie mit gedrückter Maustaste über den zu markierenden Text fahren, sehen Sie im Eigenschaftsinspektor alle verfügbaren Formatierungsoptionen.

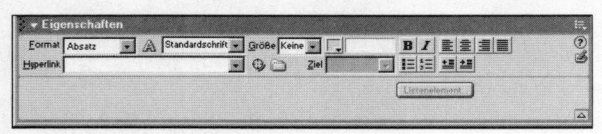

Der Eigenschafteninspektor

In der Liste *Format* wählen Sie die Art des Absatzes aus. Dreamweaver MX bietet hier nur die Vorgabe *Absatz* sowie die Überschriftenformate an. *Absatz* bestimmt das Standardformat für ein P-Tag, *Überschrift 1* für ein H1-Tag, *Überschrift 2* für ein H2-Tag und so weiter.

Absatzformate auswählen

Die Liste direkt neben der Absatzliste enthält Schriftkombinationen, die für den Text ausgewählt werden können. Wählen Sie im Popupmenü die gewünschte Schriftkombination, oder wählen Sie *Schriftenliste bearbeiten*, um eine Schriftkombination anzulegen oder zu bearbeiten.

4. HTML-Objekte einfügen

> **Hinweis**
>
> Sollte die Liste der Schriftkombinationen nicht erscheinen, sondern stattdessen der Eintrag *Kein CSS-Stil*, müssen Sie zunächst in den HTML-Modus wechseln. Hierzu klicken Sie auf das kleine Symbol *CSS-/HTML-Modus umschalten* links neben der Liste. 
>
> *Schriftart auswählen*

Die Liste *Größe* definiert entweder eine feste Schriftgröße (1 bis 7) oder eine relative Größe (+1 oder –1 bis +7 oder –7). Die relativen Schriftgrößen beziehen sich auf die Basisschriftgröße, die einer Schriftgröße von 3 entspricht.

> **Hinweis**
>
> HTML-Schriftgrößen sind keine Punktwerte, sondern relative Größen. Die Benutzer stellen die Punktgröße der Standardschrift für ihren Browser ein. Diese Schriftgröße wird angezeigt, wenn Sie im Eigenschafteninspektor die 3 wählen. Die Größen 1 und 2 sind kleiner als die Standardschriftgröße, 4 bis 7 sind dagegen größer. 
>
> *Schriftgröße auswählen*

Das Feld *Textfarbe* zeigt den Text in der ausgewählten Farbe an. Wählen Sie eine Farbe aus, indem Sie auf das Farbfeld klicken, oder geben Sie einen Hexadezimalwert (z. B. #FF0000 für Rot) in das daneben liegende Textfeld ein.

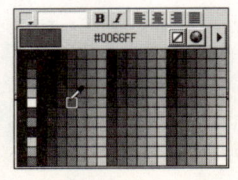

Schriftfarbe auswählen

In den Symbolschaltflächen daneben können Sie fette und kursive Formate einstellen sowie die Ausrichtung des Absatzes bestimmen. Die weiteren Bedienelemente im Eigenschafteninspektor widmen sich dem Formatieren von Hyperlinks und werden erst weiter unten in diesem Kapitel vorgestellt.

Formatieren mit dem Menü Text

Neben dem Eigenschafteninspektor können Sie die Befehle und Untermenüs im Menü *Text* benutzen, um Zeichen und Absätze zu formatieren:

- Wenn Sie die Schrift ändern möchten, wählen Sie im Menü *Text > Schrift* eine Schrift aus. Wählen Sie *Standard*, um bereits angewendete Schriften zu entfernen. Dabei wird die Standardschrift auf den Text angewendet. Dies ist entweder die Standardschrift des Browsers oder des Stylesheets.
- Wenn Sie den Schriftstil ändern möchten, wählen Sie im Menü *Text > Stil* einen Schriftstil wie fett, kursiv oder unterstrichen.
- Wenn Sie die Schriftgröße ändern möchten, wählen Sie im Menü *Text > Größe* die gewünschte Größe. Wenn Sie den Text vergrößern oder verkleinern möchten, wählen Sie im Menü *Text > Größe ändern* eine relative Größe.
- Mit dem Menü *Text > Absatzformat* können Sie Standardabsatz- und Überschriften-Tags anwenden. Wenn Sie einem Absatz ein Überschriften-Tag zuweisen, fügt Dreamweaver automatisch einen Standardabsatz nach dem Absatz ein.

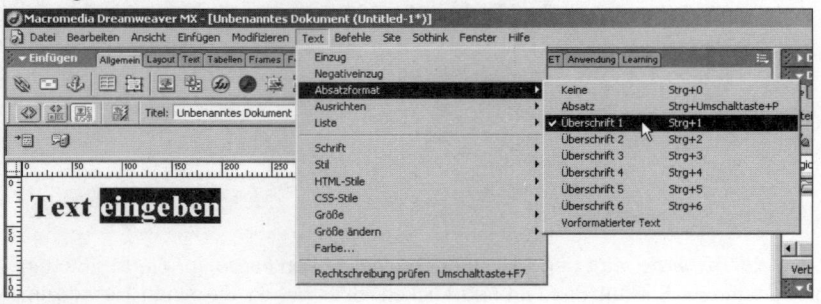

Absatzformate zuweisen

- Um einen Absatz auf der Seite auszurichten, benutzen Sie das Menü *Text > Ausrichten*. Mit dem Befehl *Text > Ausrichtung > Zentrieren* können Sie ein beliebiges Element auf der Seite zentrieren – auch Grafiken oder Tabellen.
- Mit dem Befehl *Text > Einzug* wird ein Textabsatz mit dem HTML-Tag *blockquote* versehen, sodass er von beiden Seitenrändern her eingerückt wird. Der Befehl *Text > Negativeinzug* entfernt das HTML-Tag *blockquote* wieder.

Listen formatieren

Nummerierte (geordnete) oder mit Aufzählungspunkten versehende (ungeordnete) Listen sowie Definitionslisten formatieren aus bereits vorhandenem Text oder aus Text erstellen, den Sie neu in das Dokumentfenster eingeben.

> **Hinweis**
>
> Definitionslisten verwenden keine vorgestellten Zeichen wie Aufzählungspunkte oder Zahlen und werden häufig für Glossare und Beschreibungen verwendet. Listen können auch verschachtelt sein. Verschachtelte Listen enthalten weitere Listen. Sie können beispielsweise eine geordnete Liste oder eine Liste mit Aufzählungspunkten innerhalb einer anderen Liste des gleichen oder eines anderen Listentyps erstellen.

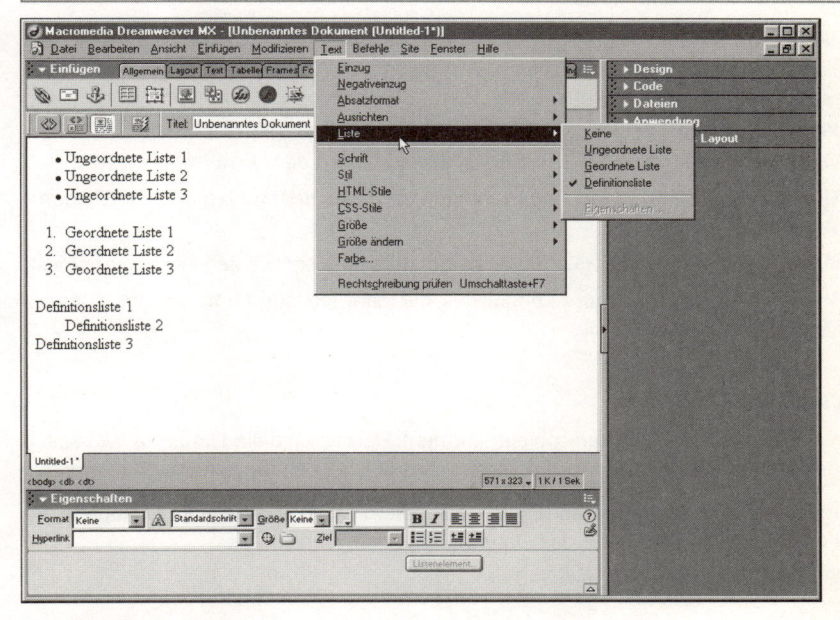

Listenformate zuweisen

Um eine Liste zu erstellen, markieren Sie zunächst mit gedrückter Maustaste die gewünschten Absätze, die zur Liste gehören sollen. Rufen Sie anschließend das Menü *Text > Liste* auf, und wählen Sie aus dem nachfolgenden Untermenü den gewünschten Listentyp, zum Beispiel *Nummerierte Liste*.

Die Listen können Sie mit dem Eigenschafteninspektor verändern, indem Sie einen Listenabsatz markieren und im Eigenschafteninspektor auf *Listenelement* klicken.

Listenabsätze formatieren

Im Dialogfeld *Listeneigenschaften* legen Sie das Aussehen einer gesamten Liste oder eines einzelnen Listenelements fest. Sie können den Nummerierungsstil wählen, die Nummerierung zurücksetzen oder verschiedene Aufzählungspunkt-Stile für einzelne Einträge oder die gesamte Liste definieren.

- *Listentyp* bestimmt die Eigenschaften der ganzen Liste, *Listenelement* bestimmt die Eigenschaften eines einzelnen Listenelements. Zur Auswahl haben Sie *Aufzählungs Liste, Nummerierte Liste, Verzeichnisliste* oder *Menüliste*. Je nach gewähltem Listentyp werden verschiedene Optionen angezeigt.
- Mit dem Feld *Stil* legen Sie den Stil für die Nummern oder Listenzeichen fest.
- Mit dem Feld *Zähler starten* legen Sie den Wert des ersten Elements einer geordneten Liste fest.
- Mit dem Feld *Neuer Stil* legen Sie einen Stil für das ausgewählte Listenelement fest.
- Bei *Zähler zurücksetzen auf* können Sie die Zahl festlegen, mit der die Nummerierung beginnen soll.

Datum einfügen

Dreamweaver besitzt ein Datumsobjekt, mit dem Sie das aktuelle Datum in Webseiten einfügen können. Außerdem können Sie das Datum bei jedem Speichern aktualisieren.

Sie fügen das aktuelle Datum mit *Einfügen > Datum* ein. Wählen Sie im Dialogfeld ein Format für den Wochentag, für das Datum und für die Uhrzeit aus.

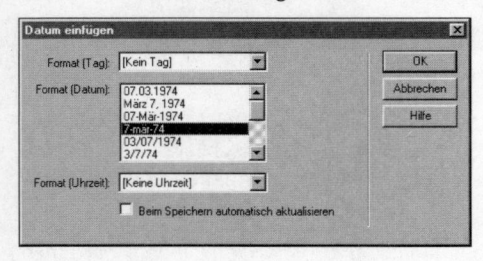

Datum einfügen

Wenn das eingefügte Datum beim Speichern aktualisiert werden soll, markieren Sie die Option *Beim Speichern automatisch aktualisieren*.

4. HTML-Objekte einfügen 67

Sonderzeichen einfügen

Bestimmte Sonderzeichen können Sie in HTML nicht ohne weiteres einfügen. Benutzen Sie hierfür den Befehl *Einfügen > Sonderzeichen*.

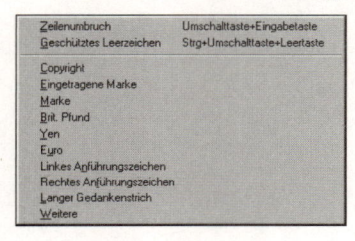

Sonderzeichen einfügen

Darüber hinaus stehen noch viele andere Sonderzeichen zur Verfügung. Um eines auszuwählen, wählen Sie *Einfügen > Sonderzeichen > Weitere*.

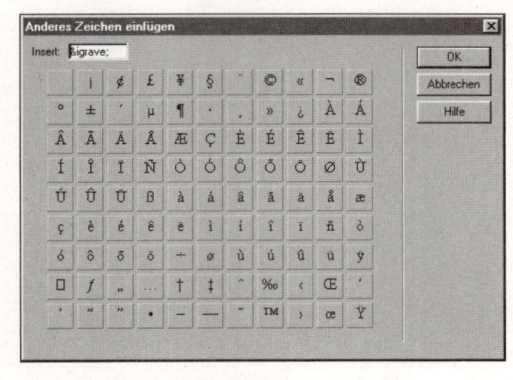

Weitere Sonderzeichen einfügen

Horizontale Linien einfügen

Horizontale Linien dienen dazu, Informationen übersichtlich anzuordnen. Wählen Sie dafür den Befehl *Einfügen > Horizontale Linie*. Verändern Sie anschließend im Eigenschafteninspektor die gewünschten Eigenschaften.

- *B* und *H* geben die Breite und Höhe der Linie in Pixel oder als Prozentsatz der Seitengröße an.
- *Ausrichten* legt die Ausrichtung der Linie fest. Diese Einstellung kann nur geändert werden, wenn die Linie schmaler als das Browserfenster ist.
- Mit *Schattierung* legen Sie fest, ob die Linie eine Schattierung erhalten soll.

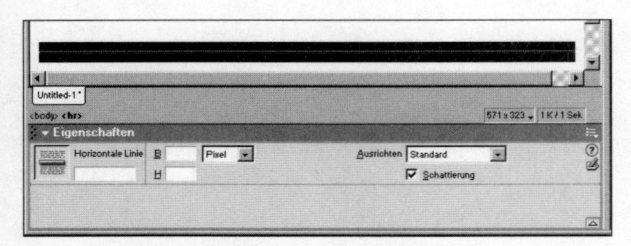

Horizontale Linien formatieren

Tabellen einfügen

Tabellen dienen zur Präsentation von Zahlen, Texten und Grafiken in übersichtlicher Form. Mit Dreamweaver bearbeiten Sie problemlos die Spalten, Zeilen und Zellen einer Tabelle.

Tabellen anlegen

Eine Tabelle erzeugen Sie mit *Einfügen > Tabelle*. Das Dialogfeld *Tabelle einfügen* wird eingeblendet.

Das Dialogfeld Tabelle einfügen

1. Die Felder *Zeilen* und *Spalten* bestimmen die Anzahl der Zeilen und Spalten in der Tabelle.

2. Das Feld *Zellauffüllung* bestimmt die Anzahl der Pixel zwischen dem Zellinhalt und den Zellrändern.

3. Das Feld *Zellenabstand* bestimmt die Anzahl der Pixel zwischen aneinander grenzenden Zellen. Um sicherzustellen, dass Browser die Tabelle ohne Auffüllung und Abstand anzeigen, legen Sie für beide Optionen den Wert 0 fest.

4. Das Feld *Breite* definiert die Breite der Tabelle in Pixel oder als Prozentsatz der Fensterbreite des Browsers.

5. Das Feld *Rahmen* definiert die Breite des Tabellenrahmens in Pixel. Um sicherzustellen, dass Browser die Tabelle ohne Rahmen anzeigen, geben Sie den Wert 0 an.

6. Klicken Sie anschließend auf OK, um die Tabelle einzufügen.

Tabellen formatieren

Das Eingeben von Text und das Verändern der Tabelle mit der Maus geschieht nach denselben Prinzipien wie in einem Textverarbeitungsprogramm. Wenn Sie sich also zum Beispiel mit der Tabellenfunktion von Microsoft Word 2000/2002 auskennen, können Sie Ihre Kenntnisse auf die HTML-Tabellen von Dreamweaver MX anwenden.

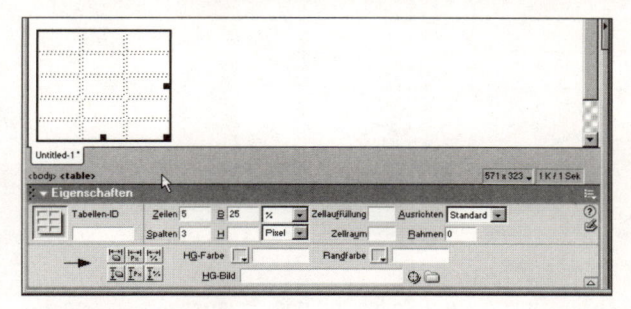

Tabelleneigenschaften

Um die Eigenschaften der Tabelle mit dem Eigenschafteninspektor zu ändern, müssen Sie zunächst die ganze Tabelle mit einem Mausklick markieren. Am schnellsten geht dies, wenn Sie in der Markierungsleiste am unteren Rand des Eingabefensters auf das <table>-Tag klicken.

- *Tabellen-ID* ist die Identifikationsnummer der Tabelle.
- *Zeilen* und *Spalten* sind die Anzahl der Zeilen und Spalten in der Tabelle.
- *B* und *H* sind Breite und Höhe der Tabelle in Pixel oder als Prozentsatz der Fensterbreite des Browsers.
- *Zellauffüllung* ist die Anzahl der Pixel zwischen dem Zellinhalt und den Zellrändern.
- *Zellraum* ist die Anzahl der Pixel zwischen aneinander grenzenden Zellen.
- *Ausrichten* bestimmt, wo die Tabelle relativ zu anderen Elementen im gleichen Absatz ausgerichtet werden soll.
- *Rahmen* definiert die Breite des Tabellenrahmens in Pixel.
- Die Symbolschaltflächen *Spaltenbreiten löschen* und *Zeilenhöhen löschen* entfernen alle explizit festgelegten Werte für Spaltenbreite und Zeilenhöhe aus der Tabelle. (Siehe den Pfeil in der Abbildung.)
- Die Symbolschaltflächen *Tabellenbreite in Pixel konvertieren* und *Tabellenhöhe in Pixel konvertieren* wandeln die Höhe oder Breite der Spalten und die Gesamtbreite der Tabelle in Pixel um.
- Die Symbolschaltflächen *Tabellenbreite in Prozent konvertieren* und *Tabellenhöhe in Prozent konvertieren* wandeln die Höhe oder Breite der Spalten und die Gesamtbreite der Tabelle in einen Prozentsatz der Breite des Dokumentfensters um.

- *HG-Farbe* ist die Hintergrundfarbe der Tabelle.
- *Randfarbe* ist die Farbe der Tabellenränder.
- *HG-Bild* ist das Hintergrundbild der Tabelle.

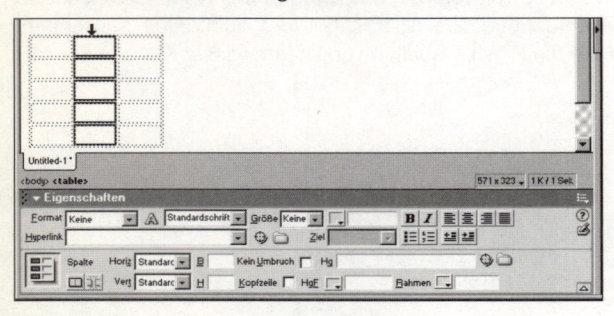

Eigenschaften von Zeilen, Spalten und Zellen

Um die Eigenschaften von Zeilen, Spalten und Zellen mit dem Eigenschafteninspektor zu ändern, müssen Sie zunächst die gewünschten Zeilen, Spalten und Zellen mit einem Mausklick markieren. Am schnellsten geht dies bei Spalten und Zeilen, wenn Sie in Tabelle links vor der Zeile oder oben über der Spalte klicken. Eine Zelle markieren Sie einfach durch einen Mausklick auf den Zellenrand.

- *Horiz* legt die horizontale Ausrichtung des Inhalts einer Zelle, Zeile oder Spalte fest.
- *Vert* legt die vertikale Ausrichtung des Inhalts einer Zelle, Zeile oder Spalte fest.
- *B* und *H* sind Breite und Höhe der ausgewählten Zellen in Pixel oder als Prozentsatz der gesamten Tabellenbreite bzw. -höhe.
- *Hg* ist der Dateiname des Hintergrundbilds.
- *HgF* ist die Hintergrundfarbe.
- *Rahmen* ist die Farbe des Zellrahmens.
- Die Symbolschaltfläche *Ausgewählte Zellen verbinden* verbindet die ausgewählten Zellen zu einer einzigen Zelle. Zellen können nur dann miteinander verbunden werden, wenn sie eine Reihe oder ein Rechteck bilden.
- Die Symbolschaltfläche *Zellen in Spalten oder Zeilen teilen* teilt eine Zelle in zwei oder mehr Zellen auf. Sie können jeweils nur eine Zelle teilen.
- *Kein Umbruch* verhindert einen Zeilenumbruch. Der gesamte Text einer Zelle wird somit in einer einzigen Zeile dargestellt.
- *Kopfzeile* formatiert die ausgewählten Zellen als Kopfzeilenzellen der Tabelle. Der Inhalt von Kopfzeilenzellen in Tabellen ist standardmäßig fett und zentriert.

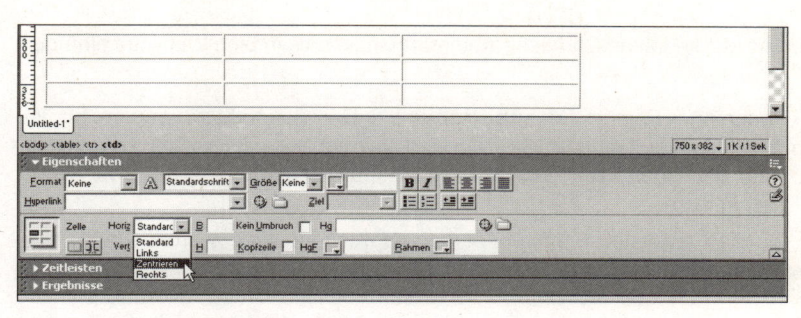

Zeilen und Spalten mit der Maus ändern

Bilder und Medien einfügen

Mit Dreamweaver MX können Sie Bilder und Medien (Audio, Video, Animationen) in eine Webseite einfügen. Das Programm kennt die folgenden Dateiformate:

- PNG-Dateien sind aufgrund ihrer geringen Dateigröße für fast alle Webgrafiken geeignet. Ihre Darstellung wird jedoch nur von Microsoft Internet Explorer ab Version 4.0 und Netscape Navigator ab Version 4.04 unterstützt. Dateien in diesem Format unterstützen Bilder mit indizierten Farben, Graustufen und Echtfarben sowie einen Alphakanal zur Transparenzdarstellung.
- GIF-Dateien (Graphics Interchange Format) umfassen maximal 256 Farben und eignen sich besonders gut für Bilder, die keine ineinander verlaufenden Farbtöne oder großen Bereiche mit einander sehr ähnlichen Farben enthalten. Typische Anwendungsgebiete sind Navigationsleisten, Schaltflächen, Symbole und Logos.
- Das JPEG-Format (Joint Photographic Experts Group) eignet sich am besten für Fotos und Bilder, die bis zu 16 Millionen Farben enthalten können. Je höher die Qualität des JPEG-Bildes ist, desto größer wird die Datei und desto länger dauert die Übertragung. Oft kann durch Komprimieren der JPEG-Datei ein guter Ausgleich zwischen Bildqualität und Dateigröße erzielt werden.
- Flash-Dateien (SWF) enthalten Animationen, Zeichnungen, Anwendungen oder aufwändige Medienclips aus Macromedia Flash MX.
- Shockwave ist ein komprimiertes Format, mit dem Multimedia-Dateien, die in Macromedia Director erstellt wurden, schnell heruntergeladen und von den meisten gängigen Browsern wiedergegeben werden können.
- Webseiten können Videodateien in unterschiedlichen Formaten enthalten. Videodateien können zum Benutzer per Download oder mithilfe des Streaming-Verfahrens übertragen werden. Durch die zweite Methode beginnt die Wiedergabe bereits beim Herunterladen. Die im Web am häufigsten verwendeten Programme für die Übertragung von Streaming-Formaten sind RealMedia, QuickTime und Windows Media Player. Für die Wiedergabe dieser Formate müssen Sie ein Plug-In herunterladen. Diese Formate ermöglichen die gleichzeitige Übertragung und Wiedergabe von Audio- und Videodateien.

Dreamweaver MX kennt verschiedene Audioformate, die es in eine Webseite einfügen kann.

- *MIDI-* oder *MID-Dateien* (Musical Instrument Digital Interface) werden für Instrumentalmusik verwendet. MIDI-Dateien werden von vielen Browsern unterstützt und benötigen kein Plug-In. Die Klangqualität hängt von der Soundkarte des Besuchers ab.
- *WAV-Dateien* (Waveform) haben eine gute Klangqualität, werden von vielen Browsern unterstützt und benötigen kein Plug-In. Sie können Ihre eigenen WAV-Dateien von CDs oder Kassetten überspielen oder mit einem Mikrofon aufnehmen. Aufgrund des Umfangs dieser Dateien ist die Länge der Audioclips begrenzt.
- *AIF-Dateien* (Audio Interchange File Format oder AIFF) haben wie WAV-Dateien eine gute Klangqualität, werden von vielen Browsern unterstützt und benötigen kein Plug-In.
- *MP3-Dateien* (Motion Picture Experts Group Audio oder MPEG-Audio Layer-3) besitzen ein komprimiertes Format, das Audiodateien erheblich verkleinert. Die Klangqualität ist ausgezeichnet und reicht bis zu CD-Qualität. Für die Wiedergabe von MP3-Dateien muss ein Plug-In wie QuickTime, Windows Media Player oder RealPlayer installiert sein.
- *RA-, RAM-, RPM-Dateien* (Real Audio) zeichnen sich durch eine starke Komprimierung und somit kleinere Dateien als bei MP3 aus. Ganze Musikdateien können in einer akzeptablen Zeit geladen werden. Da diese Dateien auch im Streaming-Verfahren arbeiten, ist das Anhören bereits während des Downloads möglich. Die Klangqualität ist nicht so gut wie bei MP3-Dateien. Um diese Dateien wiederzugeben, ist das RealPlayer-Plug-In notwendig.

Bilder einfügen

Wenn Sie ein Bild einfügen, erzeugt Dreamweaver automatisch einen Verweis auf die Datei. Damit dies problemlos funktioniert, muss sich die Bilddatei in der Site befinden. Wenn sie sich nicht in der aktuellen Site befindet, kopiert Dreamweaver die Datei in die Site.

1. Sie fügen ein Bild ein, indem Sie *Einfügen > Bild* wählen.
2. Wählen Sie *Dateisystem*, um eine Grafikdatei auszuwählen. Wählen Sie *Datenquelle*, um eine dynamische Bildquelle auszuwählen.
3. Wählen Sie aus der Verzeichnisstruktur das Bild, das Sie einfügen möchten, und klicken Sie auf *OK*.

4. HTML-Objekte einfügen

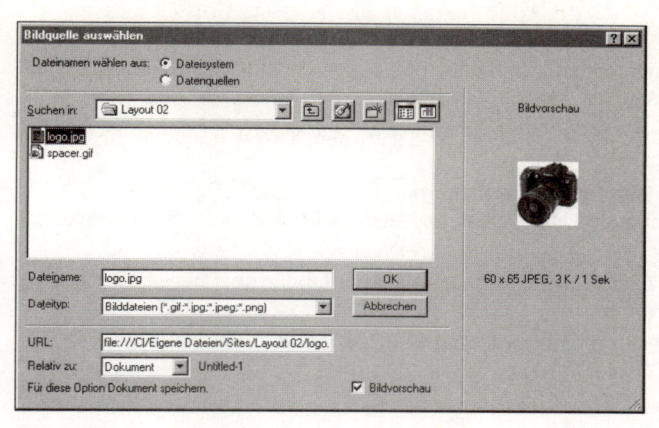

Bild einfügen

Die Eigenschaften eines Bildes können Sie im Eigenschafteninspektor festlegen.

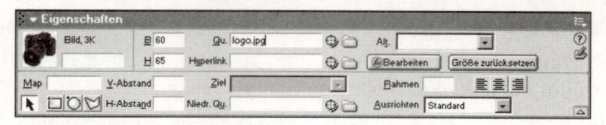

Bildeigenschaften ändern

- *B* und *H* legen die Höhe und Breite des Bildes in Pixel fest. Die Bildgröße kann in folgenden Maßeinheiten festgelegt werden: *pc* (Pica), *pt* (Punkt), *in* (Zoll), *mm* (Millimeter), *cm* (Zentimeter) sowie in Kombinationen aus verschiedenen Maßeinheiten wie etwa 2in+5mm. Im HTML-Quellcode werden alle Werte in Pixel umgewandelt. Wenn Sie für B und H Werte festlegen, die nicht der tatsächlichen Breite und Höhe des Bildes entsprechen, wird das Bild unter Umständen nicht korrekt im Browser angezeigt. Um die ursprünglichen Werte wiederherzustellen, klicken Sie auf die Feldbeschriftungen.
- *Qu.* gibt die Quelldatei des Bildes an. Klicken Sie auf das Ordnersymbol, um die Quelldatei auszuwählen, oder geben Sie den Pfad ein.
- *Hyperlink* gibt einen Hyperlink für das Bild an.
- *Ausrichten* richtet Bild und Text auf derselben Linie aus. Sie haben hier folgende Optionen zur Verfügung:
  - ▶ *Standard* gibt in der Regel eine Ausrichtung an der Grundlinie vor.
  - ▶ *Grundlinie* und *Unten* richten die Grundlinie des Textes oder eines anderen Elements im Absatz an der Unterseite des Objekts aus.
  - ▶ *Oben* richtet die Oberkante des Bildes an der Oberkante des höchsten Elements der aktuellen Zeile aus.

- ▶ *Mitte* richtet die Bildmitte an der Grundlinie der aktuellen Zeile aus.
- ▶ *Textoberkante* richtet die Oberkante des ausgewählten Bildes an der Oberkante des höchsten Zeichens in der Textzeile aus.
- ▶ *Absolute Mitte* richtet die Bildmitte an der Mitte des Textes der aktuellen Zeile aus.
- ▶ *Absolut unten* richtet die Unterkante des Bildes an der Unterkante der Textzeile aus (wobei auch Unterlängen wie etwa beim Buchstaben g berücksichtigt werden).
- ▶ *Links* platziert das ausgewählte Bild am linken Rand, wobei der Text rechts um das Bild herumverläuft.
- ▶ *Rechts* platziert das Bild am rechten Rand, wobei der Text links um das Bild herumverläuft.
- ◆ *Alt* gibt alternativen Text an, der anstelle des Bildes geladen wird, wenn keine Bilder angezeigt werden. Bei einigen Browsern wird dieser Text auch angezeigt, wenn der Mauszeiger sich über dem Bild befindet.
- ◆ Mit *Map* und den Hotspot-Tools können Sie eine Imagemap beschriften und erstellen. Siehe Navigationselemente.
- ◆ *V-Abstand* fügt einen Leerraum in Pixel am oberen und unteren Bildrand hinzu. *H-Abstand* fügt den Leerraum am linken und rechten Bildrand hinzu.
- ◆ *Ziel* gibt den Frame oder das Fenster an, in dem die verknüpfte Seite geladen werden soll.
- ◆ *Niedr. Qu.* gibt das Bild an, das vor dem Hauptbild geladen werden soll. Viele Website-Designer verwenden eine Schwarzweiß-Version des Hauptbildes, da es schneller geladen wird und den Besuchern dennoch einen Überblick über das erwartete Bild gibt.
- ◆ *Rahmen* gibt die Breite des Bildrahmens in Pixel an. Die Standardeinstellung ist *Kein Rahmen*.
- ◆ *Bearbeiten* startet den Bildeditor und öffnet das ausgewählte Bild.
- ◆ *Größe zurücksetzen* setzt den B- und H-Wert wieder auf die ursprüngliche Größe des Bildes zurück.

Medien einfügen

Flash- und Shockwave-Objekte sowie Java-Applets und Audio- oder Video-Dateien fügen Sie mit dem Untermenü *Einfügen > Medien* in die Seite ein.

4. HTML-Objekte einfügen

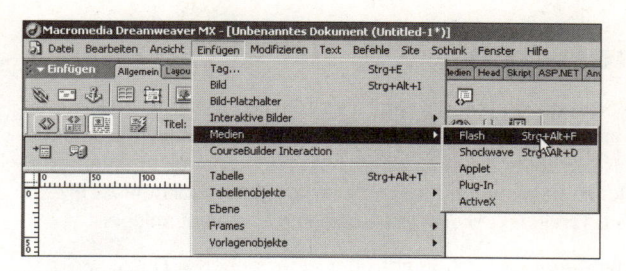

Medien einfügen

Audio- oder Videodateien fügen Sie mit dem Befehl *Einfügen > Medien > Plug-In* ein. Die Besucher der Website müssen allerdings ein passendes Plug-In installiert haben.

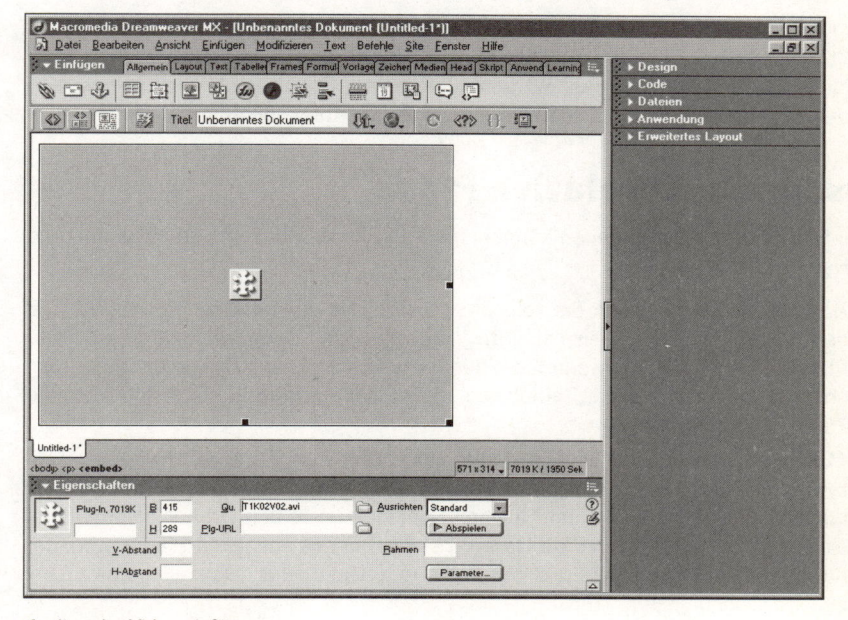

Audio oder Video einfügen

Hinweis

Achten Sie bei Videodateien darauf, den Bereich des Plug-Ins auf die Größe der Videodatei plus der ggf. vom Plug-In angezeigten Steuerelemente einzustellen. Ein Beispiel: Der Microsoft Media Player ab Version 7.0 kann als Plug-In innerhalb einer Webseite arbeiten, fügt aber Schalter für die Bildsteuerung unter dem Video ein.

Hyperlinks einfügen

Das HTML-Tag für eine Hypertextverknüpfung wird als Anker oder A-Tag bezeichnet. Dreamweaver erzeugt Anker für Objekte, Text oder Bilder, die als Hyperlink funktionieren sollen. Mit dem Tag A HREF können Sie Hyperlinks zu anderen Dokumenten oder Dateien und auch Hyperlinks zu bestimmten Stellen innerhalb eines Dokuments erzeugen. Sie können verschiedene Typen von Hyperlinks in einem Dokument anlegen:

- Einen Hyperlink zu einem anderen Dokument oder einer anderen Datei, wie z.B. einer Grafik-, Film-, PDF- oder Audiodatei.
- Einen Hyperlink mit einem benannten Anker, mit dem der Besucher zu einer bestimmten Stelle innerhalb eines Dokuments springt.
- Einen E-Mail-Hyperlink, mit dem eine leere E-Mail-Nachricht erstellt wird, wobei die Adresse des Empfängers bereits ausgefüllt ist.
- Null- und Skript-Hyperlinks, mit denen Sie einem Objekt ein Verhalten zuweisen oder einen Hyperlink erstellen können, der JavaScript-Code ausführt.

Absolute und relative Pfade

Bevor Sie mit Hyperlinks arbeiten können, müssen Sie das Konzept von absoluten und relativen Pfaden verstehen.

- *Absolute Pfade* enthalten die vollständige URL des verknüpften Dokuments und den HTTP-Präfix. Ein Beispiel: http://www.irgendwo.de/hilfe/faq.html. Absolute Pfade sind erforderlich, wenn Sie einen Hyperlink zu einem Dokument auf einem anderen Server erzeugen. Bei lokalen Hyperlinks auf dieselbe Site sind absolute Pfade nicht empfehlenswert.
- *Dokumentrelative Pfade* sind in den meisten Websites für lokale Hyperlinks am besten geeignet. Sie sind besonders empfehlenswert, wenn sich das aktuelle Dokument und das Zieldokument für den Hyperlink im selben Ordner befinden. Bei einem dokumentrelativen Pfad lassen Sie den Teil des absoluten Pfades weg, der für das aktuelle Dokument und das verknüpfte Dokument gleich ist. Es gibt hierbei vier Möglichkeiten:
    - ▶ Bei einem Hyperlink zu einer anderen Datei im selben Ordner müssen Sie nur den Dateinamen angeben.
    - ▶ Bei einem Hyperlink zu einer Datei, die sich in einem Unterordner des Ordners der aktuellen Datei befindet, geben Sie den Namen des Unterordners, dann einen Schrägstrich (/) und anschließend den Dateinamen des Dokuments an.
    - ▶ Bei einem Hyperlink zu einer Datei, die sich im übergeordneten Ordner des aktuellen Ordners befindet, geben Sie vor dem Dateinamen zwei Punkte und einen Schrägstrich (../) ein. Die beiden Punkte bezeichnen die übergeordnete Ebene der Ordnerhierarchie.

4. HTML-Objekte einfügen

▶ Bei einem Hyperlink zu einer Datei, die sich in einem Ordner befindet, der vom übergeordneten Ordner abzweigt, geben Sie vor dem Dateinamen zwei Punkte, einen Schrägstrich, den Namen des Ordners und einen weiteren Schrägstrich (../ordner/) ein.

Siterelative Pfade enthalten den Pfad vom Stammordner der Site zu einem Dokument. Sie können diesen Pfadtyp beispielsweise verwenden, wenn Sie mit einer umfangreichen Website arbeiten, die mehrere Server verwendet, oder wenn ein Server mehrere unterschiedliche Sites beherbergt. Ein siterelativer Pfad beginnt mit einem Schrägstrich, der den Stammordner der Site darstellt. Beispielsweise ist */hilfe/faq.html* ein siterelativer Pfad zur Datei *faq.html* im Ordner *hilfe* des Stammordners der Site.

Hyperlinks zu einem Dokument

Auf die folgende Weise erzeugen Sie mit dem Eigenschafteninspektor Hyperlinks zwischen Dokumenten:

1. Wählen Sie den Text oder ein Bild für den Hyperlink aus.
2. Klicken Sie im Eigenschafteninspektor auf das Ordnersymbol rechts neben dem Textfeld *Hyperlink*, um eine Datei auszuwählen.
3. Der Pfad zum Dokument wird im Feld *URL* angezeigt. Geben Sie in der Liste *Relativ zu* des Dialogfelds *Datei auswählen* an, ob der Pfad dokumentrelativ oder stammrelativ ist.

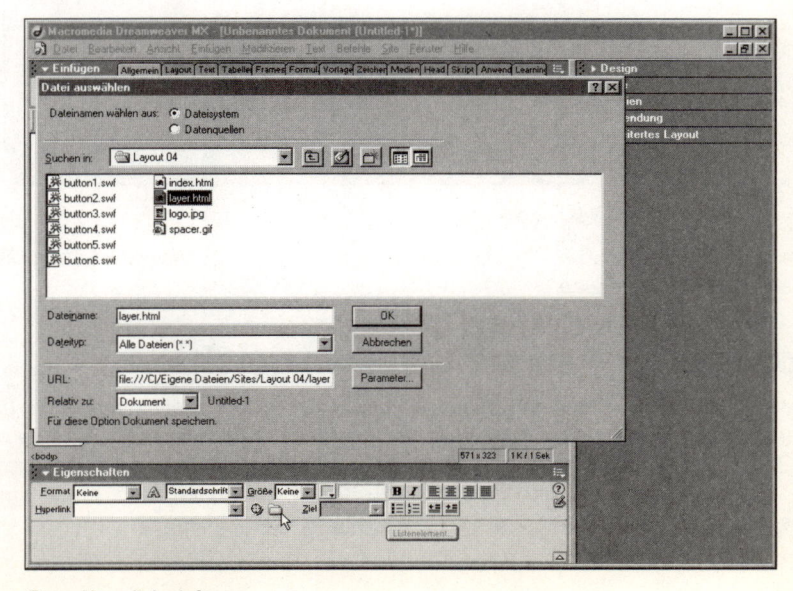

Einen Hyperlink einfügen

Eine einfache Alternative ist der Dateizeiger:

1. Wählen Sie den Text oder ein Bild für den Hyperlink aus.
2. Ziehen Sie das Dateizeigersymbol rechts neben dem Textfeld *Hyperlink* im Eigenschafteninspektor, und zeigen Sie mit gedrückter Maustaste auf ein anderes geöffnetes Dokument, auf einen sichtbaren Anker in einem geöffneten Dokument oder auf ein Dokument im Bedienfeld *Site*.
3. Das Textfeld *Hyperlink* wird aktualisiert und zeigt den Hyperlink an.

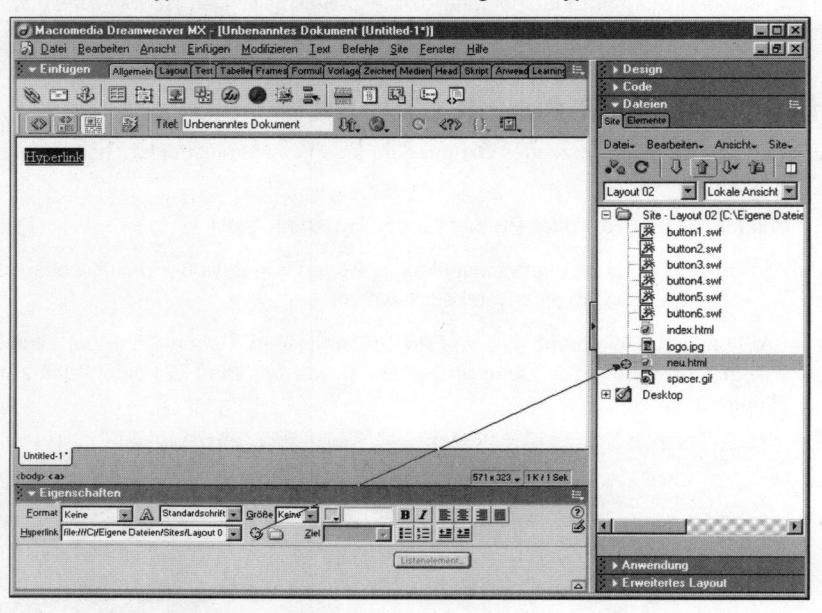

Einen Hyperlink mit dem Dateizeiger erzeugen

Mit den Befehlen *Modifizieren > Link erstellen* oder *Einfügen > Hyperlink* können Sie ebenfalls Hyperlinks erzeugen.

Hyperlinks zu einer Dokumentposition

Für Hyperlinks zu einer Stelle im Dokument müssen Sie zunächst benannte Anker definieren. Benannte Anker sind Markierungen innerhalb eines Dokuments und so etwas Ähnliches wie Textmarken in einem Textverarbeitungsprogramm wie Microsoft Word. Anschließend können Sie Hyperlinks zu diesen benannten Ankern erzeugen, sodass Besucher Ihrer Website direkt zur angegebenen Stelle gelangen.

1. Zuerst müssen Sie den Cursor an die Stelle versetzen, an dem der Anker erscheinen soll. Dies kann zum Beispiel das erste Zeichen einer Überschrift sein.
2. Wählen Sie dann *Einfügen > Benannter Ankerpunkt*.
3. Geben Sie dem Anker einen Namen, und klicken Sie auf *OK*.

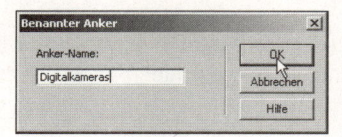

Einen benannten Anker erzeugen

Um eine Hyperlink auf den benannten Anker zu erzeugen, geben Sie im Textfeld *Hyperlink* des Eigenschafteninspektors das Zeichen # und den Namen des Ankers ein. Beispiel: Um einen Hyperlink zum Anker „start" im aktuellen Dokument herzustellen, geben Sie *#start* ein. Um einen Hyperlink zu einem Anker namens „oben" im Dokument *faq.html* herzustellen, geben Sie *faq.html#oben* ein.

Hinweis

Um Tippfehler bei der manuellen Eingabe der Ankerpunktnamen zu vermeiden, empfiehlt sich die Auswahl der Ankerpunktnamen im Dialogfenster *Hyperlink*. Im Dialogfenster *Einfügen > Hyperlink* werden im Listenfeld *Hyperlink* automatisch alle im aktuellen Dokument befindlichen Ankerpunkte aufgelistet.

Hyperlinks zu einer Mail-Adresse

Wenn ein Besucher auf einen Hyperlink zu einer Mail-Adresse klickt, wird ein neues Nachrichtenfenster im Mail-Programm des Besuchers geöffnet. Im Feld *An* der E-Mail-Nachricht wird automatisch die im Hyperlink angegebene Adresse eingefügt.

1. Wählen Sie *Einfügen > E-Mail-Verknüpfung*.

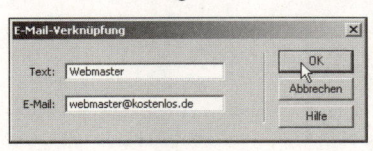

Einen Hyperlink zu einer Mail-Adresse erzeugen

2. Geben Sie im Feld *Text* den Text ein, der im Dokument als Hyperlink angezeigt werden soll.
3. Geben Sie im Feld *E-Mail* die E-Mail-Adresse ein, an die die E-Mail gesendet werden soll.
4. Klicken Sie auf *OK*.

HTML-Tags einfügen

Mit Dreamweaver können Sie beliebige Tags einfügen.

1. Setzen Sie die Einfügemarke an die gewünschte Position, und wählen Sie *Einfügen > Tag*.

2. Die Tag-Auswahl wird eingeblendet. Der linke Bereich enthält eine Liste der unterstützten Tagkategorien, der rechte Bereich zeigt die einzelnen Tags der ausgewählten Tagkategorie.

3. Wählen Sie ein Tag aus der Liste aus.

4. Wenn Sie Informationen zur Syntax und Verwendung des Tags anzeigen möchten, klicken Sie auf die Schaltfläche *Tag-Info*.

5. Klicken Sie auf *Einfügen*, um das ausgewählte Tag in den Code einzufügen.

   Tags, die im rechten Bereich in Klammern angezeigt werden (z.B. *<HTML> </HTML>*) und keine zusätzlichen Informationen erfordern, werden an der Einfügemarke in das Dokument eingefügt. Bei allen anderen Tags wird ein eigener Tag-Editor angezeigt.

6. Wenn ein Tag-Editor geöffnet wird, geben Sie die zusätzlich erforderlichen Informationen ein, und klicken Sie auf *OK*.

Ein Tag einfügen

Site-Elemente verwalten

Elemente sind z.B. Bilder oder Filme, die innerhalb der Site benutzt werden. Über das Bedienfeld *Elemente* lassen sie sich einfach verwalten und organisieren. In diesem Bedienfeld werden die Elemente in folgenden Kategorien angezeigt: Bilder, Farben, URLs, Flash-Filme, Shockwave-Filme, MPEG- und QuickTime-Filme, Skripte, Vorlagen und Bibliothekselemente.

Mit dem Menübefehl *Fenster > Elemente* können Sie das Bedienfeld *Elemente* ein- bzw. ausblenden. Das Bedienfeld *Elemente* kann auf zwei Arten genutzt werden:

- Erstens als Liste, die den einfachen Zugriff auf die Elemente in Ihrer Site ermöglicht. Diese Einstellung heißt *Site*.
- Zweitens zur Organisation der Elemente, die Sie am häufigsten verwenden. Die Elemente Ihrer Site werden automatisch in die Siteliste des Bedienfelds *Elemente* eingetragen. Diese Einstellung heißt *Favoriten*. Die Favoritenliste ist zunächst leer, bis Sie ihr Elemente hinzufügen.

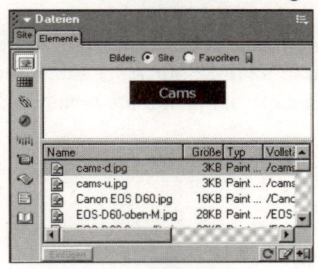

Das Bedienfeld Elemente

Hinweis

Da die Siteliste alle Elemente einer Site anzeigt, kann sie bei großen Sites unübersichtlich werden. Sie können häufig verwendete Elemente in die Favoritenliste einfügen und in Gruppen zusammenfassen, ihnen aussagekräftige Kurznamen zuweisen und sie schnell über das Bedienfeld *Elemente* finden.

Aufbau des Bedienfelds *Elemente*

Das Bedienfeld *Elemente* besteht aus drei Teilen:

- Einem Vorschaufeld,
- einer Elementliste und
- Schaltflächen für die Elementkategorien.

Vorschaufeld und Elementliste

Die Elementliste zeigt bei Dateien den Namen, den Pfad, den Typ und die Größe einer Grafikdatei an. Bei anderen Elementen ist es der Inhalt des Elements und eine Bezeichnung bzw. bei einer URL die Webadresse.

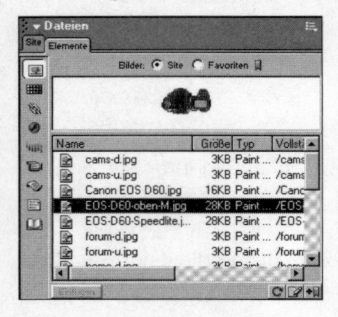

Die Elementliste bei Grafiken

Das Vorschaufeld zeigt den Inhalt des markierten Elements in der Liste an. Allerdings sehen Sie hier nicht alle Inhalte: Multimediale Inhalte werden nur als Anwendungssymbol angezeigt. Filme und Animationen können Sie allerdings mithilfe eines Steuersymbols innerhalb des Vorschaufelds abspielen.

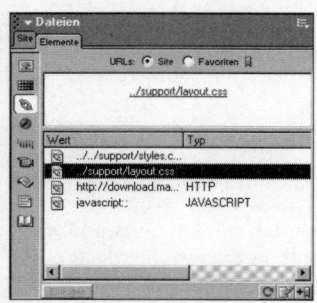

Die Elementliste bei URLs

Hinweis

Ein Doppelklick auf eines der Elemente öffnet es in der damit verknüpften Anwendung. Bei Grafiken ist dies zum Beispiel Fireworks MX. Um ein Element in einem HTML-Dokument zu nutzen, ziehen Sie es einfach mit der Maus aus der Elementliste heraus.

Elementkategorien

Die Elemente werden in Kategorien unterteilt. Sie können die Elementkategorie auswählen, indem Sie links im Bedienfeld *Elemente* auf eine der Schaltflächen klicken.

Die Siteliste enthält alle Elemente (aus erkannten Kategorien), die als Dateien in Ihrer Site vorhanden sind (dabei spielt es keine Rolle, ob diese Elemente tatsächlich in Dokumenten zum Einsatz kommen). Weiterhin enthält die Siteliste alle Farben und URLs, die in den Dokumenten Ihrer Site verwendet werden.

Sie können folgende Elementkategorien verwenden:

- *Bilder* sind Bilddateien im GIF-, JPEG- oder PNG-Format.
- *Farben* sind Farben, die in Dokumenten und Stylesheets in Ihrer Site verwendet werden, wie z. B. Farben für Text, Hintergrund und Hyperlinks.
- *URLs* sind die externen Hyperlinks in den Dokumenten Ihrer Site.
- *Flash* sind Dateien des Flash-Formats von Macromedia. Im Bedienfeld *Elemente* werden nur SWF-Dateien (komprimierte Flash-Dateien) angezeigt. FLA-Dateien (Flash-Quelldateien) werden nicht angezeigt.
- *Shockwave* sind Dateien des Shockwave-Formats von Macromedia.
- *Filme* sind Filmdateien im QuickTime- oder MPEG-Format.
- *Skripte* sind JavaScript- oder VBScript-Dateien.
- *Vorlagen* bieten die Möglichkeit, mehrere Seiten mit dem gleichen Seitenlayout zu erstellen.
- *Bibliothek* sind Elemente, die auf mehreren Seiten verwendet werden. Wenn Sie ein Bibliothekselement modifizieren, werden alle Seiten aktualisiert, die dieses Element enthalten.

Die Arbeit mit dem Bedienfeld *Elemente*

Das Bedienfeld *Elemente* ist ein sehr nützliches Werkzeug für das schnelle Einfügen von Grafiken, URLs, Medien oder Bibliothekseinträgen in eine Website. Außerdem erleichtert sie in großen Websites die Verwaltung vieler Bestandteile einer Website und deren Wiederverwendung.

Elemente hinzufügen

Beim Hinzufügen von Elementen zur Website haben Sie mehrere Möglichkeiten:

- Sie fügen ein Element direkt in irgendeine Webseite ein. In diesem Fall erscheint es automatisch im Bedienfeld *Elemente*.
- Sie ziehen ein Element wie zum Beispiel eine Grafik mit der Maus vom Explorer auf das Bedienfeld *Elemente*. Es wird nun in die Site kopiert. Dabei können Sie einen Pfad angeben und bei Bedarf einen neuen Ordner erzeugen.

- Neue Farben und URLs fügen Sie nur in der Favoritenansicht im Bedienfeld *Elemente* ein.
- Vorlagen und Bibliothekseinträge erzeugen Sie sowohl in der Site-Ansicht als auch in der Favoritenansicht des Bedienfelds *Elemente*.

Elemente und Favoriten organisieren

Die meisten Arbeiten mit dem Bedienfeld *Elemente* sind in der Site-Ansicht und der Favoritenansicht identisch. Einige Aufgaben können allerdings nur in der Favoritenliste ausgeführt werden.

> **Hinweis**
>
> Da die Siteliste im Bedienfeld *Elemente* grundsätzlich alle Elemente einer Site anzeigt, kann sie bei großen Sites unübersichtlich werden. Sie können häufig verwendete Elemente in die Favoritenliste einfügen und in Gruppen (Ordnern) zusammenfassen, ihnen aussagekräftige Kurznamen zuweisen und sie über das Bedienfeld *Elemente* finden.

Favoritenelemente werden nicht als separate Dateien auf der Festplatte gespeichert. Sie sind lediglich Verweise auf Elemente in der Site-Liste. Dreamweaver verwaltet die Elemente so, dass immer die korrekten Elemente aus der Siteliste in der Favoritenliste angezeigt werden.

Das Kontextmenü in der Site-Ansicht

Elemente werden nach einem Rechtsklick mithilfe des Kontextmenüs verwaltet. In der Siteansicht können Sie im Kontextmenü unter anderem die beiden folgenden, wichtigen Aufgaben erledigen:

- *Zu Favoriten hinzufügen* trägt das Element in die Favoritenliste ein.
- *Zur Site kopieren* speichert das markierte Element in der Site, die Sie aus einem kleinen Untermenü auswählen.

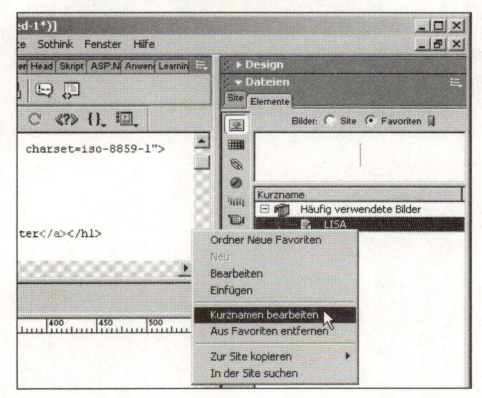

Das Kontextmenü in der Favoritenansicht

In der Favoritenansicht können Sie im Kontextmenü:

- Ein neuen Ordner anlegen. Sie organisieren die Elemente mit Favoriten, indem Sie sie einfach in einen Ordner ziehen oder wieder heraus ziehen.
- Den Kurznamen des Elements oder des Ordners ändern.
- Das Element oder den Ordner aus den Favoriten löschen. Es wird dabei nicht aus dem Bedienfeld *Elemente* oder von der Festplatte gelöscht.

Vorlagen und Bibliotheken

Dreamweaver kennt zwei spezielle Elementkategorien: Vorlagen und Bibliotheken. Diese beiden Arten von Elementen sind so genannte „verknüpfte Elemente". Eine Seite mit einem verknüpften Element wird automatisch aktualisiert, sobald Sie das verknüpfte Element ändern.

Vorlagen

Eine Vorlage ist ein Dokument, das Sie als Grundlage für andere Dokumente verwenden können. Dabei können Sie festlegen, welche Bestandteile der Seite nicht bearbeitbar (gesperrt) sind und welche geändert werden können. Vorlagen werden in *Kapitel 5 Bibliotheken und Vorlagen* genauer vorgestellt.

Bibliotheken

Bibliotheken enthalten gespeicherte Seitenbestandteile (Bibliothekselemente), die auf mehreren Seiten wieder verwendet werden können.

Ein Bibliothekselement kann unterschiedliche Seitenbestandteile wie Bilder, Text und andere Objekte enthalten. Dadurch können Sie bestimmte „Objekte" schnell wieder verwenden, die auf Ihren Seiten oft auftauchen. Bibliotheken werden in *Kapitel 5 Bibliotheken und Vorlagen* detailliert vorgestellt.

5. Bibliotheken und Vorlagen

Ein wichtiger Schritt auf dem Weg zu einer interessanten Website ist das Vereinheitlichen der Seiten. Dies bedeutet, dass Sie in der Website immer eine eindeutige Verteilung der Elemente auf der Seite haben – Navigationsleisten, gleichartige Positionen von Aufmachern, Ankündigungen, News-Kästen und ähnlichen Elementen. Sie erreichen dies mithilfe von Vorlagen (wieder verwendbare Musterseiten) und Bibliotheken (wieder verwendbare Musterelemente).

Vorlagen nutzen

Eine Vorlage ist ein Dokument, das Sie als Grundlage für andere Dokumente verwenden können. Dabei können Sie festlegen, welche Bestandteile der Seite nicht bearbeitbar (gesperrt) sind und welche geändert werden können.

Ein Beispiel: Auf vielen Webseiten finden Sie am oberen Rand eine Grafik mit einem Logo des Betreibers der Website. Nur der unter Bereich einer Seite ändert sich. Wenn Sie eine Vorlage für eine solche Seite erzeugen, können Sie den Bereich des Logos sperren, damit er bei der Arbeit an einer Seite nicht irrtümlich gelöscht oder verändert werden kann.

Der große Vorteil einer Vorlage: Die gesperrten Bereiche können direkt in der Vorlage geändert werden. Auch die Aufteilung der Seite mit gesperrten und bearbeitbaren Bereichen ist jederzeit veränderbar. Sobald Sie die Arbeit an einer Vorlage beendet haben, zeigen alle Webseiten mit dieser Vorlage die Änderungen.

Vorlagen sind ideal, um Seiten mit identischem Layout zu erzeugen. Sie entwerfen zunächst das vollständige Layout der Seiten und fügen den Inhalt später ein. Besonders geeignet sind Vorlagen bei der Arbeit im Team, wenn beispielsweise ein Designer das Seitenlayout entwirft und der Seiteninhalt von anderen Mitarbeitern hinzugefügt wird, die das Layout aber nicht verändern sollen.

Dreamweaver speichert alle Vorlagen mit der Dateinamenerweiterung *.DWT* im Ordner *Templates* des lokalen Stammordners der Website.

> **Warnung**
>
> Speichern Sie Vorlagen nur in diesem Ordner und legen Sie keine anderen Dateien dort ab. Der Ordner muss unbedingt im lokalen Stammverzeichnis bleiben und darf nicht verschoben werden. Anderenfalls entstehen fehlerhafte Pfadangaben in den Vorlagen.

Eine Vorlage erzeugen Sie entweder als leere DWT-Datei oder durch Speichern einer HTML-Datei im Vorlagenordner.

Eine leere Vorlage erzeugen

Eine leere Vorlage erhalten Sie auf vielen Wegen:

◆ Wählen Sie *Datei > Neu*, aktivieren Sie die Kategorie *Einfache Seite* und klicken Sie auf *HTML-Vorlage*. Dreamweaver erzeugt nun eine ungespeicherte Vorlage. Nach Wahl von *Datei > Speichern* werden Sie nach einem Vorlagennamen gefragt.

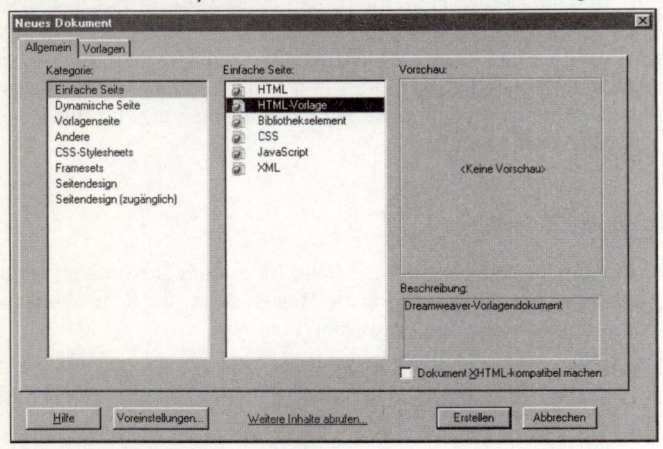

Auswahl einer Vorlage als Dateityp

◆ Aktivieren Sie das Bedienfeld *Elemente* (*Fenster > Elemente*), klicken Sie auf das Vorlagensymbol und wählen Sie nach einem Rechtsklick *Neue Vorlage*. Die neue Vorlage wird in die Vorlagenliste eingefügt, und Sie können ihr einen Namen geben.

Neue Vorlagen im Bedienfeld Elemente *erzeugen*

5. Bibliotheken und Vorlagen

◆ Wenn Sie bereits Vorlagen erzeugt haben und ein Ordner *Templates* in der Site vorhanden ist, können Sie einfach im Bedienfeld *Site* (*Fenster > Site*) mit rechts auf den Ordner *Templates* klicken und mit *Neue Datei* eine leere Datei in diesen Ordner einfügen. Achten Sie darauf, dass die Dateiendung *.DWT* lauten muss.

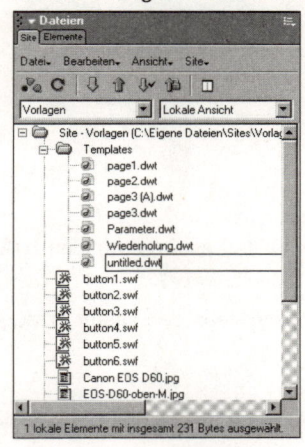

Neue Vorlagen im Bedienfeld Site *erzeugen*

Ein HTML-Dokument als Vorlage speichern

Ein vorgefertigtes HTML-Dokument verwandeln Sie mit dem Befehl *Datei > Als Vorlage speichern* in eine Vorlagendatei. Dabei wird der Name für die Vorlage abgefragt.

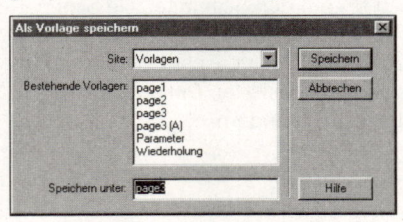

Ein HTML-Dokument als Vorlage speichern

Hinweis

Wenn Sie eine Vorlage öffnen, blendet Dreamweaver den Namen *Vorlage* in die Titelzeile des Dokumentfensters ein. Auf diese Weise erkennen Sie immer sofort, mit welchem Dateityp Sie arbeiten.

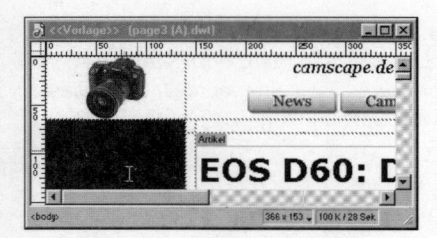

Vorlagen im Dreamweaver-Fenster

Vorlagen bearbeiten

Bei Vorlagen gibt es einige Arbeitsschritte, die anders als in einem normalen HTML-Dokument ablaufen:

- Sie müssen die Seiteneigenschaften so festlegen, wie sie in den später erzeugten Dokumenten erscheinen sollen.
- Sie müssen relative Hyperlinks nutzen.
- Nach Änderungen an einer Vorlage müssen Sie Seiten aktualisieren, die diese Vorlage benutzen.
- Sie müssen bearbeitbare Bereiche definieren, um die aus der Vorlage erzeugte HTML-Datei ändern zu können.

Seiteneigenschaften

Dokumente, die auf einer Vorlage basieren, erben bis auf den Seitentitel alle Seiteneigenschaften der Vorlage. Sie können in einem vorlagenbasierten Dokument nur den Dokumenttitel ändern. Alle anderen Änderungen der Seiteneigenschaften werden ignoriert. Wenn Sie die Seiteneigenschaften eines vorlagenbasierten Dokuments ändern möchten, müssen Sie die Seiteneigenschaften der Vorlage ändern.

Hyperlinks

Benutzen Sie für einen Hyperlink nur das Ordnersymbol oder das Dateizeigersymbol des Bedienfelds *Elemente*. Sie sollten den Dateinamen nicht manuell eintragen, weil in diesem Fall der Hyperlink unter Umständen nicht funktioniert.

Wenn Sie eine Vorlage aus einer bestehenden HTML-Seite erzeugen, sorgt Dreamweaver dafür, dass alle Hyperlinks auf der Seite weiterhin auf die gleichen Dateien verweisen. Da Vorlagen in einem speziellen Vorlagenordner gespeichert werden, ändert sich der Pfad der Hyperlinks. Dadurch ist die Funktion des Hyperlinks bei einer Vorlage garantiert.

Sobald Sie ein neues Dokument auf Basis dieser Vorlage erstellen und anschließend speichern, werden alle Hyperlinks aktualisiert und verweisen weiterhin auf die richtigen Dateien.

Wenn Sie allerdings den Hyperlink manuell einfügen, kann es zu Problemen kommen. Ein Beispiel: Wenn Sie für einen Hyperlink nur den Namen der HTML-Datei in eine Vorlage eingeben, verweisen die auf der Vorlage basierenden Dokumente auf das falsche Ziel. Dies liegt daran, dass Dreamweaver versucht die Hyperlinks anzupassen. Der Hyperlink in der Vorlage verweist weiterhin auf den Vorlagenordner und nicht auf den gewünschten Ordner der Website.

Seiten aktualisieren

Sobald Sie eine geänderte Vorlage erneut speichern, werden Sie aufgefordert, alle auf dieser Vorlage basierten Seiten zu aktualisieren. Alternativ können Sie auch den Aktualisierungsbefehl *Modifizieren > Vorlagen > Seiten aktualisieren* verwenden.

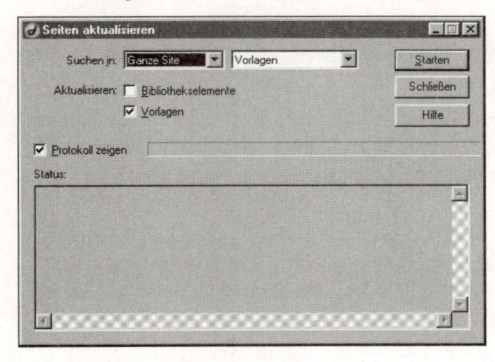

Aktualisieren der Website

1. Wählen Sie Modifizieren > Vorlagen > Seiten aktualisieren.
2. Wählen Sie im Dialogfeld *Seiten aktualisieren* unter *Suchen in* eine der folgenden Optionen:
   - ▶ Wählen Sie *Ganze Site* und anschließend den Namen der Site. Dadurch werden alle Seiten der Site aktualisiert.
   - ▶ Wählen Sie *Dateien mit* und anschließend *den Namen der Vorlage*. Dadurch werden alle Seiten aktualisiert, die auf der ausgewählten Vorlage basieren.
3. Achten Sie darauf, dass das Kontrollkästchen *Vorlagen* aktiviert ist. Möchten Sie gleichzeitig Bibliothekselemente aktualisieren, muss *Bibliothekselemente* ebenfalls ausgewählt sein.
4. Klicken Sie auf *Starten*.

> **Hinweis**
>
> Wenn Sie die Option *Protokoll anzeigen* ausgewählt haben, liefert Dreamweaver Informationen zu den aktualisierten Dateien.

Dynamische Vorlagen

Dreamweaver kennt fünf Funktionen, mit denen eine Vorlage zu einer Art dynamischen Vorlage mit weit reichenden Möglichkeiten aufgebaut werden kann.

- *Bearbeitbare Bereiche* definieren Dokumentabschnitte für das Einfügen von HTML-Elemente.
- Mit *wiederholenden Bereichen* können Sie ein Seitenelement schnell duplizieren, sodass Gestaltung oder Inhalt gleich bleiben.
- Mit *optionalen Bereichen* können Sie Inhalte abhängig von bestimmten Bedingungen ausgeben oder verstecken.
- Mit *bearbeitbaren Attributen* können Sie einzelne Aspekte der Gestaltung von Seitenelementen veränderbar machen.
- Mit *verschachtelten Vorlagen* können Sie eine Vorlage auf der Basis einer bestehenden Vorlage erzeugen und dort nur bestimmte Elemente ändern. Änderungen an der Hauptvorlage tauchen auch in den davon abgeleiteten Vorlagen auf.

> **Hinweis**
>
> Mithilfe dieser Funktionen können Sie Vorlagen erzeugen, die Änderungen stark vereinfachen und in Grenzen sogar automatisieren. Allerdings müssen Sie diese Funktionen mit Überlegung einsetzen, da nur gute Planung Ihnen überflüssige Arbeit erspart.

Bearbeitbare Bereiche

Eine aus einer Vorlage erzeugte HTML-Datei ist nicht mit Drewamweaver veränderbar. Damit dies gelingt, müssen Sie zunächst einen oder mehrere bearbeitbare Bereiche in der Vorlage erzeugen.

Die bearbeitbaren Bereiche einer Vorlage sind die Teile der Seite, die sich in den HTML-Seiten ändern können. Gesperrte und damit nicht bearbeitbare Bereiche sind dagegen die Teile, die auf allen Seiten gleich bleiben.

Nach dem Erzeugen einer neuen Vorlage sind zunächst alle Bereiche als gesperrt markiert. Die Vorlage ist erst dann funktionsfähig, wenn Sie bestimmte Bereiche als bearbeitbar markiert haben.

5. Bibliotheken und Vorlagen 93

Wenn Sie die Vorlage selbst bearbeiten, können Sie sowohl die bearbeitbaren als auch die gesperrten Bereiche ändern. Im Dokument, das mit dieser Vorlage erzeugt wurde, können Sie jedoch nur die bearbeitbaren Bereiche des Dokuments ändern.

Vorhandene Inhalte als bearbeitbaren Bereich definieren

Wenn Sie eine bereits bestehende HTML-Seite als Vorlage speichern, gibt es vermutlich einige Bereiche im Dokument, die verändert werden sollen. Auf die folgende Weise definieren Sie diese Bereich als bearbeitbar:

1. Wählen Sie in der Vorlage den gesamten Inhalt aus, der zum bearbeitbaren Bereich werden soll.
2. Wählen Sie Einfügen > Vorlagenobjekte > Bearbeitbarer Bereich.

Bereich markieren

3. Geben Sie im Dialogfeld *Neuer bearbeitbarer Bereich* einen eindeutigen Namen für den Bereich ein.

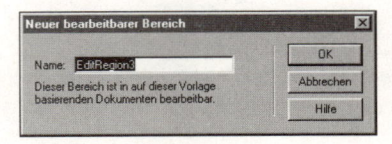

Bereich benennen

Der bearbeitbare Bereich ist in der Vorlage durch einen rechteckigen Rahmen hervorgehoben. Auf einer Registerkarte in der linken oberen Ecke des Bereichs steht der Name des Bereichs.

Der Name eines bearbeitbaren Bereichs

> **Hinweis**
>
> Ebenen und Ebeneninhalt sind separate Elemente. Wenn Sie eine Ebene bearbeitbar machen, können Sie Position und Inhalt ändern. Wenn Sie dagegen nur den Inhalt einer Ebene bearbeitbar machen, können Sie die Position nicht ändern.

Leere bearbeitbare Bereiche erzeugen

Bei einer neuen Vorlage können leere bearbeitbare Bereiche auf die folgende Weise erzeugen:

1. Setzen Sie die Einfügemarke an die Stelle in der Vorlage, an der Sie einen bearbeitbaren Bereich einfügen möchten.

2. Wählen Sie Einfügen > Vorlagenobjekte > Bearbeitbarer Bereich und geben Sie dem Bereich im Dialogfeld Neuer bearbeitbarer Bereich einen Namen.

Der Name des Bereichs wird als Platzhalter in die Vorlage eingefügt und ist von einem rechteckigen Rahmen umgeben. Wenn Sie die Vorlage einem Dokument zuweisen, können Sie die Klammern und den Bereichsnamen auswählen.

Ein leerer bearbeitbarer Bereich

> **Hinweis**
>
> Wenn Sie die Bereiche benennen, sind folgende Zeichen nicht zulässig: einfache oder doppelte Anführungszeichen (' "), spitze Klammern (< >), kaufmännisches Und-Zeichen (&).

Einen bearbeitbaren Bereich entfernen

Jeden bearbeitbaren Bereich können Sie wieder sperren (nicht bearbeitbar machen), wenn Sie die folgenden Arbeitsschritte ausführen:

1. Versetzen Sie die Einfügemarke in den bearbeitbaren Bereich.
2. Wählen Sie Modifizieren > Vorlagen > Vorlagen-Markup löschen.

Der Bereich wird nun gesperrt und hat weder einen Rahmen noch einen Namen.

Wiederholende Bereiche

Ein *wiederholender Bereich* fügt mehrere Kopien des markierten Inhalts in die Vorlage ein. Diese Art eines Bereichs wird für dynamische Daten wie Katalogtabellen benutzt. Es gibt zwei dieser Bereiche:

- Ein *wiederholender Bereich* dupliziert einen Bereich, macht ihn aber nicht bearbeitbar. Sie können aber einen bearbeitbaren Bereich dort einfügen.
- Eine *wiederholende Tabelle* ist eine Tabelle mit Zellen, die zeilenweise wiederholt werden.

Wiederholende Bereiche erzeugen

Einen wiederholenden Bereich erzeugen Sie mit *Einfügen > Vorlagenobjekte > Wiederholender Bereich*. Der Befehl fragt zuerst einen Namen ab und fügt dann den Bereich ein, der nicht bearbeitbar ist.

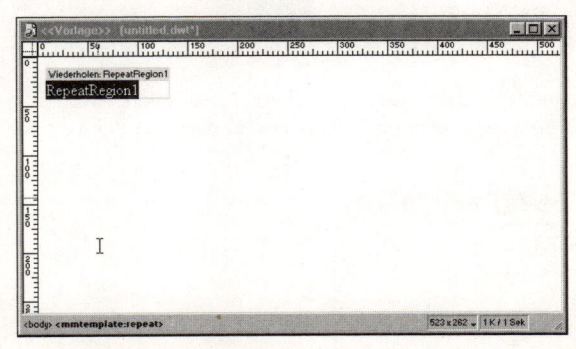

Ein leerer wiederholender Bereich

Mit einem leeren wiederholenden Bereich können Sie zumeist nicht viel anfangen, da es selten Sinn hat, ein gesperrtes und damit unveränderliches Element mehrfach auszugeben. Um wiederholende Bereiche sinnvoll zu nutzen, müssen Sie ihn anklicken und dann mit *Einfügen > Vorlagenobjekte > Bearbeitbarer Bereich* eine Bearbeitungsmöglichkeit einfügen.

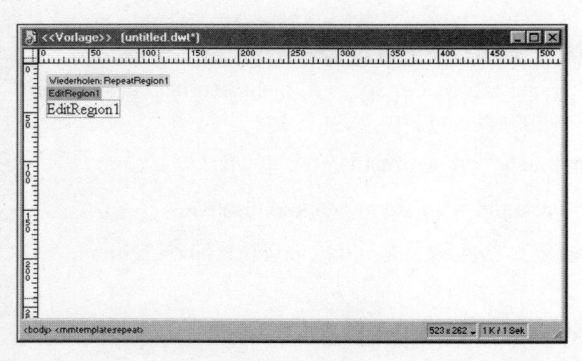

Ein leerer wiederholender mit einem leeren bearbeitbaren Bereich

Wiederholende Tabellen erzeugen

Eine wiederholende Tabelle wird mit *Einfügen > Vorlagenobjekte > Wiederholende Tabelle* erzeugt. Zunächst erscheint ein Dialogfeld, in dem Sie die Tabellengröße angeben.

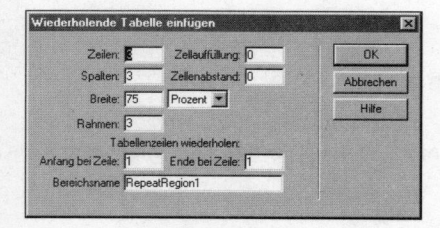

Wiederholende Tabelle ausgeben

Dabei ist es möglich, eine oder mehrere Zeilen der Tabelle zu wiederholen. Anschließend fügt Dreamweaver eine leere wiederholende Tabelle ein, in der jede Zelle einen bearbeitbaren Bereich hat.

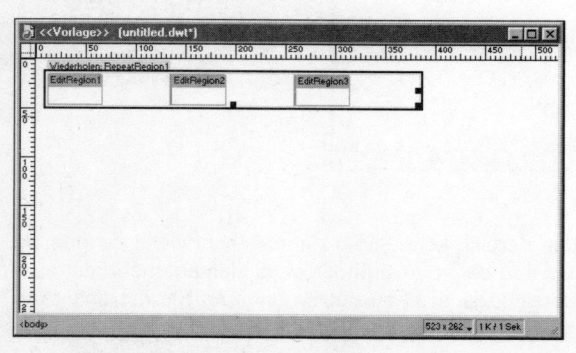

Eine leere wiederholende Tabelle

Nun können Sie die wiederholenden Bereiche mit dem gewünschten Inhalt füllen. Ein Beispiel: Sie fügen einen Meldungskasten mit einem Vorgabetext in den Bereich ein. Durch den wiederholenden Bereich können Sie nun bei der Arbeit an der Originalseite sehr einfach entscheiden, wie viele Meldungskästen Sie benötigen. Dasselbe erreichen Sie für ein mehrspaltiges Layout durch eine wiederholende Tabelle.

> **Hinweis**
>
> In einem wiederholenden Bereich sollte nur ein einzelnes „Inhaltselement" auftauchen. Denken Sie außerdem daran, dass der unter dem Bereich liegende Inhalt nach unten verschoben wird, wenn Sie den Bereich duplizieren.

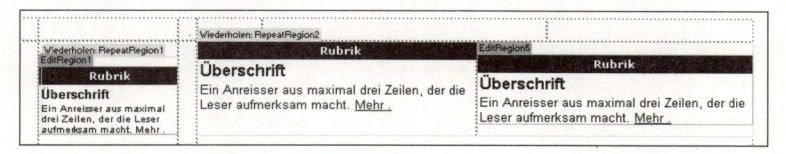

Wiederholende Bereiche in der Vorlage

In einem Dokument auf der Basis einer Vorlage mit wiederholenden Bereichen erscheinen über jedem Bereich Steuerelemente, mit deren Hilfe Sie die definierten Inhalte bearbeiten können.

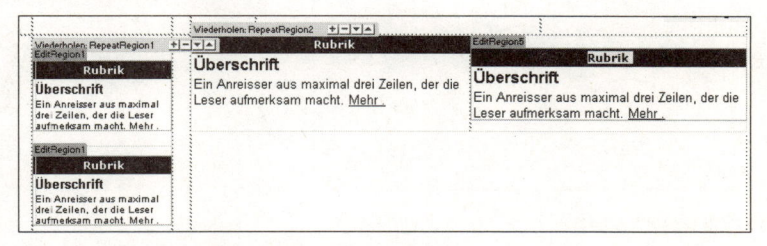

Wiederholende Bereiche in einem Dokument

- Das Pluszeichen fügt am Ende des Bereichs einen neuen Bereichsinhalt ein.
- Das Minuszeichen entfernt am Ende des Bereichs den untersten Bereichsinhalt.
- Der Aufwärtspfeil und der Abwärtspfeil aktivieren einen der Bereichsinhalte nach oben oder nach unten.

Optionale Bereiche

Ein *optionaler Bereich* ist ein Bereich, der sichtbar oder unsichtbar sein kann. Die Sichtbarkeit des optionalen Bereichs können Sie bei der Arbeit an der HTML-Seite über Vorlagenparameter bestimmen.

Ein Beispiel: Sie wollen auf einer wöchentlich aktualisierten Seite einmal im Monat an einer Position der Seite eine Sonderaktion ankündigen. In den anderen drei Wochen soll dort ein anderer Inhalt sein.

Die Lösung: Definieren Sie den Parameter *Sonderaktion* und setzen Sie ihn in der Vorlage auf „0". Definieren Sie zwei optionale Bereiche. Der erste gibt bei *Sonderaktion=0* den Standardinhalt aus, der zweite bei *Sonderaktion=1* die Ankündigung der Sonderaktion. Beim Bearbeiten der Webseite auf der Basis der Vorlage können Sie den Parameter verändern, sodass der richtige Inhalt ausgegeben wird.

Es gibt zwei dieser Bereiche: Ein optionaler Bereich ist nicht bearbeitbar, ein bearbeitbarer optionaler Bereich dagegen schon.

Optionalen Bereich einfügen

Zunächst wählen Sie im Dokumentfenster das Element aus, das Sie als optionalen Bereich festlegen möchten. Führen Sie dann folgende Schritte aus:

1. Wählen Sie *Einfügen > Vorlagenobjekte > Optionaler Bereich* oder *Einfügen > Vorlagenobjekte > Bearbeitbarer optionaler Bereich*. Dreamweaver zeigt nun ein Dialogfeld an.

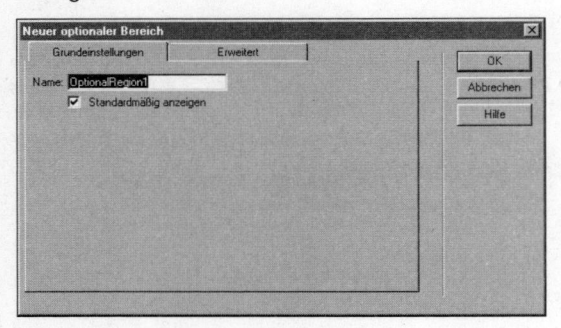

Optionalen Bereich benennen

2. Der Name des optionalen Bereichs ist zugleich der Parameter, der für die Anzeige oder Nichtanzeige des Bereichs verändert werden kann. Geben Sie deshalb einen sinnvollen und dem Zweck des Bereichs zugeordneten Namen ein wie zum Beispiel *Sonderaktion*.

3. Klicken Sie auf *OK*, um den Bereich einzufügen. Dreamweaver erzeugt den Bereich und im HEAD-Abschnitt der Vorlage den Parameter. Er hat den wert *true* (wahr), wodurch der Bereich in einem Dokument angezeigt wird. In einem Dokument auf der Basis dieser Vorlage können Sie nun den Parameter ändern, indem Sie *Modifizieren > Vorlageneigenschaften* wählen.

Optionale Bereiche ändern

Auch nach dem Erzeugen können Sie die Einstellungen eines optionalen Bereichs ändern.

1. Klicken Sie in der Entwurfsansicht auf das Vorlagenregister des bearbeitbaren Bereichs.
2. Klicken Sie im Eigenschafteninspektor auf *Bearbeiten*. Es erscheint das Dialogfeld *Neuer optionaler Bereich*.

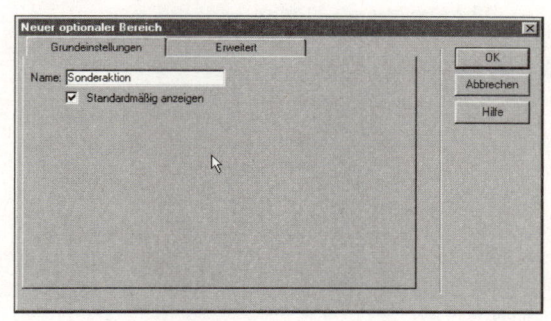

Optionalen Bereich umbenennen

3. Geben Sie dem Bereich in der Registerkarte *Grundeinstellungen* einen anderen Namen. Dadurch ändern Sie auch den Namen des zugeordneten Parameters.

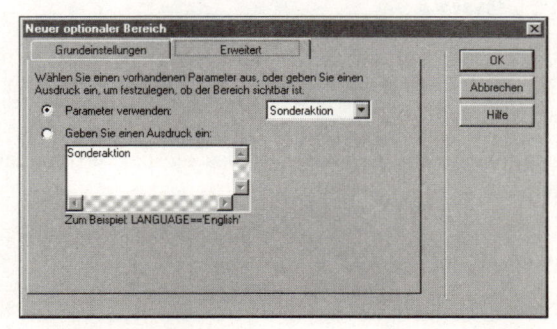

Parameterwert ändern

4. Den Parameterstandwert ändern Sie in der Registerkarte *Erweitert*. Aktivieren Sie die Option *Geben Sie einen Ausdruck ein*
5. Wenn der Bereich „Sonderaktion" heißt, definiert ihn Dreamweaver normalerweise mit dem Wert *True,* wodurch der Bereich angezeigt wird. Um ihn zu verstecken, geben Sie *Sonderaktion==False* ein.
6. Klicken Sie auf *OK*.

Optionale Bereiche in Dokumenten

In einem Dokument auf der Basis einer Vorlage mit optionalen Bereichen wird jeder optionale Bereich in Abhängigkeit von seiner Parameterdefinition angezeigt oder ausgeblendet.

1. Um die Parameterdefinition zu ändern, wählen Sie *Modifizieren > Vorlageneigenschaften*.
2. Klicken Sie im Dialogfeld *Vorlageneigenschaften* auf den gewünschten Parameter.
3. Geben Sie einen anderen Wert ein und klicken Sie auf *OK*.

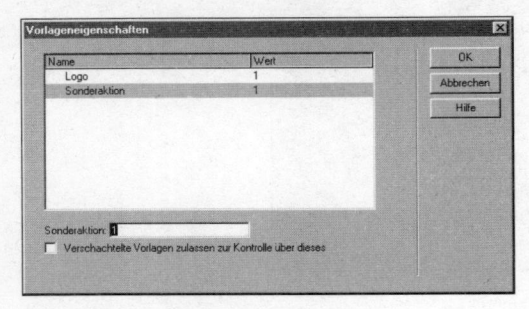

Vorlageneigenschaften ändern

Bearbeitbare Attribute

Ein *bearbeitbares Attribut* ist ein HTML-Attribut, das in einem ansonsten gesperrten Bereich veränderlich ist. Beispiel: In einem gesperrten Text soll die Hintergrundfarbe in der HTML-Seite geändert werden können.

1. Markieren Sie im Dokumentfenster das Element, für das Sie ein bearbeitbares Attribut festlegen möchten.
2. Wählen Sie *Modifizieren > Vorlagen > Attribut bearbeitbar machen*. Nun erscheint ein Dialogfeld, indem Sie das bearbeitbare Attribut definieren.

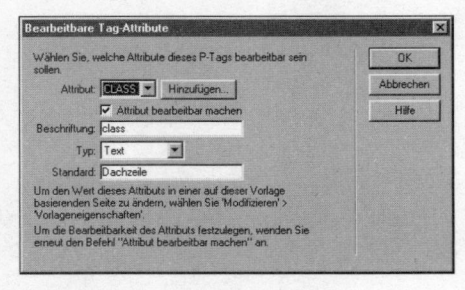

Ein bearbeitbares Attribut definieren

5. Bibliotheken und Vorlagen

3. Wenn das Attribut, das Sie bearbeitbar machen möchten, im Popupmenü *Attribut* zu sehen ist, wählen Sie es aus.
4. Wenn das Attribut nicht zu sehen ist, klicken Sie auf *Hinzufügen*, geben den Namen des Attributs ein und klicken auf *OK*.
5. Aktivieren Sie das Kontrollkästchen *Attribut bearbeitbar machen*.
6. Füllen Sie im Dialogfeld die Felder aus, um die gewünschten Werte einzustellen.
7. Geben Sie im Textfeld *Beschriftung* einen eindeutigen Namen für das Attribut ein.
8. Wählen Sie im Popupmenü *Typ* den Typ des Wertes aus, der für dieses Attribut zulässig ist, indem Sie eine der folgenden Optionen wählen:

   ▶ Wenn Sie dem Benutzer die Eingabe eines Textwerts für das Attribut ermöglichen möchten, wählen Sie *Text*. Sie können beispielsweise Text mit dem ALIGN-Attribut verwenden. Der Benutzer kann den Wert des Attributs auf LEFT, RIGHT oder CENTER einstellen.

   ▶ Wenn Sie einen Hyperlink zu einem Element einstellen möchten, wählen Sie URL. Mit der Einstellung *URL* kann Dreamweaver den Pfad in einem Hyperlink automatisch aktualisieren.

   ▶ Wenn Sie den Farbwähler für die Auswahl eines Wertes verfügbar machen möchten, wählen Sie *Farbe*.

   ▶ Wählen Sie *Zahl*, wenn Sie einen numerischen Wert veränderbar machen wollen, um beispielsweise die Höhe oder Breite eines Bildes zu ändern.

9. Im Feld *Standardwert* wird der Wert des ausgewählten Tag-Attributs in der Vorlage angezeigt. Geben Sie hier bei Bedarf einen neuen Wert ein.
10. Wenn Sie Änderungen an anderen Attributen des ausgewählten Tags vornehmen möchten, wiederholen Sie diese Schritte.
11. Klicken Sie auf *OK*.

Hinweis

Bearbeitbare Attribute werden wie Vorlagenparameter mit dem Befehl *Modifizieren > Vorlageneigenschaften* verändert.

Verschachtelte Vorlagen

Eine verschachtelte Vorlage ist eine Vorlage, bei der das Design und die bearbeitbaren Bereiche auf einer anderen Vorlage basieren. Beim Erstellen einer verschachtelten Vorlage müssen Sie die ursprüngliche Vorlage (die Basisvorlage) zunächst speichern, anschließend ein neues Dokument auf Basis dieser Vorlage erzeugen und es dann als neue Vorlage speichern.

Verschachtelte Vorlagen sind sinnvoll, wenn die Seiten einer Website viele gemeinsame Designelemente verwenden, jedoch gewisse Unterschiede von Seite zu Seite aufweisen.

Die Basisvorlage kann beispielsweise die grundlegenden Designbereiche enthalten. Mit verschachtelten Vorlagen können die bearbeitbaren Bereiche der Seiten in einer bestimmten Rubrik der Site weiter definiert werden.

Die bearbeitbaren Bereiche einer Basisvorlage werden an die verschachtelte Vorlage übertragen und bleiben in den aus der verschachtelten Vorlage erstellten Seiten bearbeitbar, sofern keine neuen Vorlagenbereiche in diese Bereiche eingefügt werden.

> **Hinweis**
>
> Änderungen an einer Basisvorlage werden in Vorlagen, die auf der Basisvorlage basieren, sowie in allen Dokumenten, die auf der Haupt- und den verschachtelten Vorlagen basieren, automatisch aktualisiert.

Bibliotheken

Dreamweaver verfügt über ein weiteres, wieder verwendbares Element: Bibliothekselemente. Sie dienen zwei Aufgaben:

- Nutzen Sie Bibliothekselemente für Inhalte, die auf allen Seiten der Site angezeigt werden – zum Beispiel Kopf- oder Fußzeilen.
- Nutzen Sie Bibliothekselemente für Informationen, die oft verändert werden müssen – zum Beispiel Schlagzeilen oder Sonderangebote.

Bibliotheken enthalten gespeicherte Seitenbestandteile (Bibliothekselemente), die auf mehreren Seiten wieder verwendet werden können. Ein Bibliothekselement kann unterschiedliche Seitenbestandteile wie Bilder, Text und andere Objekte enthalten. Dadurch können Sie bestimmte „Objekte" schnell wieder verwenden, die auf Ihren Seiten oft auftauchen.

Wenn Sie ein Bibliothekselement in ein Dokument einfügen, fügt Dreamweaver den HTML-Quellcode für dieses Element ein und zusätzlich einen HTML-Kommentar mit einem Verweis auf das externe Originalelement. Durch diesen Verweis aktualisieren Sie den Inhalt der ganzen Site auf einmal.

Bibliothekselemente erzeugen

Auf die folgenden Weise erzeugen Sie ein neues Bibliothekselement:

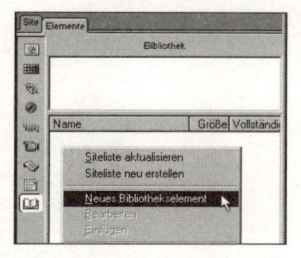

Bibliothekselement erzeugen

1. Markieren Sie in einer Webseite den Seitenbestandteil, den Sie als Bibliothekselement nutzen wollen.
2. Aktivieren Sie im Bedienfeld *Elemente* (*Fenster* > *Elemente*) die Kategorie *Bibliothek,* und klicken Sie mit rechts in der Elementliste.
3. Wählen Sie *Neues Bibliothekselement*. Dreamweaver erzeugt ein neues Bibliothekselement mit dem Namen *Unbenannt* und öffnet den Namen zur Bearbeitung.
4. Geben Sie dem Bibliothekselement einen Namen.

Bibliothekselemente verändern

Auf die folgenden Weise verändern Sie ein Bibliothekselement und aktualisieren es für alle Seiten der Website:

1. Doppelklicken Sie auf das Bibliothekselement, um es zu verändern. Dreamweaver zeigt es in einem Extrafenster an. Hier können Sie alle üblichen Dreamweaver-Befehle benutzen.
2. Wählen Sie *Datei* > *Speichern*, um das Element in der Bibliothek zu sichern.

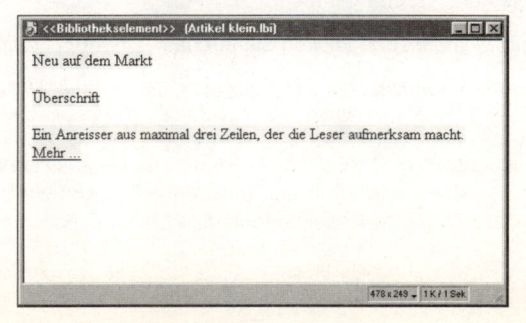

Bibliothekselemente bearbeiten

Dreamweaver aktualisiert anschließend automatisch alle Seiten. Sie können dies aber auch manuell erledigen.

3. Klicken Sie mit rechts auf das Bibliothekselement und wählen Sie *Site aktualisieren*.

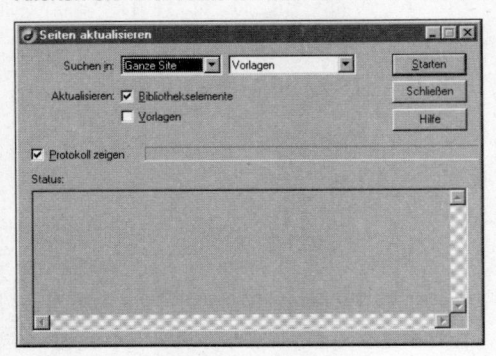

Bibliothekselemente aktualisieren

4. Nun können Sie bei Bedarf die Seiten auswählen, die Sie aktualisieren wollen. Im Normalfall reicht es, einfach auf *Starten* zu klicken. Dreamweaver überarbeitet nun alle verknüpften Bibliothekselemente, sodass die Änderungen auf allen Seiten erscheinen.

Hinweis

Dreamweaver speichert die Bibliothekselemente in einem Bibliotheksordner, der sich im lokalen Stammordner jeder Site befindet. Jede Site verfügt über eine eigene Bibliothek. Um ein Bibliothekselement von einer Site zu einer anderen zu kopieren, verwenden Sie im Bedienfeld *Elemente* per Rechtsklick den Befehl *Zur Site kopieren*.

Bibliothekselemente nutzen

Das Einfügen eines Bibliothekselements ist sehr einfach:

1. Aktivieren Sie das Bedienfeld *Elemente* und klicken Sie auf das Symbol *Bibliothek*.
2. Ziehen Sie das gewünschte Bibliothekselement mit der Maus in ein HTML-Dokument.

Dreamweaver zeigt Bibliothekselemente in einer anderen Farbe als das Originalelement an. Außerdem sind sie nicht mit der Maus aktivierbar und unveränderlich. Um ein Bibliothekselement zu bearbeiten, müssen Sie es wie beschrieben direkt bearbeiten.

5. Bibliotheken und Vorlagen

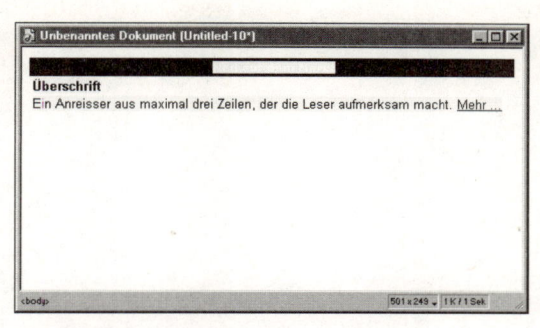

Bibliothekselemente sind nicht bearbeitbar.

Hinweis

Hin und wieder kann es vorkommen, dass Sie ein Bibliothekselement nur an einer Stelle in der Website verändern müssen. In diesem Fall müssen Sie die Verknüpfung zum Bibliothekselement lösen, indem Sie mit der rechten Maustaste darauf klicken und *Von Original lösen* wählen.

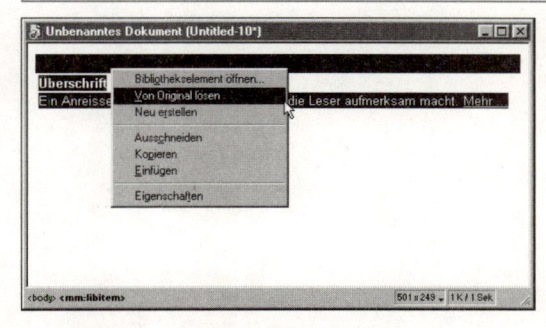

Die Verknüpfung zum Bibliothekselement lösen

6. Stylesheets nutzen

In den frühen HTML-Versionen konnte eine Webseite nur eingeschränkt formatiert werden. Ziemlich schnell stellte sich das als große Einschränkung heraus, die oft durch einen Daten-Overkill umgangen wurde: Die Designer nutzten Grafiken mit dem formatierten Text und belästigten die Websurfer dadurch mit teilweise extremen Wartezeiten beim Aufbau der Seite.

Diese Situation störte auch das W3C-Konsortium, das die Standards im Web definiert. Es führte Formatvorlagen in HTML ein. Diese Technik ist Nutzern moderne Textverarbeitungs-Software wie Word für Windows schon länger bekannt: Eine Formatvorlage ist eine Schablone mit Formatierungen wie Fettdruck oder Blocksatz, die einem Textabsatz mit einem Mausklick zugewiesen werden kann.

Cascading Stylesheets

Stylesheets – die offiziell „Cascading Stylesheets (CSS)" heißen – sind eine Technik zur einheitlichen Gestaltung von Webseiten.

Was sind Cascading Stylesheets?

Cascading Stylesheets sind eine „Sprache" zur Definition von Formateigenschaften für HTML-Elemente. Sie können damit zum Beispiel festlegen, dass alle Hauptüberschriften mit dem Tag H1 in fetter Arial in 18 Punkt Größe erscheinen – völlig unabhängig von den Vorgaben des jeweiligen Browsers. Dadurch haben die Gestalter von Webseiten ein Mittel an der Hand, allen Webseiten ein einheitliches Layout zu geben.

Das Wort „Cascading" verweist auf eine bestimmte Eigenschaft der HTML-Styles: Wenn Sie in einem Stylesheet eine bestimmte Eigenschaft wie zum Beispiel Schriftstil und -größe bestimmen, können Sie in einem weiteren Stylesheet für eine andere Webseite die Schriftart ändern, ohne dass die anfangs festgelegten Eigenschaften überschrieben werden.

Vorteile von Cascading Stylesheets

Der CSS-Standard hat eine ganze Reihe von Vorteilen gegenüber anderen Techniken, aufwändige Formatierungen in Webseiten zu verwirklichen:

- *CSS sind einfach wieder zu verwenden.* Cascading Stylesheets können als externe Datei mit der Erweiterung .CSS gespeichert werden. Eine einmal entwickelte Gestaltung kann problemlos für beliebig viele Webseiten genutzt werden.

- *CSS sind leicht zu bearbeiten.* CSS sind wie HTML im reinen ASCII-Text vorhanden. Dadurch haben Sie die Möglichkeit, CSS-Dateien auch ohne weitere Hilfsmittel zu bearbeiten. Sie müssen lediglich die Regeln für die Definition der CSS kennen.
- *CSS haben geringe Download-Zeiten.* Da Cascading Stylesheets kleine Textdateien sind, erfordern sie nur eine geringe Ladezeit und strapazieren nicht die Geduld des Betrachters Ihrer Webseite.
- *CSS ermöglichen flexible Designs.* Sie können Styles für verschiedene Anwendungsbereiche einfach übereinander „schichten". Ein einfaches Beispiel: Sie möchten eine Version Ihrer Webseite für Sehbehinderte erzeugen. Sie soll eine größere Schriftart besitzen, sich aber in anderen Bereichen (Farben, Hintergründe usw.) nicht von der Normalversion unterscheiden. Die Lösung: Definieren Sie ein Stylesheet, das nur die Schriftgröße ändert und verbinden Sie die Großschriftversion Ihrer Webseite sowohl mit dem originalen als auch mit dem neuen Stylesheet.

Die Arbeit mit Cascading Stylesheets

Cascading Stylesheets und die formalen Regeln zu ihrer Darstellung orientieren sich am HTML-Standard: Stylesheets sind ähnlich wie Skripte entweder Blöcke in HTML-Dateien oder externe Dateien im Textformat. Ein Style wird im Textformat anhand einer streng vorgegebenen Syntax definiert.

So funktionieren Stylesheets

Stylesheets können auf zwei Arten in einer HTML-Seite benutzt werden: Sie können alle Styles in einer separaten Datei speichern oder sie direkt in die HTML-Datei einfügen.

Beide Techniken können auch kombiniert werden: In einem separaten Stylesheet definieren Sie alle Standardformate, die in jeder HTML-Datei benutzt werden sollen. In den einzelnen Webseiten können Sie dann ergänzende Formate hinzufügen oder die Eigenschaften bereits definierter Styles ändern.

Ein internes Stylesheet wird auf folgende Weise definiert:

- `<STYLE TYPE="text/css">`
- `<!--`
- `... Definition des Stylesheets`
- `-->`
- `</STYLE>`

Der Block *<STYLE>* bis *</STYLE>* gehört in den HEADER-Block der HTML-Datei oder an den Anfang des BODY-Blocks. Damit definieren Sie einen Bereich für Style-Angaben. Im führenden Tag *STYLE* müssen Sie die Art des Stylesheets angeben – hier immer *type="text/css"*.

6. Stylesheets nutzen

> **Hinweis**
>
> Damit WWW-Browser Stylesheet-Funktionen die Angaben nicht irrtümlich als Text anzeigen, sollten Sie den Bereich der eigentlichen Stylesheet-Angaben in einen Kommentar-Block (`<!-- ... -->`) einbinden.

Ein externes Stylesheet ist eine einfache ASCII-Textdatei mit der Erweiterung *.CSS*, die die Style-Definitionen enthält. Sie wird auf folgende Weise in eine HTML-Datei eingebunden:

- `<link rel=stylesheet type="text/css" href="normal.css">`

Hier wird die Datei NORMAL.CSS als Stylesheet benutzt.

So werden Styles definiert

Eine typische Style-Definition sieht so aus:

- `<STYLE TYPE="text/css">`
- `<!--`
- `h1,h2,h3,h4 { font-family:Arial,Helvetica,Helv,sans-serif; }`
- `h1 { font-size:18pt; }`
- `h2 { font-size:14pt; }`
- `h3 { font-size:12pt; }`
- `h4 { font-size:9pt; }`
- `-->`
- `</STYLE>`

In der ersten Style-Definition wird für alle Überschriften die Schriftart Arial oder eine verwandte Schriftart als Formatierung vergeben. Die weiteren Style-Definitionen legen dann für jede einzelne Überschriftenebene eine andere Schriftgröße fest. Definitionen für ein Cascading Stylesheet sind immer in derselben Weise aufgebaut: Zuerst kommt der Bezeichner des Tags (der *Selektor*), anschließend von geschweiften Klammern umschlossen die Formatanweisungen. Sie sind nach dem Prinzip *Schlüsselwort:Wert* aufgebaut und werden durch ein Semikolon abgeschlossen. Eine bestimmte Reihenfolge für die Schlüsselworte müssen Sie dabei nicht einhalten.

In der Tabelle finden Sie einige Schlüsselworte für die Definition von Stylesheets mit einer Beschreibung der Bedeutung.

Schlüsselwort	Mögliche Werte
font-family	Name(n) der Schriftartfamilie
font-size	Schriftgröße in Punkt (pt)
font-style	„normal" oder „italic" (kursiv)
font-weight	„normal" oder „bold" (fett)
text-align	„left", „center", „right" oder „justify" (Blocksatz)

Klassen-Styles definieren

Wenn Sie ein Tag-Format definieren, tragen alle Seitenelemente mit diesem Tag die entsprechende Formatierung. Meist wird dies jedoch nicht in Ihrem Sinne sein. Ein Beispiel: Sie wollen den eigentlichen Lauftext auf der Seite in 10 Punkt Schriftgröße ausgeben, benötigen aber zusätzlich auch kleineren Text für eine Randspalte.

In einer Textverarbeitung würden Sie so eine Aufgabe üblicherweise durch Definition und Zuweisung von zwei verschiedenen Formatvorlagen erledigen – und genau diese Möglichkeit gibt es auch bei CSS.

Einen frei verfügbaren Style erzeugen Sie mit einer Klassendefinition. Eine Klasse ist nichts weiter als eine Gruppe von Formatierungen, die unter einem Namen zusammengefasst sind und einem HTML-Tag über das Attribut CLASS zugewiesen werden.

Ein Beispiel: Sie definieren zwei Styles für großen und kleinen Text.

- .gross { font-size:10pt; }
- .klein { font-size:8pt; }

Eine Klassendefinition ist einer Tag-Definition sehr ähnlich. Sie beginnt immer mit einem Punkt, auf den ohne Leerzeichen der Name der Klasse folgt. Dabei dürfen Sie keine Leerzeichen benutzen. Anschließend kommt wie gewohnt die Definition der Formatierung.

Eine Klassendefinition wird einem HTML-Tag über das Attribut CLASS zugewiesen. Achten Sie dabei auf die genaue Schreibweise, da CSS nach Groß- und Kleinschreibung unterscheiden.

- <P CLASS="klein">Text in 9 Punkt Schriftgröße.</P>

> **Hinweis**
>
> Sie können eine Klassendefinition auf einen HTML-Tag beschränken, wenn Sie den Tag (HTML-Selektor) vor die Klassendefinition setzen. Ein Beispiel „H1.gross" und „H1.klein" definieren zwei Klassen, deren Formatierungen nur dann ausgeführt werden, wenn sie dem H1-Tag zugewiesen werden. Allgemeine Klassennamen müssen eindeutig sein, in Verbindung mit einem HTML-Selektor können Sie den Klassennamen mehrfach verwenden: Das heißt: In einem Stylesheet können Sie zusätzlich auch „H2.gross" und „H2.klein" definieren.

Individuelle Styles definieren

Klassen definieren eine Gruppe von Elementen. Einzelne Elemente können aber auch von CSS behandelt werden. Ein Beispiel: Sie wollen die Fähigkeiten von CSS nutzen, um in der linken oberen Ecke der Seite ein farbiges Rechteck auszugeben. So etwas können Sie im Prinzip durch eine Tabelle oder eine Ebene erreichen. Mit CSS geht es allerdings auch:

- #rot {
- position : absolute;
- top : 0px;
- left : 0px;
- width : 40px;
- height : 20px;
- background : #DC143C;
- }

Dieses Format ist ein so genannter Identifikator, der im HTML-Tag über das Attribut *ID* angesprochen wird. Sie können damit einen einzelnen Tag formatieren und positionieren.

- <DIV ID="rot"></DIV>

Tag-Styles definieren

In jedem Tag können Sie über das Attribut STYLE eine einzelne Formatierung für den Tag angeben. Dabei sind alle CSS-Attribute möglich.

- <P STYLE="background:Yellow;">Ein gelber Absatz</P>

Maßeinheiten in Styles

Der CSS-Standard hat eine Reihe von Möglichkeiten für die Angabe von Maßen bei Abständen oder Breite und Höhe. Sie können entweder eine Prozentangabe oder ein genaues Maß nutzen.

1. Prozentangaben beziehen sich immer auf die Originalgröße der jeweiligen Formatoption. Ein Beispiel: Die Browser fügen zwischen zwei Absätzen (P-Tags) immer einen Abstand ein. Mit einer Prozentangabe wie 50% bei *margin* geben Sie an, dass der Abstand auf die Hälfte verringert werden soll.

2. Bei Maßen haben Sie die Wahl zwischen einer großen Zahl an verschiedenen Einheiten wie *cm*, *in* (Zoll), *px* (Pixel) oder *pt* (Punkt). In der Praxis gut benutzbar sind Pixel und Punkt. Sie sollten Maßangaben immer in diesen beiden Einheiten angeben. Aber Vorsicht: Ältere Netscape-Versionen vor 4.75 haben Probleme mit *pt* als Maßangabe.

Hinweis

Achten Sie darauf, dass zwischen Zahl und Maßangabe wie *12px* kein Leerzeichen stehen darf. Anderenfalls erkennt der Browser das Maß nicht.

Stylesheets mit Dreamweaver bearbeiten

Für die Arbeit mit Styles kennt Dreamweaver zwei Möglichkeiten:

- Sie können ein Stylesheet in ein Dokument einfügen.
- Sie können eine CSS-Datei erzeugen, bearbeiten und anschließend ein Dokument oder eine Vorlage damit verknüpfen.

In beiden Fällen benutzen Sie das Bedienfeld *CSS-Stile*, um neue Stile zu erzeugen oder vorhandene zu bearbeiten. Mit dem Menübefehl *Fenster > CSS-Stile* können Sie das Bedienfeld *CSS-Stile* jederzeit ein- bzw. ausblenden.

> **Hinweis**
>
> Dreamweaver kennt auch so genannte „HTML-Stile". Diese Funktion ist nur zu Kompatibilität mit Seiten für ältere Browser-Versionen gedacht. Sie sollten sie nicht einsetzen, da sie erhebliche Nachteile gegenüber CSS-Stilen hat.

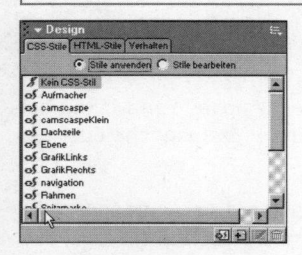

Das Bedienfeld CSS-Stile

Mit den Optionsschaltern *Stile anwenden* und *Stile bearbeiten* des Bedienfelds *CSS-Stile* schalten Sie zwischen zwei verschiedenen Ansichten der CSS-Stile um.

- In der Ansicht *Stile anwenden* können Sie einen Stil auswählen, um ihn auf ein Element in einem Dokument anzuwenden. Hier werden nur benutzerdefinierte Stile angezeigt, nicht dagegen umdefinierte HTML-Tags. Die Attribute dieser Stile wirken sich automatisch auf alle Tags im Dokument aus, auf die sich der Stil bezieht.
- In der Ansicht *Stile bearbeiten* können Sie die Definition der Stile sehen. Hier werden die Definitionen von benutzerdefinierten CSS-Stilen (Klassen) sowie von umdefinierten HTML-Tags angezeigt.

Das Bedienfeld *CSS-Stile* besitzt einige Schaltflächen am unteren Rand:

Schaltflächen im Bedienfeld CSS-Stile

- *Stylesheet anfügen* öffnet ein externes Stylesheet. Sie können eine Verknüpfung einfügen oder die Stile in das aktuelle Dokument importieren.
- *Neuer CSS-Stil* erzeugt einen neuen CSS-Stil.
- Mit *Stylesheet bearbeiten* können Sie alle Stile im aktuellen Dokument oder in einem externen Stylesheet bearbeiten.
- *CSS-Stil löschen* entfernt den ausgewählten Stil und entfernt die Formatierung von allen Elementen mit diesem Stil.

Stylesheets erzeugen und nutzen

Eine leere CSS-Datei erzeugen Sie wie jede andere Datei in Dreamweaver:

1. Wählen Sie *Datei > Neu*, aktivieren Sie die Kategorie *Einfache Seite,* und klicken Sie im rechten Fenster auf *CSS*. Dreamweaver erzeugt nun eine leere ungespeicherte CSS-Datei.
2. Nach Wahl von *Datei > Speichern* werden Sie nach einem Dateinamen gefragt.

Eine CSS-Datei in Dreamweaver

Hinweis

Eine offene CSS-Datei können Sie mithilfe des Bedienfelds *CSS-Stile* bearbeiten oder indem Sie die Stildefinitionen direkt in der CSS-Syntax in die Datei eingeben. Das Bedienfeld unterstützt nicht alle Möglichkeiten von Cascading Stylesheets, sodass Sie bei komplexeren Aufgaben die Stildefinitionen manuell eingeben oder ändern müssen.

Ein externes CSS-Stylesheet nutzen

Bei einem CSS-Stylesheet handelt es sich um eine externe Textdatei mit der Erweiterung *.CSS*, die die Stile und Formatianweisungen enthält. Wenn Sie ein externes CSS-Stylesheet bearbeiten, wirken sich die Bearbeitungen auf alle Dokumente aus, die mit dem CSS-Stylesheet verknüpft sind.

> **Hinweis**
>
> Neben selbst angelegten CSS-Stylesheets können Sie auch die vordefinierten CSS-Stylesheets von Dreamweaver in einer Website nutzen. Sie rufen sie mit dem Befehl *Datei > Neu* auf. Wählen Sie im Dialogfeld die Kategorie *CSS-Stylesheets*, und wählen Sie dann eines der vordefinierten CSS-Stylesheets aus.

So importieren Sie ein externes CSS-Stylesheet oder stellen eine Verknüpfung dazu her:

1. Klicken Sie im Bedienfeld *CSS-Stile* auf das Symbol *Stylesheet anfügen*. Dreamweaver blendet das Dialogfeld *Entferntes Stylesheet hinzufügen* ein.

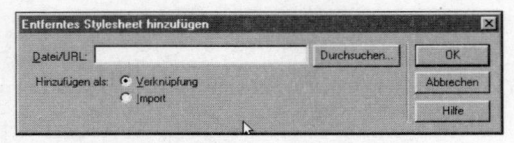

Das Dialogfeld Entferntes Stylesheet hinzufügen

2. Klicken Sie auf *Durchsuchen*, um ein Stylesheet auszuwählen, oder geben Sie den Pfad des Stylesheets ein.

3. Wählen Sie unter *Hinzufügen als* eine der folgenden Optionen:

    ▶ Wählen Sie *Verknüpfung*, um eine Verknüpfung zu der Datei zu erzeugen. Diese Methode funktioniert im Microsoft Internet Explorer und im Netscape Navigator.

    ▶ Wählen Sie *Import*, um das Stylesheet zu importieren. Diese Methode funktioniert nicht im Netscape Navigator.

4. Klicken Sie auf *OK*.

Den Namen des Stylesheets sehen Sie in der Ansicht *Stile bearbeiten* des Bedienfelds *CSS-Stile*. Benutzerdefinierte Stile (Klassen) sehen Sie in der Ansicht *Stile anwenden*. Sie sind mit einer Kennzeichnung für ein externes Stylesheet versehen.

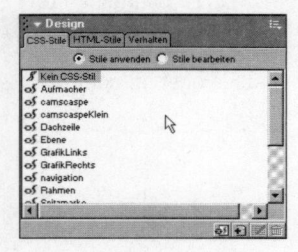

Verknüpfte CSS-Stile

6. Stylesheets nutzen 115

> **Hinweis**
>
> Wenn Sie kein externes Stylesheet mit einem Dokument verbinden, werden alle von Ihnen erzeugten Stile nur in diesem Dokument gespeichert.

Stile zuweisen und entfernen

Um einem Textabschnitt einen Stil zuzuweisen, gehen Sie folgendermaßen vor:

1. Markieren Sie den Text, den Absatz, die Tabelle oder die Grafik, die formatiert werden soll.
2. Aktivieren Sie das Bedienfeld *CSS-Stile*.
3. Aktivieren Sie die Ansicht *Stile anwenden*.
4. Klicken Sie auf den Namen des gewünschten Stils.

> **Hinweis**
>
> Wenn Sie einen Stil entfernen wollen, um alle Formatierungen aufzuheben, klicken Sie in der Ansicht *Stile anwenden* auf den Eintrag *Kein CSS-Stil*. Dadurch werden alle Formatierungen entfernt.

Eine Alternative zur Zuweisung über das Bedienfeld *CSS-Stile* bietet der Eigenschafteninspektor:

1. Klicken Sie im Eigenschafteninspektor auf das Symbol *CSS-/HTML-Modus umschalten* neben dem Listenfeld *Format*, sofern der CSS-Modus noch nicht aktiv ist.
2. Wählen Sie den Stil aus dem Listenfeld aus.

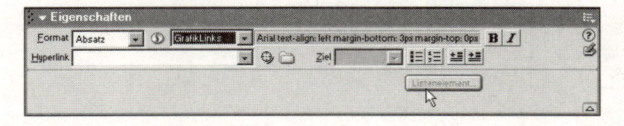

CSS-Stile im Eigenschafteninspektor

Stile erzeugen und ändern

Es ist jederzeit möglich, interne und externe Stile zu ändern. Wählen Sie in der Ansicht *Stile bearbeiten* den Stil, den Sie ändern möchten. Öffnen Sie dann das Dialogfeld *CSS-Stildefinition* mit einem Doppelklick und geben Sie die Änderungen ein.

> **Hinweis**
>
> Wenn Sie Stile ändern, werden diese Änderungen umgehend an allen Textstellen ausgeführt, die den Stil benutzen. Änderungen an einem externen Stylesheet wirken sich auf alle Dokumente aus, die mit ihm verknüpft sind.

Erzeugen eines neuen Stils

Mit CSS-Stilen können Sie die Formatierung von HTML-Tags oder von Bereichen mit dem HTML-Attribut CLASS automatisieren. So erstellen Sie einen neuen CSS-Stil:

1. Klicken Sie rechts unten im Bedienfeld *CSS-Stile* auf die Schaltfläche *Neuer CSS-Stil (+)*. Nun wird das Dialogfeld *Neuer CSS-Stil* angezeigt.

2. Definieren Sie den Typ des zu erstellenden CSS-Stils:

   ▶ Eine Klassendefinition erzeugen Sie, wenn Sie *Benutzerdefinierten Stil erstellen (Klasse)* wählen und im Feld *Name* einen Klassennamen eingeben. Er muss mit einem Punkt beginnen und kann aus einer beliebigen Kombination von Buchstaben und Zahlen bestehen. Beispiel: *.Vorspann*.

   ▶ Wenn Sie die Standardformate eines bestimmten HTML-Tags ändern möchten, wählen Sie *HTML-Tag neu definieren*. Geben Sie dann ein HTML-Tag ein, oder wählen Sie ein Tag aus dem Listenfeld *Tag*.

   ▶ Wenn Sie eine Kombination von Tags ändern wollen, wählen Sie *CSS-Selektor verwenden*. Geben Sie dann in das Feld *Selektor* die HTML-Tags ein. Mit dieser Option können Sie auch Identifikatoren erzeugen, wenn Sie ein #, gefolgt vom Namen für den Identifikator eingeben.

3. Wählen Sie den Ort, an dem der Stil definiert werden soll: Wenn Sie ein externes Stylesheet anlegen wollen, wählen Sie *Neue Stylesheet-Datei*. Wenn Sie den Stil in das aktuelle Dokument einbetten möchten, wählen Sie *Nur dieses Dokument*.

4. Klicken Sie auf *OK*. Dreamweaver blendet nun das Dialogfeld *Stildefinition* ein. Hier wählen Sie die Formate des neuen CSS-Stils.

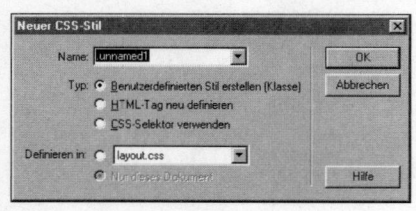

Erzeugen eines CSS-Stils

> **Hinweis**
>
> Wenn Sie eine CSS-Datei bearbeiten, müssen Sie *Nur dieses Dokument* wählen, damit die neuen Stile im Stylesheet erscheinen.

Die Stilkategorie Schrift

Die Stilkategorie *Schrift* des Dialogfensters *CSS-Stil-Definition* widmet sich den grundlegenden Schriftarteinstellungen eines CSS-Stils.

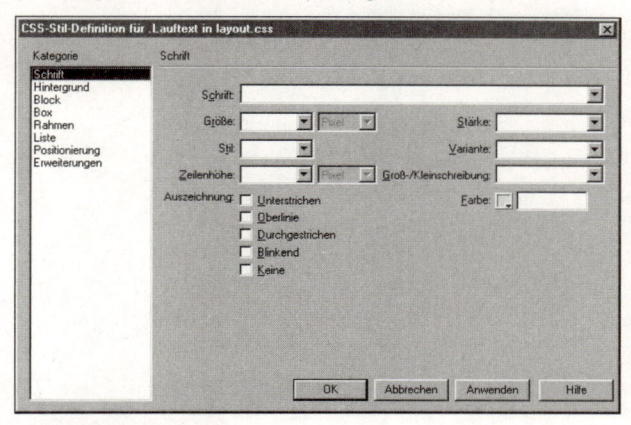

Die Stilkategorie Schrift

- *Schrift* legt die Schriftart oder die Schriftfamilien für den Stil fest. In Browsern wird der Text in der ersten Schrift der jeweiligen Reihe angezeigt, die auf dem jeweiligen Computer installiert ist.
- *Größe* legt die Größe des Texts fest. Sie wählen eine Größe, indem Sie die Größe als Zahl und die Maßeinheit auswählen. Alternativ können Sie eine relative Größe wählen. Wählen Sie *Pixel* als Maßeinheit, wenn Sie verhindern möchten, dass Browser den Text verzerren.
- *Stil* legt den Schriftstil fest (Standard, kursiv oder oblique).
- *Zeilenhöhe* legt die Höhe der Zeile (Zeilenabstand) fest. Wählen Sie *Standard*, wenn die Zeilenhöhe je nach Schriftgröße automatisch berechnet werden soll. Anderenfalls geben Sie einen genauen Wert ein und eine Maßeinheit an.
- *Auszeichnung* formatiert den Text unterstrichen, überstrichen, durchgestrichen, blinkend oder mit einer Oberlinie.
- *Stärke* weist der Schrift eine spezifische oder relative Schwärze zu. Standardschrift entspricht dem Wert 400, Fettdruck dem Wert 700. Sie können hier auch *fett* für normalen Fettdruck einstellen. Andere Einstellungen als *Standard* oder *fett* werden nicht bei allen Schriften angezeigt.
- *Variante* formatiert Text in Kapitälchen. Dreamweaver zeigt dieses Attribut nicht an. Es wird nur von Internet Explorer unterstützt.
- *Groß-/Kleinschreibung* ändert die Art der Groß-/Kleinschreibung.
- *Farbe* bestimmt die Textfarbe.

Die Stilkategorie Hintergrund

Die Stilkategorie *Hintergrund* widmet sich den Hintergrundeigenschaften eines CSS-Stils. Sie können bei jedem Element einer Webseite geändert werden.

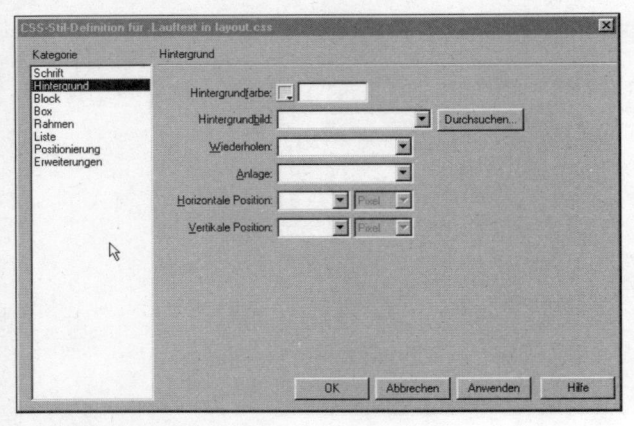

Die Stilkategorie Hintergrund

- *Hintergrundfarbe* legt die Hintergrundfarbe fest.
- *Hintergrundbild* fügt ein Hintergrundbild ein.
- *Wiederholen* legt fest, ob und wie das Hintergrundbild wiederholt werden soll. Ein Hinweis: Mit *wiederholen-x* und *wiederholen-y* wird ein horizontales bzw. vertikales Band des Bilds angezeigt. Bilder werden auf die Größe des Elements zugeschnitten.

Hinweis

Mit *Wiederholen* können Sie im Unterschied zum BODY-Tag ein Hintergrundbild definieren, das nicht mehrmals neben- oder untereinander angezeigt wird.

- *Anlage* legt fest, ob die Position des Hintergrundbilds fixiert ist oder ob das Hintergrundbild zusammen mit dem Inhalt durchgescrollt wird. Dieses Attribut wird nur von Internet Explorer unterstützt.
- *Horizontale Position* und *Vertikale Position* legen die Anfangsposition des Hintergrunds im Vergleich zum Element fest.

Hinweis

Verwenden Sie diese Einstellungen, um ein Hintergrundbild vertikal und horizontal auf der Seite zu zentrieren. Wenn Sie bei *Anlage* die Einstellung *Fest* gewählt haben, wird die Position relativ zum Dokumentfenster verstanden. Dieses Attribut wird nur von Internet Explorer unterstützt.

Die Stilkategorie Block

Die Stilkategorie *Block* definiert die Abstände und die Ausrichtung von Tags.

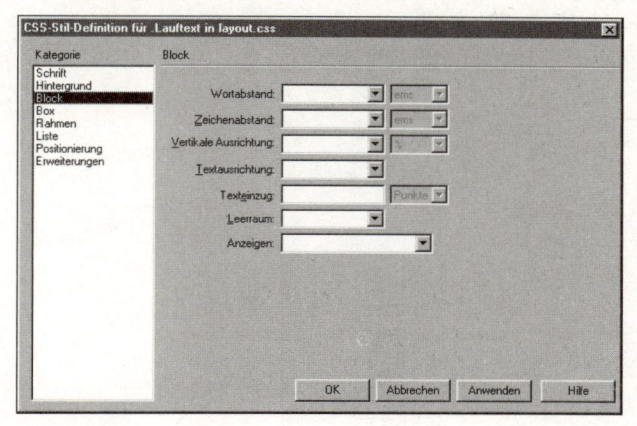

Die Stilkategorie Block

- *Wortabstand* legt den Abstand zwischen den Wörtern fest. Wählen Sie im Listenfeld die Option *Wert*, und geben Sie einen Zahlenwert ein. Wählen Sie im zweiten Listenfeld eine Maßeinheit.
- *Zeichenabstand* bestimmt den Abstand zwischen den Zeichen. Sie verringern den Zeichenabstand mit einem negativen Wert, Sie vergrößern ihn mit einem positiven Wert.
- *Vertikale Ausrichtung* bestimmt die vertikale Ausrichtung des Elements innerhalb seiner Box-Einstellungen oder einer Tabellenzelle.
- *Textausrichtung* legt fest, wie Text innerhalb des Elements ausgerichtet wird.
- *Texteinzug* bestimmt, wie weit die erste Textzeile eingerückt wird.

Hinweis

Benutzen Sie einen negativen *Texteinzug*, um einen hängenden Einzug zu formatieren. Hierfür müssen Sie aber bei den Box-Einstellungen (Kategorie *Box*) einen Wert für *Rand > Links* eingeben.

- *Leerraum* legt fest, wie Leerräume innerhalb des Quellcodes gehandhabt werden. Drei Optionen stehen zur Auswahl: Mit der Einstellung *Standard* werden Leerräume entfernt. Mit der Einstellung *Pre* werden sämtliche Leerräume wie Leerzeichen, Tabulatoren und Absatzmarken berücksichtigt. Mit *Kein Umbruch* wird festgelegt, dass nur dann ein Textumbruch erfolgen soll, wenn ein BR-Tag vorgefunden wird.
- *Anzeige* bestimmt, ob und wie ein Element angezeigt wird. *Keine* bewirkt, dass das Element unsichtbar ist.

Die Stilkategorie Box

Die Stilkategorie *Box* definiert Einstellungen, die sich auf die Anordnung der Elemente auf der Seite sowie auf die Abstände zwischen Elementen auswirken.

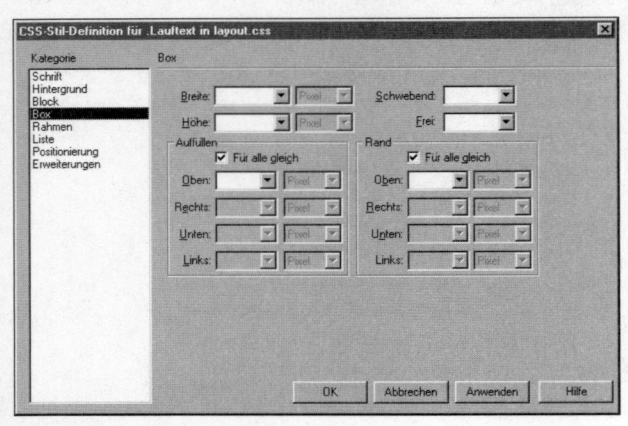

Die Stilkategorie Box

- *Breite* und *Höhe* bestimmen die Breite und Höhe des Elements.
- *Schwebend* bestimmt, auf welcher Seite andere Elemente wie etwa Text, Ebenen, Tabellen um ein Element herum umgebrochen werden.
- *Frei* legt die Seiten fest, auf denen keine Ebenen zulässig sind. Wenn auf der freien Seite eine Ebene enthalten ist, wird das Element mit der Einstellung *Frei* unter die Ebene verschoben.

Hinweis

Mit den Optionen *Schwebend* und *Frei* bestimmen Sie das Verhalten von Elementen, die benachbart sind. Ein Beispiel: Um bei einer linksbündigen Grafik den Text des nächsten Absatzes nicht darunter, sondern rechts daneben auszugeben, müssen Sie bei *Schwebend* die Option *Rechts* wählen.

- *Auffüllen* legt den Abstand zwischen dem Inhalt des Elements und seinem Rahmen fest. Dies ist der innere Rand, der auch ausgegeben wird, wenn der Rahmen unsichtbar ist. Deaktivieren Sie die Option *Für alle gleich*, wenn Sie die Einstellung für einzelne Seiten individuell ändern möchten. *Für alle gleich* legt für die obere, untere, linke und rechte Seite des jeweiligen Elements dieselbe Auffüllung fest.
- *Rand* bestimmt den Abstand zwischen dem Rahmen eines Elements und einem anderen Element. Dies ist der äußere Rand eines Elements.

Die Stilkategorie Rahmen

Die Stilkategorie *Rahmen* widmet sich Eigenschaften wie Breite, Farbe und Stil des Rahmens um ein Element.

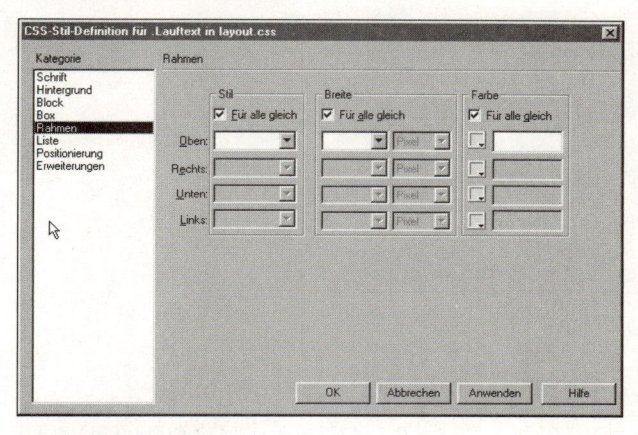

Die Stilkategorie Rahmen

- ♦ *Stil* bestimmt das Aussehen des Rahmens. Wie der Rahmen tatsächlich dargestellt wird, hängt vom jeweiligen Browser ab. Dreamweaver stellt im Dokumentfenster alle Rahmenstile als durchgehende Linie dar. Deaktivieren Sie die Option *Für alle gleich*, wenn Sie den Rahmen individuell einstellen möchten.
- ♦ *Breite* legt die Breite des Rahmens fest.
- ♦ *Farbe* legt die Farbe des Rahmens fest. Sie können die Farbe jeder Seite getrennt festlegen, die Anzeige hängt allerdings vom Browser ab.

Die Stilkategorie Liste

Die Stilkategorie *Liste* widmet sich Listeneigenschaften wie Größe und Art der Aufzählungspunkte.

- ♦ *Typ* legt das Aussehen von Aufzählungspunkten oder Zahlen fest.
- ♦ *Listenpunkt-Bild* legt eine Grafik fest, die als benutzerdefinierter Listenpunkt verwendet wird.
- ♦ *Position* bestimmt, ob bei einem Listenelement eine umgebrochene Zeile eingerückt wird oder am linken Seitenrand beginnt.

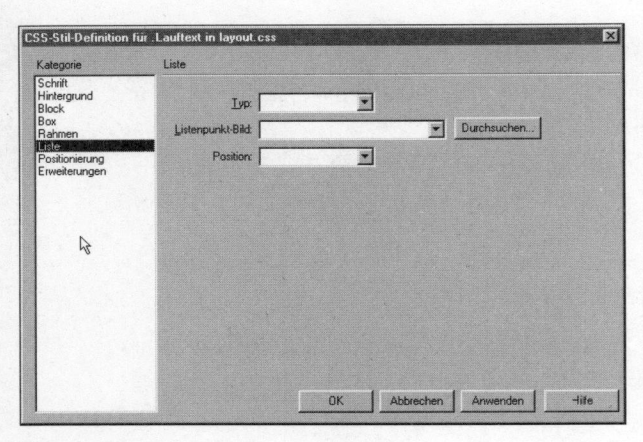

Die Stilkategorie Liste

Die Stilkategorie Positionierung

Mit der Stilkategorie *Positionierung* können Sie ein einzelnes Tag oder den markierten Text als Ebene positionieren.

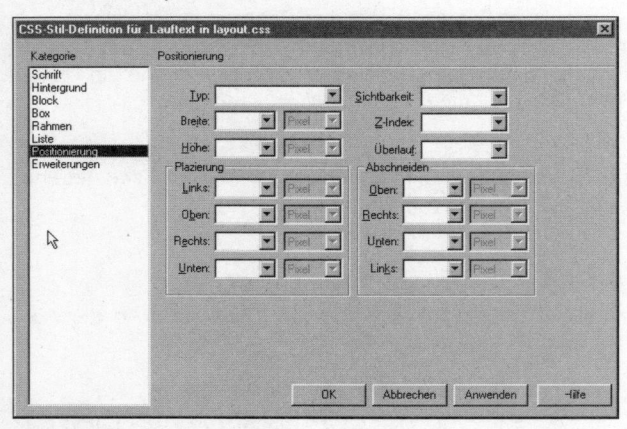

Die Stilkategorie Positionierung

6. Stylesheets nutzen

- *Typ* legt fest, wie der Browser die Ebene anordnen soll. Folgende Optionen stehen zur Auswahl:
  - *Absolut* ordnet die Ebene relativ zur linken oberen Ecke des Elternelements an. Das ist im Normalfall die Seite, kann aber auch eine Tabelle oder eine andere Ebene sein, wenn Sie das Element dort eingefügt haben.
  - *Relativ* ordnet die Ebene relativ zur Position des Objekts im Textfluss des Dokuments an. Die Wirkung wird im Dokumentfenster nicht angezeigt.
  - *Statisch* ordnet die Ebene an ihrer Position im Textfluss an.
- *Sichtbarkeit* legt den Anfangsstatus für die Sichtbarkeit der Ebene fest. Wenn Sie hier nichts angeben, wird von den meisten Browsern der Wert der übergeordneten Ebene übernommen. Folgende Optionen stehen zur Auswahl:
  - *Übernehmen* übernimmt die Sichtbarkeitseigenschaft der übergeordneten Ebene. Wenn keine übergeordnete Ebene vorhanden ist, ist sie sichtbar.
  - *Sichtbar* zeigt den Inhalt der Ebenen unabhängig vom Wert für die übergeordneten Ebenen an.
  - *Unsichtbar* blendet den Inhalt der Ebene unabhängig vom Wert für die übergeordneten Ebenen aus.
- *Z-Index* bestimmt die Stapelreihenfolge der Ebene. Ebenen mit einem höheren Indexwert werden über Ebenen mit einem niedrigeren Indexwert angezeigt.
- *Überlauf* bestimmt das Verhalten der Ebene, wenn der Inhalt die Größe der Ebene überschreitet. Folgende Optionen stehen zur Auswahl:
  - *Sichtbar* vergrößert die Ebene nach unten und nach rechts, sodass der ganze Inhalt sichtbar ist.
  - *Unsichtbar* behält die Größe der Ebene bei und schneidet den überstehenden Inhalt ab. Dabei werden keine Rollbalken angezeigt.
  - *Rollen* fügt immer Rollbalken in die Ebene ein, auch wenn der Inhalt kleiner als die Ebenenfläche ist.
  - *Auto* bewirkt, dass Rollbalken nur dann angezeigt werden, wenn der Inhalt der Ebene über ihren Rand hinausgeht.
- *Plazierung* legt die Position und Größe der Ebene fest. Wie der Browser die Position interpretiert, hängt von der Einstellung unter *Typ* ab.

> **Hinweis**
> Position und Größe werden üblicherweise in Pixel angegeben. Für Ebenen können Sie auch folgende Maßeinheiten festlegen: Pica, Punkte, Zoll, mm, cm, ems, exs oder % (Prozentsatz vom Wert des übergeordneten Elements). Zwischen Abkürzung und Wert darf kein Leerzeichen stehen.

- *Abschneiden* legt den sichtbaren Teil der Ebene fest. Dadurch können Sie zum Beispiel bei einer Grafik einen Teil des Motivs durch den Ebenenrand überdecken.

Die Stilkategorie Erweiterungen

Die Stilkategorie *Erweiterungen* enthält Filter-, Seitenumbruch- und Cursoroptionen, die nur von Internet Explorer ab Version 4.0 unterstützt werden.

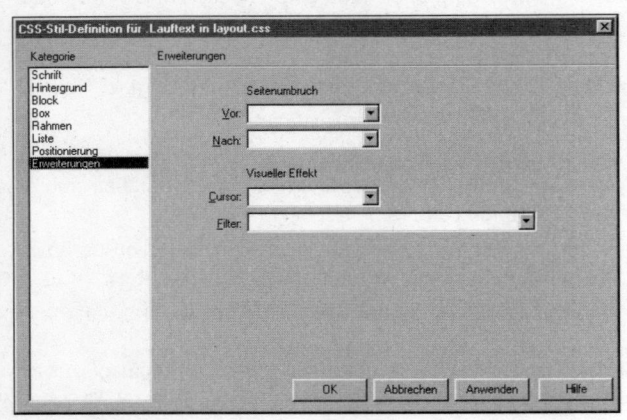

Die Stilkategorie Erweiterungen

7. Navigationselemente

Das Anfertigen gestalterisch und inhaltlich passender Navigationselemente ist ein wichtiger Arbeitsschritt auf dem Weg zu einer interessanten Website.

Einfache Navigationselemente

Einfache Navigationselemente sind Text-Links oder Linklisten, die sich gut für die Navigation auf kleineren Websites eignen.

Textmenüs

Einfache Navigationselemente mit Text-Links werden üblicherweise aus Tabellen aufgebaut. Sie enthalten lediglich Hyperlinks und keine aufwändigen Grafiken. Sie können diese einfachen Textmenüs manuell erzeugen oder die Dreamweaver-Codefragmente benutzen.

Mithilfe von Codefragmenten können Sie Inhalte speichern, um bei Bedarf schnell darauf zurückgreifen zu können. Codefragmente können aus HTML sowie Skriptsprachen angelegt werden. Dreamweaver wird zudem mit einer Reihe von vordefinierten Codefragmenten ausgeliefert, die als Ausgangspunkt für Textmenüs verwendet werden können.

Sie finden die Codefragmente im Bedienfeld *Codefragmente* in der gleichnamigen Registerkarte. Mit dem Menübefehl *Fenster > Codefragmente* können Sie das Bedienfeld *Codefragmente* jederzeit ein- bzw. ausblenden. In einer übersichtlichen Ordnerstruktur sind alle vordefinierten Codefragmente verzeichnet. Eine kleines Vorschaufeld am oberen Rand des Bedienfeldes zeigt den Inhalt des jeweils markierten Codefragments.

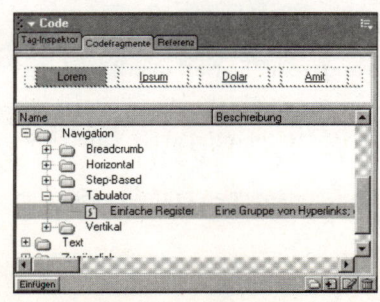

Codefragmente anzeigen

Sie fügen ein solches Codefragment in ein HTML-Dokument ein, indem Sie es einfach mit der Maus aus dem Bedienfeld heraus ziehen und es auf der Website ablegen.

Ein Codefragmente für die Navigation

> **Hinweis**
>
> Die fraglichen Codefragmente finden Sie im Ordner *Navigation* im Bedienfeld *Codefragmente*. Wenn Sie ihn öffnen, erscheinen weitere Ordner. *Breadcrumb* enthält einfache Navigationselemente, *Horizontal* und *Vertikal* jeweils etwas aufwändigere horizontale und vertikale Navigationselemente, *Step-Based* bringt Codefragmente für schrittweise arbeitende Assistenten und *Tabulator* eine Hilfe für die Navigation mit Registerkarten.

Sprungmenüs

Eine Alternative zu Textlinks in einer Tabelle sind so genannte „Sprungmenüs". Damit sind Dropdown-Listen gemeint, die Links enthalten und direkt bei der Auswahl eines Eintrags oder nach dem Klick auf eine Schaltfläche wie „Los!" eine andere Seite aufrufen. Ähnlich wie Textlinks empfehlen sich Sprungmenüs nur für bestimmte Anwendungsfälle wie das Aufteilen eines Artikels auf mehrere Seiten.

Sprungmenüs bestehen aus maximal drei Komponenten:

- Eine *Liste mit Menüelementen*, die nach einem Klick eine Seite öffnen.
- Eine *Aufforderung* wie eine Information über die Menüelemente oder eine Anweisung wie etwa „Wählen Sie eine Option aus:".
- Eine *Schaltfläche* mit der Bezeichnung *Gehe zu*.

Ein Sprungmenü ist Bestandteil der Formularobjekte von Dreamweaver und kann recht schnell erzeugt werden.

1. Platzieren Sie den Cursor an die Position, an der das Sprungmenü erscheinen soll – zum Beispiel in eine neue Zeile über der Überschrift.
2. Wählen Sie den Befehl Einfügen > Formularobjekte > Sprungmenü.
3. Nun wird das Dialogfeld *Sprungmenü einfügen* angezeigt. Es wird mit den folgenden Steuerelementen bedient:
    - ▶ Mit einem Klick auf die Schaltfläche mit dem Pluszeichen fügen Sie einen Menüeintrag in die Liste *Menüobjekte* ein.
    - ▶ Mit einem Klick auf die Schaltfläche mit dem Minuszeichen entfernen Sie das in der Liste *Menüobjekte* markierte Element.
    - ▶ Mit den beiden Pfeiltasten verschieben Sie das in der Liste *Menüobjekte* markierte Element aufwärts oder abwärts.
    - ▶ Geben Sie im Feld *Text* den Text für einen Menüeintrag ein.
    - ▶ Klicken Sie im Textfeld *Wenn ausgewählt, gehe zu URL* auf das Ordnersymbol, und wählen Sie eine Datei aus.

7. Navigationselemente

▶ Falls Sie Frames benutzen: Wählen Sie im Popupmenü *Öffne URLs in* den Zielframe oder *Hauptfenster*, um die Datei im selben Fenster zu öffnen.
▶ Geben Sie im Textfeld *Menüname* einen Namen für den Menüeintrag ein.
▶ Um eine Aufforderung wie „Wählen Sie eine Option aus:" anzuzeigen, geben Sie diesen Text als ersten Menüeintrag ein. In diesem Fall darf der erste Menüeintrag keinen URL erhalten. Außerdem müssen Sie das Kontrollkästchen *Erstes Objekt nach URL-Änderung auswählen* aktivieren, damit das Sprungmenü die Seiten direkt anzeigt.
▶ Um eine Gehezu-Schaltfläche anstatt der Aufforderung einzufügen, aktivieren Sie die Option *Schaltfläche 'Gehe zu' hinter Menü einfügen*.

4. Fügen Sie alle Menüeinträge ein und klicken Sie auf *OK*.

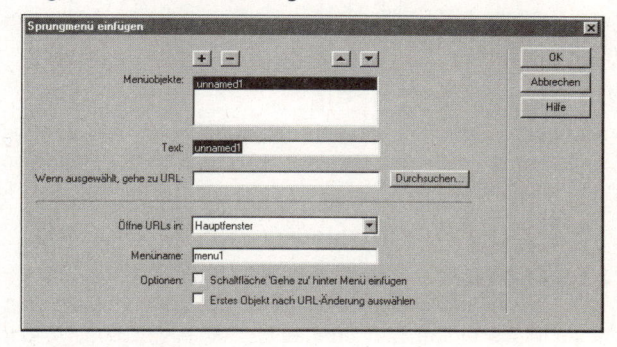

Einfügen eines Sprungmenüs

Dreamweaver fügt nun das definierte Sprungmenü in das Dokument ein. Nach dem Einfügen können Sie die Einträge und Links jederzeit ändern:

5. Markieren Sie das Sprungmenü und klicken Sie im Eigenschafteninspektor auf die Schaltfläche *Listenwerte*. Dreamweaver zeigt nun ein Dialogfeld mit den Menüeinträgen und den jeweils zugeordneten Seiten an.

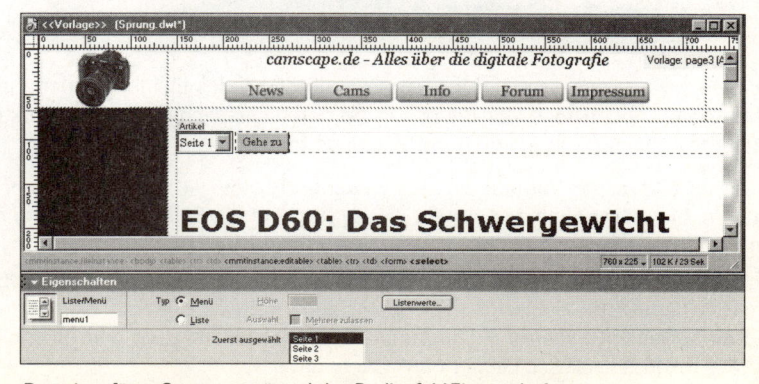

Das eingefügte Sprungmenü und das Bedienfeld Eigenschaften

6. Klicken Sie im Dialogfeld *Listenwerte* auf den Eintrag, den Sie ändern möchten. Mit den Plus- und Minusschaltflächen können Sie Einträge entfernen und hinzufügen. Die Pfeilschaltflächen stellen die Einträge um.

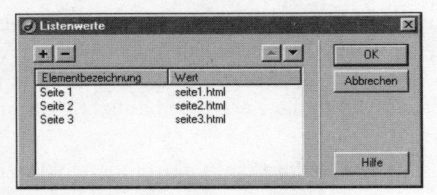

Bearbeiten des Sprungmenüs

7. Nach einem Klick auf *OK* können Sie das Sprungmenü mit dem Befehl *Datei > Vorschau in Browser* überprüfen.

> **Hinweis**
>
> Sprungmenüs eignen sich hervorragend, um in sehr umfangreichen und stark gegliederten Websites Quicklinks zu wichtigen Seiten wie der Startseite, einer Kontaktseite oder der Sitemap anzubieten.

Navigationsleisten

Eine Navigationsleiste besteht aus einem Bild oder einer Reihe von Bildern, deren Darstellung sich je nach Aktion des Besuchers verändert. Sie können sich eine Navigationsleiste am besten als eine Reihe von Schaltflächen vorstellen, die zu einer anderen Webseite führen.

Eine horizontale Navigationsleiste

Bevor Sie eine Navigationsleiste einfügen, müssen Sie für jedes Element (jeden Link) mindestens ein und höchstens vier Bilder für die unterschiedlichen Zustände erstellen. Navigationsleistenschalter können vier Zustände haben:

♦ *Up:* Dieses Bild ist als Vorgabe zu sehen, wenn die Navigationsleiste nur angezeigt wird. Sie müssen mindestens für diesen Zustand ein Bild definieren, um die Navigationsleiste nutzen zu können.

♦ *Over:* Dieses Bild ist zu sehen, wenn der Mauszeiger darauf bewegt wird. Üblicherweise benutzen Sie hierfür ein Bild mit einem etwas anderen Aussehen – zum Beispiel einem helleren Hintergrund. Dieses Verhalten zeigt dem Besucher der Website, dass er dieses Element anklicken kann.

7. Navigationselemente

- *Down*: Dieses Bild ist zu sehen, wenn der Besucher auf das Element klickt. Nun wird die Aktion ausgeführt. Dieses Bild wird solange angezeigt, bis der Besucher auf ein anderes Navigationsleistenelement geklickt hat.
- *Over bei Down:* Dieses Bild ist zu sehen, wenn der Mauszeiger nach dem Klicken auf das Element wieder vom Bild herunter bewegt wird. Üblicherweise wird das Element abgeblendet oder grau angezeigt. Damit können Sie den Besuchern der Website mitteilen, dass dieses Element aktuell keine Auswirkungen hat.

Sie müssen nicht alle vier Zustände benutzen, es reicht zum Beispiel, wenn Sie *Up* und *Over* benutzen.

Navigationsleisten einfügen

Auf die folgende Weise erzeugen Sie eine Navigationsleiste:

1. Zeichnen Sie mit Fireworks oder einem anderen Grafikprogramm eine Reihe von Schaltflächen, bei denen Sie mindestens die Zustände *Up* und *Over* berücksichtigen. Die einzelnen Grafiken sollten leicht verständliche Namen haben, die die Zuordnung zu einem Zustand erkennen lassen. Ein Beispiel: Für den Menüpunkt *News* heißen die Grafiken *news-u.jpg*, *news-o.jpg*, *news-d.jpg* und *news-od.jpg*.

> **Hinweis**
>
> Eine praktische Größe für Schaltflächen sind 96 mal 24 Pixel. Füllen Sie die Schaltflächen mit einer Hintergrundfarbe, die Sie auch in der Website für Elemente benutzen – zum Beispiel Dunkelblau. Geben Sie darin zentrierten Text in 8 Punkt Verdana aus. Bei einer Schaltfläche für den Zustand *Up* sollten Sie in diesem Fall Weiß als Textfarbe wählen und bei der Grafik für den Zustand *Over* Gelb als Textfarbe. Die einzelnen Schaltflächen können einen Rahmen haben. Wenn Sie auf den Rahmen verzichten, entsteht eine Optik wie bei einer Menüleiste.

2. Kopieren Sie die Grafiken in den Stammordner der Website und öffnen Sie die Webseite oder die Vorlage, in die Sie eine Navigationsleiste einfügen wollen.

3. Platzieren Sie die Eingabemarke an die Position, an der die Navigationsleiste erscheinen soll, und wählen Sie *Einfügen > Interaktive Bilder > Navigationsleiste*. Dreamweaver zeigt nun das Dialogfeld *Navigationsleiste einfügen* an. In diesem Dialogfeld können Sie den Elementen der Navigationsleiste einen Namen zuweisen und Bilder für sie auswählen.

    ▶ Mit einem Klick auf die Schaltfläche mit dem Pluszeichen fügen Sie ein Element in die Liste *Navigationsleistenelemente* ein.

    ▶ Mit einem Klick auf die Schaltfläche mit dem Minuszeichen entfernen Sie das in der Liste markierte Element.

▶ Mit den beiden Pfeiltasten verschieben Sie das in der Liste markierte Element aufwärts oder abwärts.
▶ Wenn Sie ein Element markieren, können Sie alle Einstellungen verändern.

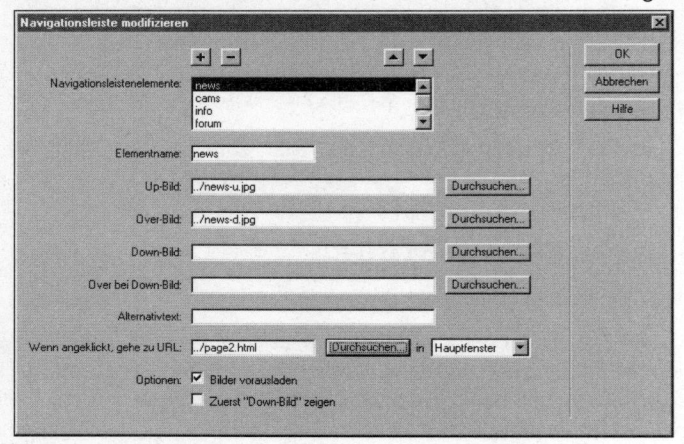

Erzeugen einer Navigationsleiste

4. Geben Sie bei *Elementname* einen Namen für jedes Navigationsleistenelement ein, beispielsweise *Home* oder *News*.

5. Fügen Sie durch Klicken auf *Durchsuchen* jeweils ein Bild für einen der vier Zustände ein. Sie müssen mindestens ein Bild bei *Up-Bild* einfügen, um die Navigationsleiste nutzen zu können.

6. Geben Sie im Textfeld *Alternativtext* einen beschreibenden Namen für das Element ein. Bei Browsern, die keine Bilder anzeigen, wird anstelle der Bilder dieser alternative Text angezeigt. Außerdem wird der Alternativtext von vielen Browsern angezeigt, wenn der Besucher die Maus über das Element bewegt.

7. Klicken Sie im Textfeld *Wenn angeklickt, gehe zu URL* auf die Schaltfläche *Durchsuchen*, und wählen Sie die zu öffnende Datei aus.

8. Falls Sie Frames benutzen: Wählen Sie im Listenfeld *in* den Zielframe oder *Hauptfenster*, um die Datei im selben Fenster zu öffnen.

9. Aktivieren Sie *Bilder vorausladen*, um die Bilder direkt während des Seitenaufbaus herunterzuladen. Wenn Sie diese Option nicht aktivieren, entsteht oft eine Verzögerung, wenn der Besucher den Mauszeiger über das Bild bewegt.

10. Wählen Sie *Zuerst „Down-Bild" zeigen*, wenn Sie das Element beim Laden der Seite in seinem Down-Zustand und nicht in dem standardmäßig verwendeten Up-Zustand anzeigen möchten. Ein Beispiel: Wenn die Startseite geladen wird, sollte sich das Element „home" im Down-Zustand befinden.

7. Navigationselemente

11. Wählen Sie in der Liste *Einfügen* aus, ob die Navigationsleiste vertikal oder horizontal in das Dokument eingefügt werden soll.

12. Aktivieren Sie das Kontrollkästchen *Tabellen verwenden*, wenn Sie die Navigationsleistenelemente als Tabelle einfügen möchten.

Navigationsleisten bearbeiten

Navigationsleisten können jederzeit bearbeitet werden, indem Sie einfach den Cursor in die Navigationsleiste versetzen und den Befehl *Modifizieren > Navigationsleiste* wählen.

Dreamweaver zeigt nun das Dialogfeld *Navigationsleiste modifizieren* an. In diesem Dialogfeld können Sie den Elementen der Navigationsleiste einen Namen zuweisen und Bilder für sie auswählen.

Flash-Schaltflächen

Eine brauchbare Alternative zu den Navigationsleisten von Dreamweaver sind Flash-Schaltflächen. Flash-Schaltflächen sind bearbeitbare Schaltflächen, die auf einer Flash-Vorlage basieren. Sie können Flash-Schaltflächen mit Text, Hintergrundfarben und Hyperlinks anpassen.

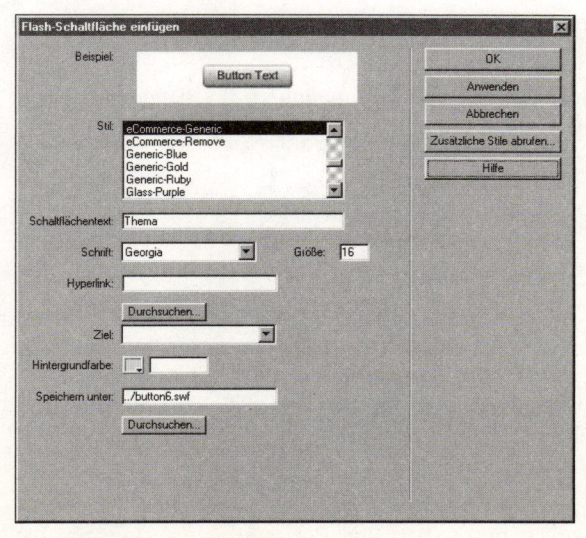

Erzeugen einer Flash-Schaltfläche

So fügen Sie eine Flash-Schaltfläche ein:

1. Platzieren Sie die Eingabemarke an die Position, an der die Navigationsleiste erscheinen soll, und wählen Sie *Einfügen > Interaktive Bilder > Flash-Schaltfläche*. Dreamweaver zeigt nun das Dialogfeld *Flash-Schaltfläche einfügen* an. In diesem Dialogfeld steht Ihnen eine Auswahl konfigurierter Flash-Schaltflächen zur Verfügung. Ein Beispiel der ausgewählten Schaltfläche wird im Feld *Beispiel* angezeigt. Wenn Sie auf dieses Beispiel klicken, können Sie sehen, wie die Schaltfläche im Browser funktioniert.
2. Wählen Sie den gewünschten Schaltflächenstil aus der Liste *Stil* aus.
3. Geben Sie im Feld *Schaltflächentext* den anzuzeigenden Text ein.
4. Wählen Sie in der Liste *Schriftart* die gewünschte Schrift aus.
5. Geben Sie im Feld *Größe* die Schriftgröße ein.
6. Geben Sie im Feld *Hyperlink* einen Hyperlink für die Schaltfläche ein.
7. Falls Sie Frames benutzen: Wählen Sie in der Liste *Ziel* den Zielframe.
8. Geben Sie im Feld *Hintergrundfarbe* die Hintergrundfarbe an. Diese Farbe wird *hinter* der Schaltfläche ausgegeben. Sie verändert nicht die Farbe der Schaltfläche selbst.
9. Geben Sie im Feld *Speichern unter* einen Dateinamen für die SWF-Datei mit der Flash-Schaltfläche ein.
10. Sie können den Standardnamen (beispielsweise *button1.swf*) verwenden oder einen neuen Namen eingeben.

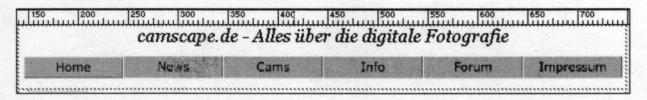

Flash-Schaltflächen in einem HTML-Dokument

Imagemaps

Imagemaps sind Grafiken, auf denen so genannte Hotspots definiert sind. Dies sind abgegrenzte Links auf dem Teil einer Grafik. Nach einem Klick auf einen Hotspot, wird eine Aktion ausgeführt und eine Datei geöffnet.

Es gibt zwei Arten von Imagemaps: Bei *Client-Imagemaps* werden die Hyperlink-Informationen im HTML-Dokument gespeichert. Bei *Server-Imagemaps* werden die Hyperlinks in einer MAP-Datei gespeichert.

Der Unterschied zwischen beiden Varianten: Bei einem Klick auf einen Hotspot wird bei Client-Imagemaps die URL direkt an den Server gesendet, bei einem Server-Imagemap muss der Server die URL aus der MAP-Datei auslesen. Dadurch sind Client-Imagemaps schneller.

Imagemaps einfügen

Für eine Imagemap brauchen Sie eine Grafik. Nach dem Markieren der Grafik können Sie im Eigenschafteninspektor die Hotspots definieren.

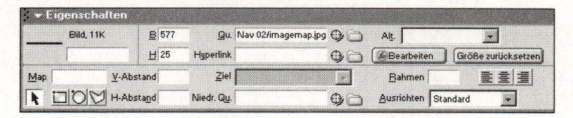

Das Bedienfeld Eigenschaften *bei einer Grafik*

1. Wählen Sie im Dokumentfenster das Bild aus, und klicken Sie im Eigenschafteninspektor auf den Erweiterungspfeil in der unteren rechten Ecke, um alle Eigenschaften einzublenden.

2. Geben Sie im Feld *Map* einen eindeutigen Namen für die Imagemap ein.

Hinweis

Wenn Sie in ein Dokument mehrere Imagemaps einfügen, muss jede Imagemap einen eindeutigen Namen haben.

3. Definieren Sie die Imagemap-Bereiche mit einer der folgenden Methoden:
   ▶ Klicken Sie auf das Symbol *Kreis*, um einen runden Hotspot zu zeichnen.
   ▶ Klicken Sie auf das Symbol *Rechteck*, um einen rechteckigen Hotspot zu zeichnen.
   ▶ Klicken Sie auf das Symbol *Polygon*, um einen unregelmäßig geformten Hotspot zu zeichnen. Dabei müssen Sie einmal für jeden Eckpunkt klicken und anschließend auf den Pfeil, um die Form zu schließen.

Zeichnen eines Hotspots

Sobald Sie den Hotspot gezeichnet haben, wird er markiert und in blauer Schraffur dargestellt.

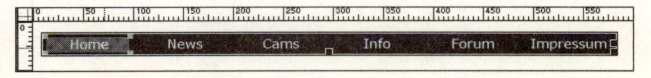

Ein markierter Hotspot

Durch Ändern der Eigenschaften des Hotspots geben Sie den Link für einen Mausklick an:

1. Klicken Sie im Textfeld *Hyperlink* auf das Ordnersymbol, um die Datei anzugeben, die nach einem Klick auf den Hotspot geöffnet wird.
2. Falls Sie Frames benutzen: Wählen Sie im Listenfeld *Ziel* das Fenster aus, in dem die Datei geöffnet werden soll.
3. Geben Sie im Feld *Alt* den Text ein, der als Alternativtext oder QuickInfo angezeigt werden soll.

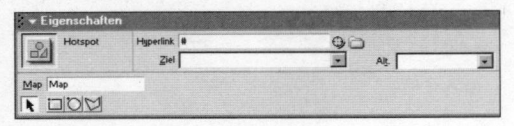

Hotspot-Eigenschaften

Hinweis

Mithilfe einer Imagemap können Sie eine Navigationsleiste aus einer Einzelgrafik erzeugen. Sie haben allerdings keine Möglichkeit, auf Ereignisse wie „Maus über dem Bild" zu reagieren.

Popup-Menüs

Neben den geschilderten Möglichkeiten besitzt auch Dreamweaver eine Funktion zum Erzeugen von Popup-Menüs, die nach einem Klick auf eine Grafik angezeigt werden. Mit einer Kombination aus mehreren Schaltflächen mit Menüs können Sie in Dreamweaver eine Menüleiste erzeugen.

Popup-Menüs in Dreamweaver nutzen ähnlich wie Schaltflächen Mauszustände. Auf die folgende Weise erzeugen Sie ein Popup-Menü:

1. Zeichnen Sie mit Fireworks oder einem anderen Grafikprogramm eine Reihe von Schaltflächen, bei denen Sie mindestens die Zustände *Up* und *Over* berücksichtigen. Ein Beispiel: Für den Menüpunkt „News" heißen die Grafiken *news-u.jpg*, *news-o.jpg*, *news-d.jpg* und *news-od.jpg*.
2. Fügen Sie die Grafik in das Dreamweaver-Dokument ein und klicken Sie mit der Maus darauf, um sie zu markieren.
3. Aktivieren Sie das Bedienfeld *Verhalten* (Menübefehl *Fenster > Verhalten*), und klicken Sie auf das Plussymbol.

7. Navigationselemente

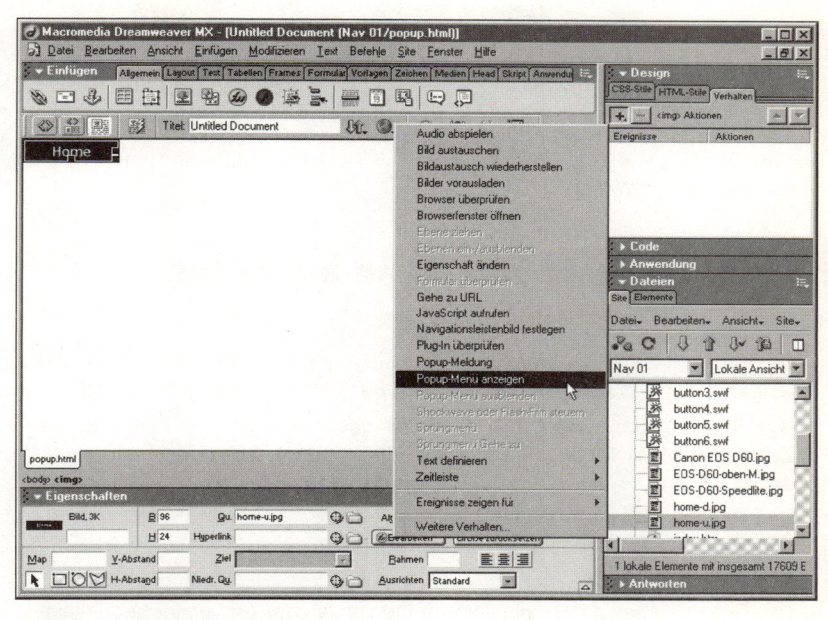

Einfügen des Popup-Menüverhaltens

4. Dreamweaver zeigt nun ein Menü mit zahlreichen Aktionen an, die unter dem Oberbegriff „Verhalten" gesammelt sind.

5. Wählen Sie den Eintrag *Popup-Menü anzeigen.* Dreamweaver öffnet nun ein Dialogfeld zur Bearbeitung des Menüs.

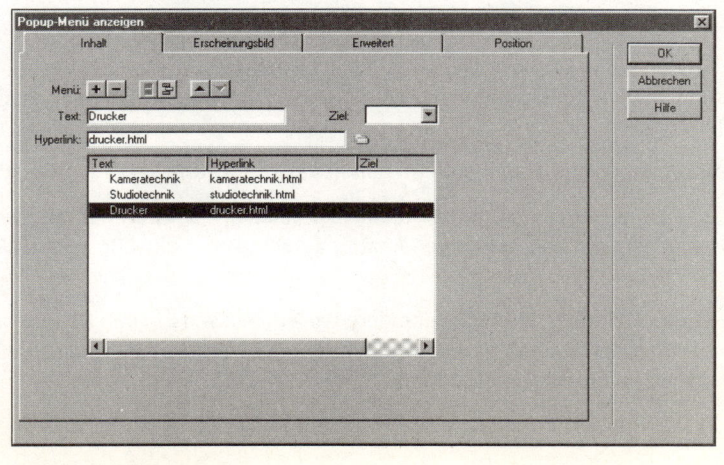

Das Popup-Menü eingeben

> **Hinweis**
>
> Das Bedienfeld *Verhalten* fügt JavaScript-Code in Dokumente ein, der die Seite oder ein Seitenelement auf verschiedene Weise ändern und die Ausführung bestimmter Vorgänge auslösen kann. Ein Verhalten ist eine Kombination aus einem bestimmten Ereignis (z. B. MouseOver bei einer Grafik) mit einer durch dieses Ereignis ausgelösten Aktion.

Ein einfaches Popup-Menü aufbauen

Der Menüeditor ist ein Dialogfeld mit vier Registern.

- Das Register *Inhalt* bestimmt den grundlegenden Aufbau des Menüs und bietet Eingabefelder für den Text, die URL und das Ziel der einzelnen Menüelemente.
- Das Register *Erscheinungsbild* bestimmt das Aussehen des *Up-* und des *Over-*Zustandes jedes Menüeintrags sowie die vertikale und horizontale Ausrichtung des Menüs.
- Das Register *Erweitert* enthält Optionen zur Bestimmung von Zellengröße, Zellauffüllung und Zellenabstand, Zellenrandbreite und -farbe sowie Menüverzögerung und Texteinzug.
- Das Register *Position* legt die Anordnung von Menüs und Untermenüs fest.

Auf folgende Weise ergänzen Sie im Dialogfenster *Popup-Menü anzeigen* das Popup-Menü um weitere Menüeinträge:

1. Im Register *Inhalt* ist bereits ein erster, allerdings noch leerer Eintrag eingefügt. Aktivieren Sie das Feld *Text,* und geben Sie den Text ein. Aktivieren Sie dann das Feld *Hyperlink* und geben den URL ein. Das Feld *Ziel* legt einen Frame für die URL fest.

2. Durch Klicken auf das Plussymbol fügen Sie einen leeren Menüeintrag hinter dem aktuell markierten Eintrag ein. Damit können Sie auch ein vorhandenes Menü leicht ergänzen.

3. Ein Klick auf das Minussymbol entfernt den markierten Eintrag.

4. Auch die spätere Umgliederung des Menüs ist einfach: Benutzen Sie die beiden Pfeilschatflächen, um den markierten Eintrag aufwärts oder abwärts zu verschieben.

5. Wenn Sie den Text oder den URL verändern wollen, müssen Sie den Eintrag markieren, die Angaben verändern und den Eintrag in der Tabelle anklicken. Dreamweaver sichert sofort die Änderungen.

Ein hierarchisches Popup-Menü aufbauen

Mit den Symbolschaltflächen *Element einrücken* und *Element negativ einziehen* im Register *Inhalt* definieren Sie Untermenüs. Dabei sind beliebig viele Ebenen mit Untermenüs möglich.

1. Um ein Untermenü zu erzeugen, markieren Sie zuerst den Eintrag, der das Untermenü öffnen soll.
2. Fügen Sie darunter durch Klicken auf das Plussymbol einen Eintrag ein, und geben Sie Text und URL ein.
3. Klicken Sie auf *Element einrücken,* um diesen Eintrag als ersten Eintrag in einem Untermenü zu definieren.
4. Geben Sie alle Einträge ein, und klicken Sie jeweils auf *Element einrücken.*

Hinweis

Mit der Schaltfläche *Element negativ einziehen* heben Sie die Zuordnung zu einem Untermenü wieder auf.

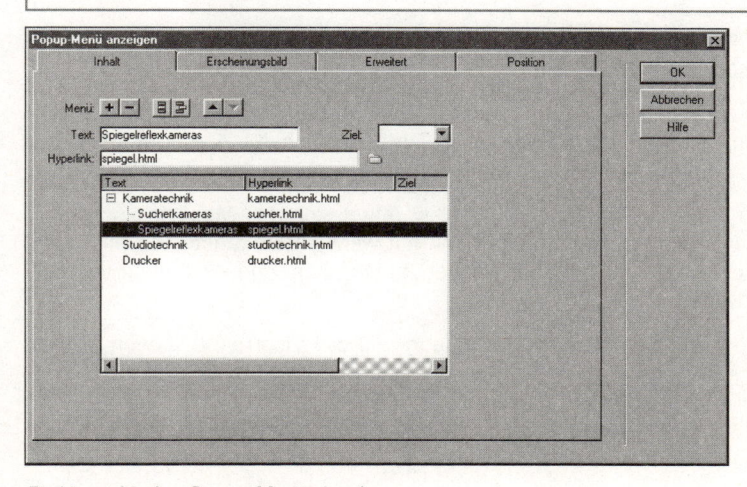

Ein hierarchisches Popup-Menü eingeben

Das Erscheinungsbild des Menüs ändern

Sobald Sie eine Menüstruktur mit allen Einträgen und Untermenüs erzeugt haben, können Sie das Erscheinungsbild des Menüs verändern.

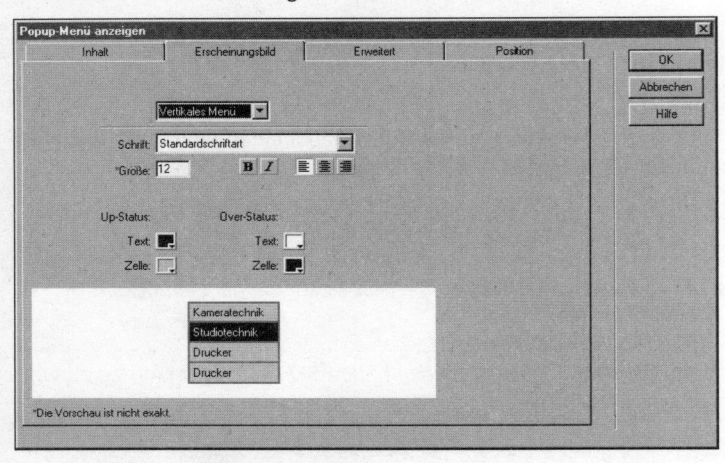

Das Erscheinungsbild des Menüs ändern

Im Register *Erscheinungsbild* des Menüeditors müssen Sie zunächst die Ausrichtung des Menüs wählen. Voreingestellt ist *Vertikales Menü*. Das heißt, dass sich das Menü als Spalte über, neben oder unter der Grafik öffnet.

Wenn Sie die horizontale Ausrichtung wählen, öffnet sich das Menü in Form einer Zeile. Dies ist allerdings nur bei einem Menü mit wenigen Einträgen sinnvoll, da ein Zeilenmenü leicht über den Rand des Fensters hinausreicht und nicht mehr vollständig dargestellt werden kann.

Direkt darunter bestimmen Sie das Erscheinungsbild des Menüs. Sie können hier die Schriftformate wählen und jeweils für den Up- und den Over-Zustand unterschiedliche Text- und Hintergrundfarben wählen.

Die Menüzellen verändern

Im Register *Erweitert* bestimmen Sie das Aussehen der einzelnen Menüzellen noch genauer.

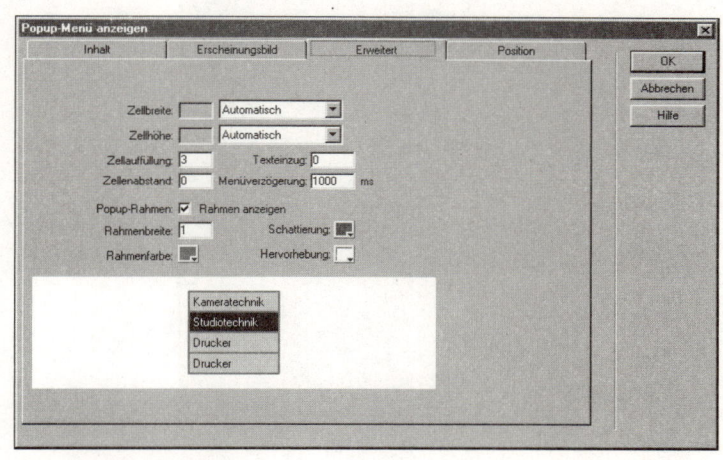

Die Menüzellen ändern

- Der Wert bei *Zellbreite* sollte mindestens die Breite des längsten Menüeintrags erlauben. Aus diesem Grunde ist es empfehlenswert, die Einstellung *Automatisch* zu wählen.
- Der Wert bei *Zellhöhe* sollte bei einer ausgeglichenen Gestaltung nicht größer sein als die Höhe des auslösenden Elements.
- Geben Sie in das Feld *Zellauffüllung* einen Wert für den Abstand zwischen dem Text des Menüs und dem Zellenrand ein.
- Geben Sie in das Feld *Zellenabstand* einen Wert für den Abstand zwischen den einzelnen Menüzellen ein.
- Geben Sie in das Feld *Texteinzug* einen Wert ein, der bestimmt, wie weit der Text eingerückt werden soll.
- Geben Sie in das Feld *Menüverzögerung* einen Wert in Millisekunden ein. Diese Zeit bestimmt, wie lange das Menü nach dem Entfernen des Mauszeigers sichtbar bleibt.
- Mit *Rahmen zeigen* geben Sie an, ob die Randlinien des Menüs zu sehen sind.
- Mit *Rahmenbreite* legen Sie die Breite für die Randlinien fest.
- Die Optionen *Rahmenfarbe*, *Schattierung* und *Hervorhebung* bieten Ihnen die Möglichkeit, die Farbe des Rahmens zu ändern.

Die Menüposition verändern

Im Register *Position* des Menüeditors legen Sie die Position für ein Popup-Menü fest.

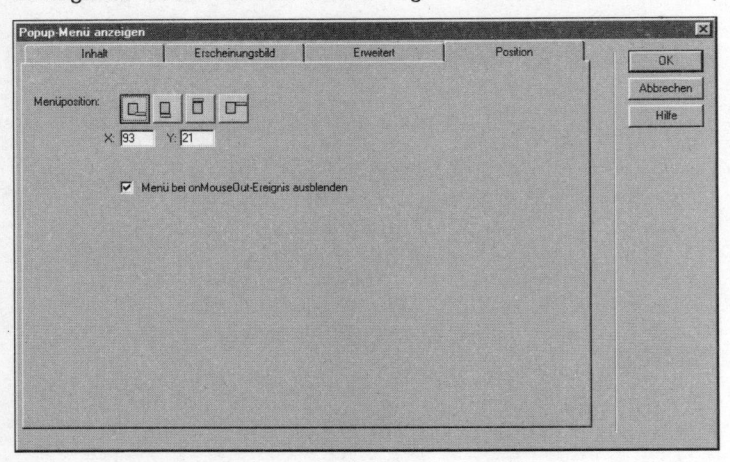

Die Menüposition ändern

Klicken Sie auf eines der oberen Positionssymbole, um das Popup-Menü im Verhältnis zum auslösenden Segment anzuordnen oder geben Sie die X- und Y-Koordinate ein.

Ein fertiges Menü bearbeiten

Ein fertiges Menü bearbeiten Sie, indem Sie auf den Eintrag *Popup-Menü anzeigen* im Bedienfeld *Verhalten* doppelklicken. Wenn Sie das Popup-Menü löschen wollen, müssen Sie alle Einträge mit der Aufschrift *Popup-Menü* durch Klicken auf das Minussymbol löschen.

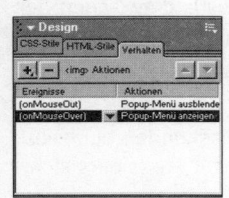

Das Menü im Bedienfeld **Verhalten**

> **Hinweis**
>
> Dreamweaver fügt zusätzlich zum Verhalten *Popup-Menü anzeigen* auch das Verhalten *Popup-Menü ausblenden* ein. Dies ist notwendig, damit das Popup-Menü ausgeblendet werden kann.

Eine *MouseOver*-Animation nutzen

Bei der Grafik, die das eigentliche Popup-Menü anzeigt, können und sollten Sie einen *MouseOver*-Effekt angeben, bei dem die Grafik durch eine andere ersetzt wird:

1. Markieren Sie die Grafik, aktivieren Sie das Bedienfeld *Verhalten*, und klicken Sie auf das Plussymbol.

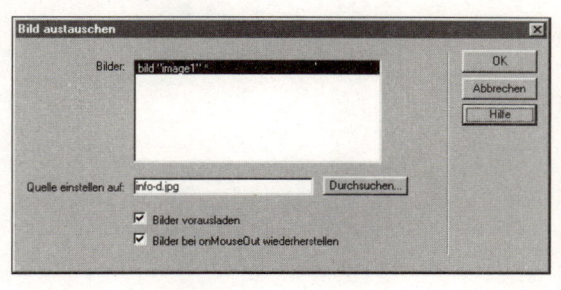

Das Austauschbild angeben

2. Wählen Sie aus dem Verhaltensmenü den Eintrag *Bild austauschen*. Dreamweaver zeigt nun einen Dialog, indem Sie das Bild angeben, das als *MouseOver*-Bild agieren soll.
3. Klicken Sie auf *OK*, um das Verhalten einzufügen.

Hinweis

Dreamweaver fügt zusätzlich zum Verhalten *Bild austauschen* auch das Verhalten *Bildaustausch wiederherstellen* ein. Dies ist notwendig, damit das Originalbild nach dem Verschwinden des Mauszeigers aus dem Bildbereich wieder zu sehen ist.

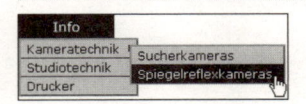

Das Popup-Menü im Einsatz

8. Ebenen und Animationen

Viele Websites überraschen ihre Besucher mit optischen Effekten: Der Inhalt rollt langsam von oben oder links in das Browser-Fenster hinein. Ein anderer Effekt sind Wechselbilder: Sie ändern sich, wenn der Mauszeiger über das Bild gefahren wird.

Effekte dieser Art und Animationen fallen unter den Oberbegriff DHTML – dynamisches HTML. Dabei handelt es sich um eine Erweiterung von HTML, die mit den 4er-Versionen des Internet Explorers und des Netscape Navigators von den Herstellern eingeführt worden ist.

Solche Effekte sehen zwar spielerisch aus, sind aber nur mit mehr Aufwand als dem schlichten Einfügen einiger HTML-Tags zu erzeugen. DHTML ist nämlich nur durch eine Kombination aus einigen speziellen HTML-Tags und JavaScript zu verwirklichen.

DHTML und JavaScript

DHTML-Effekte wie Animationen und andere Effekte fügen Sie in eine Webseite ein, indem Sie einzelnen Objekten (Layoutbereich, Grafik, Textrahmen etc.) oder Seiten so genannte Aktionen hinzufügen. Ein Beispiel: Sie können den gesamten Seiteninhalt beim Aufruf in das Browser-Fenster hinein bewegen. Sie müssen kein Programmierer sein, um solche Effekte zu erzeugen.

Was ist DHTML?

Dynamisches HTML oder kurz DHTML ist eine Technik, mit der sich die Elemente einer Seite bewegen, ein- oder ausblenden lassen. Diese Technik wurde in den 4er-Versionen des Internet Explorers und Netscape Navigators eingeführt.

DHTML beruht auf einer Kombination aus JavaScript (einer Programmiersprache für Webseiten) und so genannten „Layern" (Ebenen oder Schichten auf der Seite). Ebenen können Sie sich am einfachsten als Transparentfolien vorstellen, die übereinander gestapelt werden. Dadurch sind Effekte wie das ganze oder teilweise Abdecken einer Grafik möglich.

Leider haben Netscape und Microsoft zwei unterschiedliche Versionen der Layer-Technik in ihre Browser eingebaut, sodass eine DHTML-Seite immer beide Browser unterstützen sollte. Erst ab Internet Explorer 5.0 und Netscape Navigator 6.0 gibt es einen gemeinsamen Standard, der allerdings unterschiedlich komplett in den verschiedenen Versionen umgesetzt wurde. Doch Dreamweaver erzeugt automatisch Webseiten, die auf beiden Browser-Familien funktionieren.

Ebenen und Verhalten

Dreamweaver unterstützt DHTML auf zwei verschiedene Arten:

- In der Codeansicht können Sie beliebig mit Layern (Ebenen) und JavaScript-Code arbeiten. Dabei ist von einfachen Miniscripts bis zur umfangreichen JavaScript-Anwendung für Shop-Systeme alles möglich.
- In der Layoutansicht stehen Ihnen einige Standardroutinen zur Verfügung, die sich in erster Linie an Nicht-Programmierer wenden. Für viele grundlegende Animationen gibt es vorgefertigte Dreamweaver-Werkzeuge, die Sie völlig ohne Programmierung einsetzen können.

Dreamweaver nutzt zwei Konzepte für einfache interaktive und animierte Webseiten: Ebenen und Verhalten.

Ebenen

Eine Ebene ist ein Container in einer Webseite, der HTML-Elemente enthält. Mit Ebenen haben Sie zusätzliche, flexible Objekte für dynamische Seitenfunktionen zur Verfügung.

Ebenen haben folgende Merkmale:

- Ebenen können Text, Tabellen, Bilder, Medien oder andere Ebenen enthalten: Alles, was Sie in eine Webseite direkt einfügen können, kann auch in einer Ebene eingefügt werden.
- Ebenen werden präzise auf der Seite gezeichnet. Dabei können Sie beliebig viele Ebenen erzeugen, um alle Seitenelemente aufzunehmen.
- Ebenen können durch Maßangaben exakt positioniert werden.
- Ebenen können ein- oder ausgeblendet werden.
- Ebenen können einen undurchsichtigen (farbigen) oder einen transparenten Hintergrund haben.
- Ebenen können übereinander „gestapelt" werden.
- Die Position und die Eigenschaften von Ebenen können mit CSS-Stilen und mit JavaScript bestimmt werden.

Verhalten

Der etwas kurios klingende Begriff „Verhalten" geht auf das englische Wort „Behaviour" zurück und bedeutet im Zusammenhang mit HTML-Elementen eigentlich „Verhaltensweise".

Ein Dreamweaver-Verhalten ist ein Befehl, der JavaScript-Code in Dokumente einfügt. Durch diesen JavaScript-Code reagiert ein Objekt auf eine Zustandsänderung. Ein Beispiel: Ein Dreamweaver-Verhalten könnte einen IMG-Tag anweisen, ein anderes Bild anzuzeigen, wenn sich der Mauszeiger darüber befindet.

8. Ebenen und Animationen

Ein Verhalten ist eine Kombination aus einem Ereignis und einer durch dieses Ereignis ausgelösten Aktion. Im Bedienfeld *Verhalten* können Sie einer Seite ein Verhalten hinzufügen, indem Sie eine Aktion angeben und anschließend das Ereignis angeben, das diese Aktion auslöst.

Ein Ereignis ist eine von einem Browser erzeugte Meldung. Sie zeigt an, dass ein Besucher der Seite eine bestimmte Operation ausgeführt hat. Bewegt ein Besucher beispielsweise den Mauszeiger auf einen Hyperlink, erzeugt der Browser für diesen Hyperlink ein *onMouseOver*-Ereignis. Anschließend überprüft der Browser, ob ein auf der Seite angegebener JavaScript-Code ausgeführt werden muss.

Für die unterschiedlichen Seitenelemente sind unterschiedliche Ereignisse definiert. Bei den meisten Browsern sind beispielsweise die Ereignisse *onMouseOver* und *onClick* Hyperlinks zugeordnet, während das Ereignis *onLoad* Bildern und dem BODY-Abschnitt des Dokuments zugeordnet ist.

Eine Aktion besteht aus JavaScript-Code, der einen bestimmten Vorgang ausführt, zum Beispiel das Anzeigen oder Ausblenden einer Grafik. Ein einzelnes Ereignis kann mehrere Aktionen auslösen. Die Reihenfolge der Ausführung dieser Aktionen können Sie selbst festlegen.

Mit Ebenen arbeiten

Eine Ebene ist ein Container in einer Webseite, der HTML-Elemente enthält. Mit Ebenen haben Sie zusätzliche, flexible Objekte für dynamische Seitenfunktionen.

Ebenen und HTML

Wenn Sie in eine Webseite Ebenen einfügen, fügt Dreamweaver das entsprechende HTML-Tag für diese Ebenen in den Code ein. Leider ist der HTML-Standard hier nicht ganz eindeutig: Für Ebenen können Sie vier verschiedene Tags festlegen: DIV, SPAN, LAYER und ILAYER.

DIV und SPAN sind die am häufigsten verwendeten Tags. Durch ihre Verwendung stellen Sie sicher, dass die Ebenen von den meisten Besuchern Ihrer Website angezeigt werden können. Sowohl Microsoft Internet Explorer ab Version 4.0 als auch Netscape Navigator ab Version 4.0 unterstützen Ebenen, die mit DIV und SPAN erstellt wurden.

Ebenen, die mit den Tags LAYER und ILAYER erstellt wurden, werden nur von Netscape Navigator 4.0 unterstützt (Netscape hat die Unterstützung dieser Tags in den neueren Browserversionen eingestellt). Die älteren Versionen beider Browser können zwar den Inhalt einer Ebene, jedoch nicht die Positionierung anzeigen.

In der Voreinstellung erstellt Dreamweaver Ebenen mit dem DIV-Tag und fügt den Ebenencode an der Einfügemarke oder ganz oben auf der Seite unmittelbar nach dem BODY-Tag ein. Bei einer verschachtelten Ebene wird der Code innerhalb des Tags eingefügt, das die übergeordnete Ebene definiert.

Die Position der Ebenen auf der Seite können Sie anhand von Eigenschaften festlegen. Zu den Positionierungseigenschaften der Ebenen gehören links und oben (X- und Y-Koordinaten), Z-Index (auch Stapelreihenfolge genannt) und die Sichtbarkeit. Weitere Informationen finden Sie unter *Ebeneneigenschaften* festlegen.

Ebenen einfügen

Ebenen werden präzise auf der Seite gezeichnet. Dabei können Sie beliebig viele Ebenen erzeugen, um alle Seitenelemente aufzunehmen. Außerdem können Sie eine Ebene innerhalb einer anderen Ebene zeichnen (verschachteln), Ebenen übereinander legen (stapeln) oder bestimmte Ebenen aus- oder einblenden.

Jede Ebene, die Sie auf der Seite erstellen, hat Standardeigenschaften wie zum Beispiel Tag, Sichtbarkeit, Höhe und Breite. Um die Standardeigenschaften zu ändern, wählen Sie *Bearbeiten >Voreinstellungen > Ebenen*.

Sollen sich die erstellten Ebenen nicht überlappen, aktivieren Sie im Bedienfeld *Ebenen (Fenster > Andere > Ebenen)* das Kontrollkästchen *Überlappungen verhindern* oder wählen Sie *Modifizieren > Anordnen > Ebenenüberlappungen verhindern*.

Auf folgende Weise wird eine Ebene gezeichnet:

Klicken Sie in der Befehlsleiste auf die Schaltfläche *Ebene zeichnen* und zeichnen Sie die Ebene im Dokumentfenster mit gedrückter Maustaste.

> **Hinweis**
>
> Sie zeichnen in einem Arbeitsgang mehrere Ebenen, indem Sie während des Zeichnens die Taste (Strg) gedrückt halten.

Wenn Sie die Option *Unsichtbare Elemente* aktiviert haben, wird im Dokumentfenster ein Ebenensymbol angezeigt, sobald Sie auf der Seite eine Ebene zeichnen. Sind keine Ebenensymbole sichtbar, wählen Sie *Ansicht > Visuelle Hilfsmittel > Unsichtbare Elemente*, um sie einzublenden. Wenn diese Option aktiviert ist, verschieben sich die Positionen der Elemente auf der Seite. Dies ist jedoch nur im Dokumentfenster so. Wenn Sie Ihre Seite in einem Browser anzeigen, stimmt das Layout wieder.

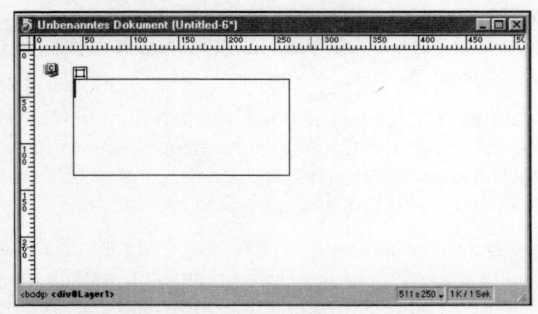

Eine Ebene in der Standardansicht

Ebenen bearbeiten

Ebenen werden auf dieselbe Weise wie Layoutzellen bearbeitet:

◆ Ein Klick auf den Rand markiert eine Ebene. Sie erkennen eine markierte Ebene an den Anfasserquadraten.

◆ Durch Ziehen mit der Maus am Rand der Ebene verschieben Sie sie auf eine andere Position.

◆ Durch Ziehen mit der Maus an den Anfasserquadraten verändern Sie die Größe einer Ebene.

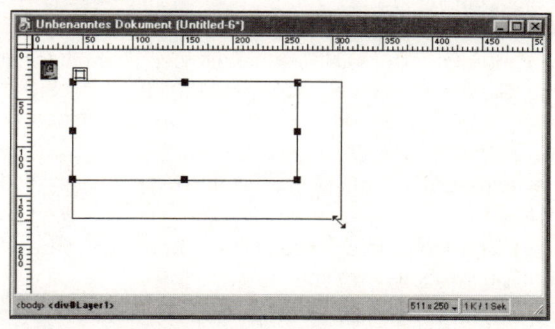

Skalieren einer Ebene

Ebenen formatieren

Mithilfe des Eigenschafteninspektors legen Sie den Namen und die Position einer Ebene und weitere Ebenenoptionen fest. Klicken Sie unten rechts im Eigenschafteninspektor auf den Erweiterungspfeil, damit alle Eigenschaften angezeigt werden.

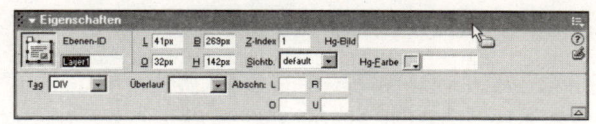

Eigenschaften einer Ebene

◆ *Ebenen-ID* ermöglicht es Ihnen, einen Namen einzugeben, um die Ebene im Bedienfeld *Ebenen* und für die Skriptverarbeitung zu kennzeichnen. Für Ebenennamen sind nur Standardzeichen zulässig. Verwenden Sie keine Sonderzeichen, Leerzeichen, Bindestriche, Schrägstriche oder Punkte. Jede Ebene muss einen eigenen eindeutigen Namen haben.

◆ *L* und *O* geben die Position der Ebene zur linken oberen Ecke der Seite oder der übergeordneten Ebene an.

◆ B und H geben die Breite und die Höhe der Ebene an.

> **Hinweis**
>
> Wenn Sie DIV oder SPAN als Standard-Tag festgelegt haben, werden die Werte für Position und Größe in Pixel (px) angegeben. Sie können auch folgende Maßeinheiten festlegen: Pica, Punkt, Zoll, mm, cm oder % (Prozentsatz vom Wert des übergeordneten Elements). Zwischen Abkürzung und Wert darf kein Leerzeichen stehen. Eine korrekte Eingabe ist zum Beispiel „3mm".

- *Überlauf* legt fest, wie Ebenen sich verhalten, wenn der Inhalt die Ebenengröße überschreitet.
- *Z-Index* bestimmt die Stapelreihenfolge der Ebene. Ebenen mit höheren Nummern werden über Ebenen mit kleineren Nummern angezeigt.
- *Sichtb.* bestimmt den Anfangsstatus für die Sichtbarkeit der Ebenen (sichtbar bzw. unsichtbar). Mit einer Skriptsprache wie JavaScript können Sie die Sichtbarkeitseigenschaften steuern und den Inhalt der Ebenen dynamisch anzeigen.
- *Hg-Bild* gibt ein Hintergrundbild für die Ebene an. Klicken Sie auf das Ordnersymbol, um eine Bilddatei auszuwählen oder geben Sie im Textfeld einen Pfad für das Bild ein.
- *Hg-Farbe* gibt eine Hintergrundfarbe für die Ebene an. Lassen Sie dieses Feld leer, wenn der Hintergrund durchsichtig sein soll.
- *Tag* legt das zu verwendende HTML-Tag fest. Es sollten nur DIV benutzt werden.
- *Abschneiden* definiert den sichtbaren Bereich einer Ebene und kann zum Abschneiden von Inhalten an den Kanten der Ebene verwendet werden. Geben Sie die Werte für den Abstand vom Rand in Pixeln an. Die Einstellungen O (oben) und L (links) sind relativ zur Ebene, nicht zur Seite.

Interaktivität mit Verhalten

Durch das Einfügen eines Verhaltens in ein Objekt können Sie auf bestimmte Ereignisse wie *onMouseOver* oder *onClick* reagieren. Alle Reaktionen auf diese Ereignisse werden über das Bedienfeld *Verhalten* (in der Bedienfeldgruppe *Design*) eingefügt. Mit diesem Bedienfeld definieren Sie für einzelne Seitenelemente oder Tags ein Verhalten und ändern die Parameter eines zuvor definierten Verhaltens. Mit dem Menübefehl *Fenster > Verhalten* können Sie das Bedienfeld *Verhalten* ein- bzw. ausblenden.

Das Bedienfeld *Verhalten*

Die Verhaltenliste im Hauptbereich des Bedienfelds listet in alphabetischer Reihenfolge alle Verhalten zum aktuell ausgewählten Seitenelement. Wurden für ein Ereignis mehrere Aktionen definiert, werden sie in der Reihenfolge der Auflistung ausgeführt.

8. Ebenen und Animationen

Das Bedienfeld *Verhalten* kennt folgende Befehle:

- Das Plussymbol zeigt ein Popupmenü mit Aktionen, die das ausgewählte Element ausführen kann. Nach Auswahl einer Aktion erscheint ein Dialogfeld, in dem Sie Parameter für die Aktion angeben. Ein Hinweis: Wenn alle Aktionen hellgrau dargestellt werden, erzeugt das ausgewählte Element keine Ereignisse.
- Das Minussymbol entfernt das ausgewählte Verhalten (Ereignis und Aktion) aus der Verhaltenliste.
- Die beiden Pfeilsymbole verschieben die ausgewählte Aktion in der Liste der Verhalten nach oben oder nach unten.

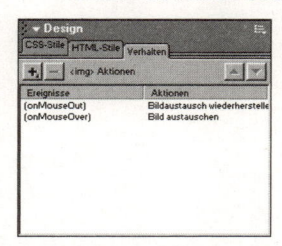

Das Bedienfeld Verhalten

Hinweis

Die Aktionen für ein Ereignis werden in der durch die Verhaltensliste angegebenen Reihenfolge ausgeführt. Die Reihenfolge der Aktionen kann aber nur für jeweils ein Ereignis geändert werden. Ein Beispiel: Sie können nur die Reihenfolge ändern, in der Aktionen für das *onLoad*-Ereignis abgearbeitet werden. Sie können aber zum Beispiel nicht ein bestimmtes *onMouseOver*-Ereignis vor einem *onLoad*-Ereignis abarbeiten lassen.

Das Ereignismenü

Das Ereignismenü wird angezeigt, wenn Sie in der Verhaltenliste auf die Pfeilschaltfläche neben dem Ereignis klicken. Es enthält alle Ereignisse, die die Aktion auslösen können. Abhängig davon, welches Objekt ausgewählt wurde, können verschiedene Ereignisse angezeigt werden.

Hinweis

Ereignisse in Klammern sind nur für Hyperlinks verfügbar. Wenn Sie einen dieser Ereignisnamen auswählen, wird dem ausgewählten Seitenelement automatisch ein Hyperlink ohne Zieladresse hinzugefügt. Das Verhalten wird dann für diesen Hyperlink definiert und nicht für das Element selbst. Im HTML-Code sieht ein solcher Null-Hyperlink wie folgt aus: *<a href=„javascript:;">*.

Das Untermenü *Ereignisse zeigen für* gibt die Browser an, in denen das aktuelle Verhalten ausgeführt werden kann. Die Auswahl bestimmt, welche Ereignisse angezeigt werden. Ältere Browser unterstützen in der Regel weniger Ereignisse als neuere Versionen. Ein Beispiel: Wenn Sie *Browser ab 3.0* wählen, können Sie nur Ereignisse nutzen, die in allen Versionen von Netscape Navigator und Microsoft Internet Explorer seit Version 3.0 verfügbar sind.

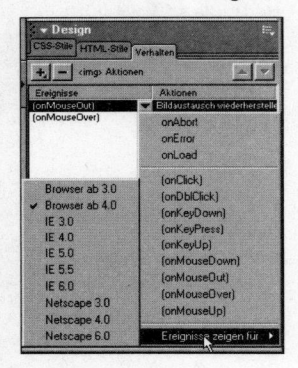

Das Ereignismenü

Ereignisse

Wenn ein Besucher auf einer Webseite bestimmte Vorgänge ausführt und beispielsweise auf ein Bild klickt, erzeugt der Browser Ereignisse. Mit diesen Ereignissen können JavaScript-Funktionen aufgerufen werden, die eine Aktion auslösen. Dreamweaver kennt zahlreiche Aktionen, die mit diesen Ereignissen ausgelöst werden können.

Die folgende Tabelle gibt einen knappen Überblick über die Ereignisse, die Sie in Dreamweaver nutzen können.

Das Ereignis	wird ausgelöst durch
onAbort	Ende einer Aktion
onBlur	das Deaktivieren eines Elements
onChange	Änderung eines Elements
onClick	Anklicken eines Elements
onDblClick	Doppelklicken eines Elements
onError	einen Fehler
onFocus	das Aktivieren eines Elements
onKeyDown	eine niedergedrückte Taste
onKeyPress	eine gedrückt gehaltene Taste
onKeyUp	eine losgelassene Taste

Das Ereignis	wird ausgelöst durch
onLoad	das Laden der Webseite
onMouseDown	eine gedrückte Maustaste
onMouseMove	eine Mausbewegung
onMouseOut	das Verlassen des Elements mit der Maus
onMouseOver	das Überfahren des Elements mit der Maus
onMouseUp	eine losgelassene Maustaste
onReset	das Zurücksetzen des Formulars
onSelect	das Markieren von Text
onSubmit	das Absenden des Formulars
onUnload	das Verlassen der Webseite

Verhalten anwenden

Ein Verhalten können Sie für ein ganzes Dokument (im BODY-Tag), Hyperlinks, Bilder, Formularelemente und eine Reihe weiterer HTML-Elemente definieren. Welche Ereignisse für ein bestimmtes Element unterstützt werden, ist von der Wahl des Zielbrowsers abhängig.

Jedem Ereignis können mehrere Aktionen zugeordnet werden. Aktionen werden in der Reihenfolge ausgeführt, in der sie in der Spalte *Aktionen* des Bedienfelds *Verhalten* aufgelistet sind. So fügen Sie ein Verhalten an:

1. Wählen Sie ein Element auf der Seite aus, z.B. ein Bild oder einen Hyperlink. Soll das Verhalten für eine ganze Seite definiert werden, klicken Sie in der Markierungsleiste unten links im Dokumentfenster auf das Tag *<body>*.

2. Klicken Sie auf die Schaltfläche mit dem Pluszeichen, und wählen Sie eine Aktion aus dem Popupmenü. Aktionen, die in diesem Menü hellgrau dargestellt sind, können nicht gewählt werden.

3. Wenn Sie eine Aktion auswählen, wird ein Dialogfeld mit Parametern und Anweisungen für die Aktion angezeigt. Geben Sie Parameter für die Aktion ein, und klicken Sie auf *OK*.

Hinweis

Zuerst wird das Standardereignis der Aktion angezeigt. Wenn es sich hierbei nicht um das gewünschte auslösende Ereignis handelt, wählen Sie im Popupmenü *Ereignisse* (Pfeilschaltfläche rechts neben dem Ereignisnamen) ein anderes Ereignis aus.

Verhalten und Text

Für Text-Tags wie P oder SPAN kann kein Verhalten definiert werden, da sie keine Ereignisse erzeugen. Sie können allerdings für Hyperlinks Verhalten definieren. Um für Text ein Verhalten zu definieren, können Sie für den Text also einfach einen Hyperlink hinzufügen, der auf nichts verweist und dann für diesen Hyperlink das Verhalten definieren.

Der Text wird allerdings als Hyperlink angezeigt. Soll er nicht wie ein Hyperlink aussehen, können Sie die Farbe ändern und die Unterstreichung entfernen. Dies erreichen Sie, indem Sie in der Codeansicht in den Hyperlink das Attribut *style=„text-decoration: none; color:black"* einfügen.

Bildwechsel unter dem Mauszeiger

Ein sehr einfaches Verhalten, das aber die Arbeitsweise beim Einfügen eines Verhaltens gut definiert, ist ein Bildwechsel bei einem *onMouseOver*-Ereignis. Dafür benötigen Sie zwei Bilddateien, die Sie mit Fireworks erzeugen können. Für das Anwendungsbeispiel wird eine Grafik durch ein Negativbild ihrer selbst ersetzt:

1. Fügen Sie die Ausgangsgrafik wie gewohnt ein.

2. Markieren Sie die Grafik, aktivieren Sie das Bedienfeld *Design > Verhalten*, und klicken Sie auf das Plussymbol.

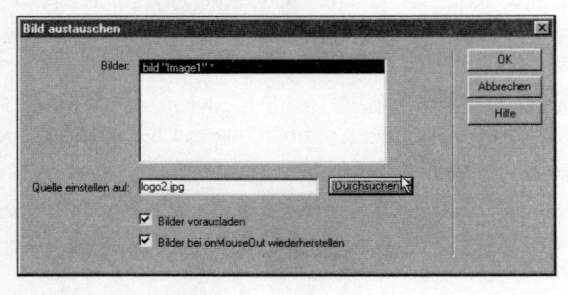

Das Ereignis definieren

3. Wählen Sie aus dem Verhaltensmenü den Eintrag *Bild austauschen*. Dreamweaver zeigt nun einen Dialog, indem Sie das Bild angeben, das als *MouseOver*-Bild agieren soll.

4. Klicken Sie auf *OK*, um das Verhalten einzufügen.

8. Ebenen und Animationen 153

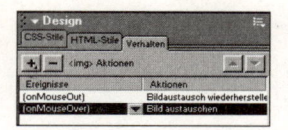

Die Ereignisse für einen Bildwechsel

Dreamweaver fügt zusätzlich zum Verhalten *Bild austauschen* auch das Verhalten *Bildaustausch wiederherstellen* ein. Dies ist notwendig, damit das Originalbild nach dem Verschwinden des Mauszeigers aus dem Bildbereich wieder zu sehen ist. Sie können die Parameter zu diesem Ereignis später verändern, indem Sie einfach darauf doppelklicken.

> **Hinweis**
>
> Benutzen Sie das Verhalten *Bild austauschen*, um aus einfachen Grafiken mausaktive Schaltflächen für Hyperlinks zu machen. Sie können damit zum Beispiel eine Navigationsleiste aus gescannten Fotos aufbauen, indem Sie bei *MouseOver* die Bilder durch anders eingefärbte Fotografien ersetzen.

Animationen mit der Zeitleiste

Als Animation wird zumeist ein automatisch und oft ohne Benutzereingriff ablaufender Prozess bezeichnet. Das kann eine Art „Minifilm" sein oder ein Seitenelement, das sich selbsttätig im Browser-Fenster bewegt.

Die Dreamweaver-Zeitleiste

Das wichtigste Dreamweaver-Werkzeug für Animationen ist die Zeitleiste.

Eine Zeitleiste ist eine Anweisung für Dreamweaver, welche Aufgaben es mit welchen Objekten in einem bestimmten Zeitraum erledigen soll. Sie dient zum Organisieren und Steuern des zeitlichen Ablaufs einer Animation.

Ein Beispiel: Eine Zeitleiste könnte festlegen, dass ein Bild alle zwei Sekunden automatisch gegen ein anderes ausgetauscht wird und das nach weiteren zwei Sekunden das Originalbild wiederhergestellt wird.

Sie bearbeiten Zeitleisten im gleichnamigen Bedienfeld, das Sie mit dem Menübefehl *Fenster > Andere > Zeitleisten* ein- bzw. ausblenden können. Es besteht aus einer Tabelle mit Zeilen und Spalten sowie verschiedenen Steuerelementen.

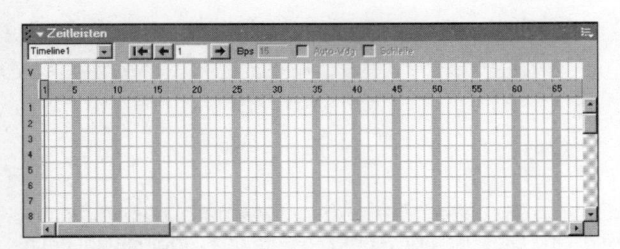

Das Bedienfeld Zeitleisten

- Die nummerierten Spalten entsprechen den Einzelbildern einer Animation. Entscheidend für die Ablaufgeschwindigkeit ist dabei die Bildrate, die in der Vorgabe auf 15 Einzelbilder pro Sekunde eingestellt ist. Das erste Einzelbild (Spalte 1) entspricht üblicherweise dem Zeitpunkt, an dem die Seite erstmals angezeigt wird.
- Die nummerierten Zeilen heißen *Animationskanäle* und nehmen HTML-Objekte auf, die als Streifen dargestellt werden. Die Bezeichnung dafür ist *Animationsleiste*. Die Länge der Animationsleiste entspricht der Sichtbarkeitsdauer eines Objekts. Ein Beispiel: Um ein Objekt nach einer Sekunde einzublenden und nach einer weiteren Sekunde wieder auszublenden, müssen Sie es bei der Spalte 15 einfügen und die Animationsleiste bis zur Spalte 30 verlängern.
- Die Zeile mit der Beschriftung „V" heißt *Verhaltenskanal* und nimmt Verhalten (Ereignisse mit Aktionen) auf und stellt sie ebenfalls als Streifen dar. Auf einer Zeitleiste können Sie ein Verhalten also automatisch ablaufen lassen und dabei zeitlich begrenzen.

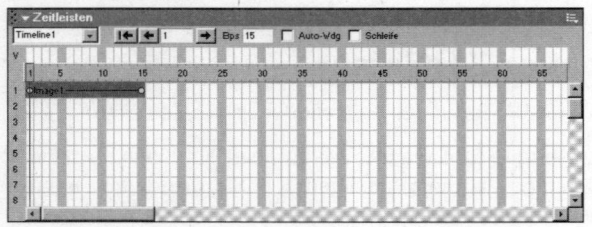

Die Zeitleiste mit einer Grafik als Animationsleiste

Sie fügen ein Objekt in eine Zeitleiste ein, indem Sie es im Dokument markieren und dann mit gedrückter Maustaste auf die Zeitleiste ziehen. Sobald Sie dies getan haben, erzeugt Dreamweaver auf der Zeitleiste eine Animationsleiste mit einer Länge von 15 Einzelbildern. Gleichzeitig wird die Abspielmarkierung bei Spalte 1 angezeigt.

- Die Abspielmarkierung zeigt, welches Bild der Zeitleiste momentan im Dokumentfenster angezeigt wird. Sie wird durch Anklicken der nummerierten Spaltenköpfe auf ein anderes Bild versetzt. Die aktuelle Bildnummer sehen Sie im Feld zwischen den Rückspul- und Abspielschaltflächen im oberen Bereich der Zeitleiste.

8. Ebenen und Animationen *155*

- Jede Animationsleiste enthält am Anfang und am Ende eine besondere Bildmarkierung aus kleinen Kreisen, die ein so genanntes *Schlüsselbild* anzeigt. Schlüsselbilder sind Bilder, für die Sie bestimmte Objekteigenschaften (z.B. die Position) festgelegt haben. Dreamweaver berechnet die Werte für die Bilder dazwischen. Um ein Objekt in einer Animationsleiste zu verändern, müssen Sie zunächst ein Schlüsselbild einfügen.

> **Hinweis**
> Animationsleisten werden durch Ziehen mit der Maus verschoben und können an den linken und rechten Rändern verlängert oder verkürzt werden.

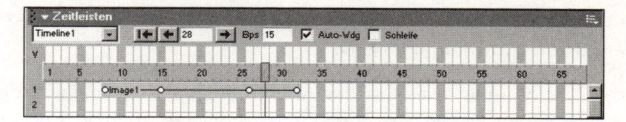

Eine veränderte Animationsleiste mit zusätzlichen Schlüsselbildern

- Klicken Sie die Option *Auto-Wdg* an, wenn die Animation in dieser Zeitleiste automatisch beim Öffnen der Seite gestartet werden soll. Ansonsten benötigen Sie ein auslösendes Ereignis – zum Beispiel ein Klick auf eine Schaltfläche.
- Klicken Sie die Option *Schleife* an, wenn die Animation endlos wiederholt werden soll.
- Geben Sie der Zeitleiste in der Dropdown-Liste einen anderen Namen als den Vorgabenamen *Timeline1*.
- Sie können mit dem Befehl *Modifizieren > Zeitleiste > Zeitleiste hinzufügen* mehrere Zeitleisten erzeugen, um verschiedene Animationen auf der Seite einzufügen.

Ein automatisches Wechselbild

Eine der einfachsten möglichen Animationen ist ein automatisches Wechselbild, das im Sekundenrythmus zwischen zwei Motiven wechselt:

1. Öffnen Sie das Bedienfeld *Zeitleisten* mit Fenster > Andere > Zeitleisten.
2. Fügen Sie die Grafik in das Dokument ein, klicken Sie sie an und ziehen Sie sie mit der Maus in die Zeitleiste.
3. Positionieren Sie den linken Rand der Animationsleiste auf Bild 1.
4. Ziehen Sie die Animationsleiste am rechten Rand bis auf eine Länge von 30 Bildern auf.

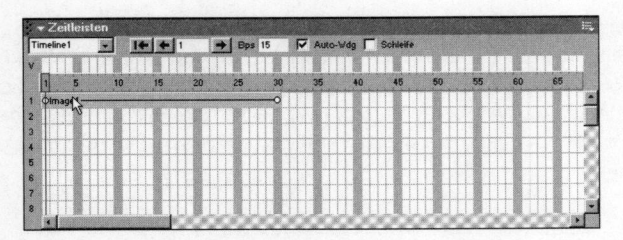

Eine Animationsleiste mit 30 Bildern

Die Animationsleiste besitzt je ein Schlüsselbild am Anfang und am Ende. Um das Bild nach einer Sekunde zu wechseln, benötigen Sie ein weiteres Schlüsselbild, dem Sie ein Verhalten zuordnen können.

5. Markieren Sie Bild 15 durch einen Klick in der Animationsleiste, und klicken Sie mit rechts. Wählen Sie *Schlüsselbild hinzufügen*. Dreamweaver zeigt in der Animationsleiste bei Bild 15 einen Kreis, der ein neues Schlüsselbild symbolisiert.

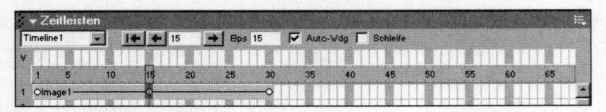

Das neue Schlüsselbild

6. Klicken Sie im Verhaltenskanal auf der Zelle für Bild 15.
7. Öffnen Sie das Bedienfeld *Verhalten,* klicken Sie auf dem Plussymbol und fügen Sie das Verhalten *Bild austauschen* ein.
8. Geben Sie im Dialogfeld das Austauschbild an, und klicken Sie auf *OK.*

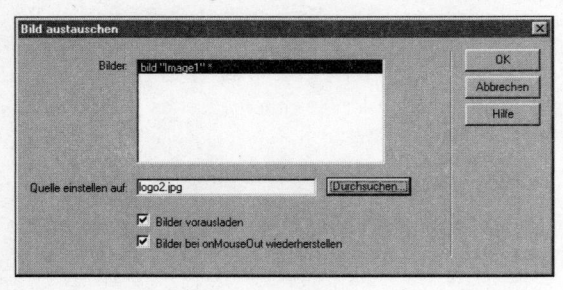

Das Austauschbild angeben

8. Ebenen und Animationen

Dreamweaver fügt eine Verhaltensleiste in der Länge eines Bildes in den Verhaltenskanal ein. In diesem Fall wird bei Bild 15 das Bild gegen ein anderes ausgetauscht.

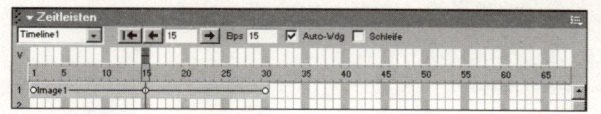

Das Verhalten in der Zeitleiste

Wenn Sie das Verhalten im Verhaltenskanal anklicken, wird es markiert und erscheint im Bedienfeld *Verhalten*.

Das Verhalten der Zeitleiste im Bedienfeld Verhalten

> **Hinweis**
>
> Das Ereignis zu einem Einzelbild heißt zum Beispiel *onFrame15*. Sie können für eine Zeitleiste keine anderen Ereignisse auswählen. Dreamweaver generiert aus dem Verhalten, der Zeitleiste sowie den Angaben zu den Schlüsselbildern ein kleines JavaScript-Programm, das die Animation abspielt.

Damit die Animation auch tatsächlich wie erwartet funktioniert, muss nach einer Sekunde das Ursprungsbild wiederhergestellt werden.

1. Markieren Sie Bild 30 im Verhaltenskanal, und fügen Sie das Verhalten *Bildaustausch wiederherstellen* ein.

2. Aktivieren Sie die beiden Optionen *Auto-Wdg* und *Schleife*, damit die Animation direkt beim Laden der Seite ausgeführt wird und solange dauert, bis die Seite nicht mehr angezeigt wird.

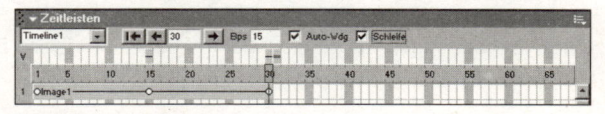

Die endgültige Animation

Die Option *Schleife* fügt das Verhalten *Gehe zu Zeitleistenbild* hinter das letzte Bild in den Verhaltenskanal ein. Doppelklicken Sie im Bedienfeld *Verhalten* auf das Verhalten, um die Parameter zu bearbeiten und die Anzahl an Schleifen zu ändern.

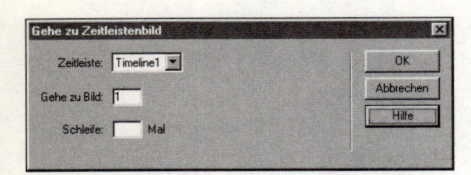

Das Verhalten Gehe zu Zeitleistenbild *ändern*

> **Hinweis**
>
> Sie können mit der Aktion *Gehe zu Zeitleistenbild* beliebige Abschnitte der Zeitleiste wiederholen, einen Hyperlink oder eine Schaltfläche zum Zurückspulen erstellen oder Benutzer an verschiedene Stellen der Animation leiten.

Durch die Aktion *Gehe zu Zeitleistenbild* springt die Wiedergabefunktion zu einem bestimmten Bild. Das Dialogfeld *Gehe zu Zeitleistenbild* bietet die folgenden Optionen:

- Wählen Sie im Popupmenü *Zeitleiste* eine Zeitleiste aus.
- Geben Sie im Textfeld *Gehe zu Bild* eine Bildnummer ein.
- Geben Sie im Textfeld *Schleife* ein, wie oft das Segment die Schleife durchlaufen soll. Lassen Sie das Textfeld leer, um die Schleife endlos zu wiederholen.

Um die Animation anzusehen, rufen Sie den Menübefehl *Datei > Vorschau in Browser* auf, und wählen Sie im nachfolgenden Untermenü den gewünschten Browser aus.

Ein Bild auf der Zeitleiste bewegen

Eine weitere, relativ einfache Animation ist das Bewegen eines Bildes über einen so genannten Pfad.

> **Hinweis**
>
> Die einzigen beweglichen Objekte in Dreamweaver sind Ebenen. Da Sie aber jedes andere HTML-Objekt in eine Ebene einfügen können, sind somit alle Objekte (Text, Bilder, Tabellen) mittelbar durch Ebenen in einer Animation zu nutzen.

Um ein Bild animieren zu können, benötigen Sie zunächst eine Ebene, die dieses Bild enthält.

1. Zeichnen Sie eine Ebene und verschieben Sie sie an die gewünschte Startposition – zum Beispiel indem Sie im Eigenschafteninspektor eine linke und obere Position von 1 eingeben.
2. Klicken Sie in der Ebene, sodass der Cursor dort erscheint.
3. Fügen Sie die Grafik ein, und merken Sie sich die Größe der Grafik.

8. Ebenen und Animationen

159

4. Klicken Sie in der Markierungsleiste am unteren Rand des Dreamweaver-Fensters den <div>-Tag an, der das HTML-Äquivalent der Ebene ist.
5. Geben Sie der Ebene im Eigenschafteninspektor die gleiche Größe wie die Grafik.

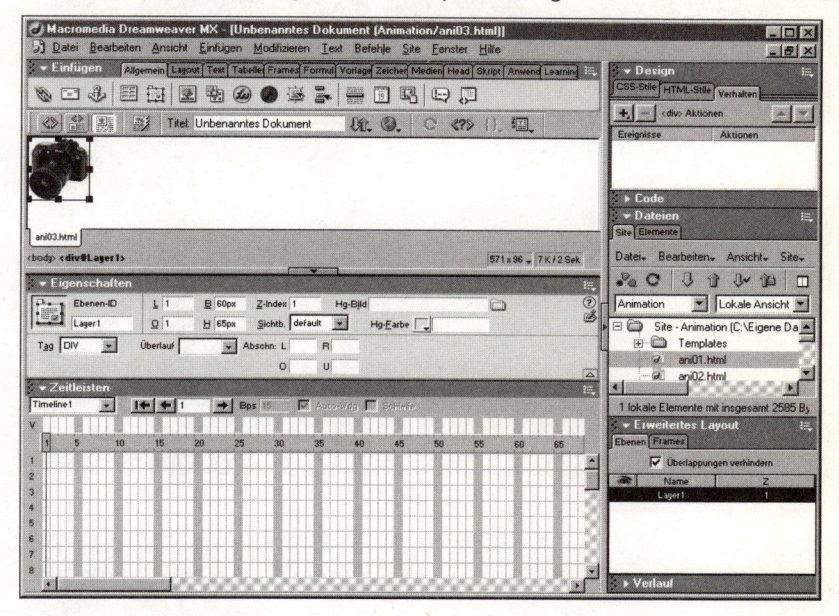

Eine Grafik in einer Ebene

6. Achten Sie darauf, dass die Ebene (der DIV-Tag) markiert ist, und ziehen Sie sie in die Zeitleiste.
7. Verlängern Sie die Animationsleiste bis zu Bild 30, und markieren Sie in der Animationsleiste Bild 30 durch einen Mausklick. Damit haben Sie gleichzeitig das zweite, automatisch eingefügte Schlüsselbild markiert.

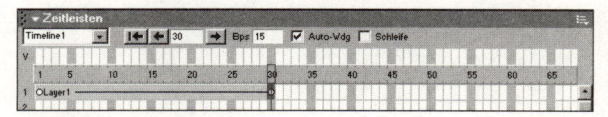

Eine Ebene in der Zeitleiste

8. Achten Sie darauf, dass das Schlüsselbild markiert ist, und ziehen Sie die Ebene auf eine andere Position im Dokumentfenster.
9. Aktivieren Sie zudem in der Zeitleiste die Kontrollkästchen *Auto-Wdg* und *Schleife*.

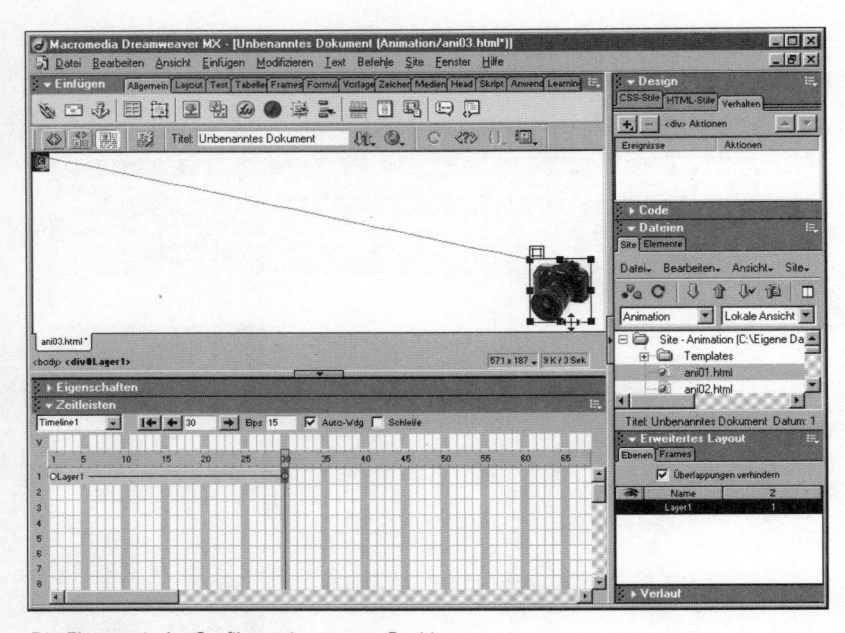

Die Ebene mit der Grafik an einer neuen Position

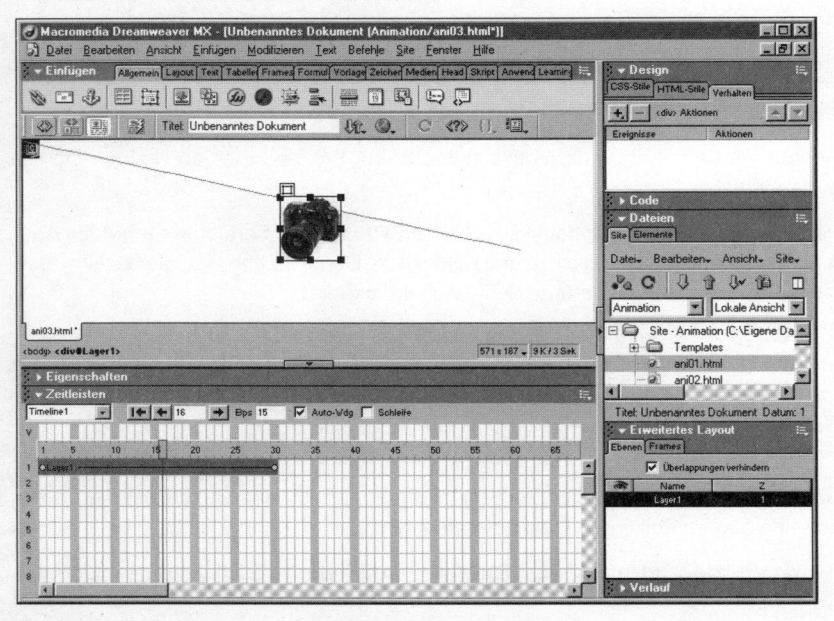

Die Ebene an einer Position auf dem Animationspfad

8. Ebenen und Animationen

Beim Ziehen der Ebene zeichnet Dreamweaver eine Linie, die im Browser ebenso wie Ebenenränder unsichtbar ist. Sie symbolisiert den so genannten *Animationspfad*, der den „Weg" der Ebene über die Webseite anzeigt. Um die Animation anzusehen, rufen Sie den Menübefehl *Datei > Vorschau in Browser* auf, und wählen Sie im nachfolgenden Untermenü den gewünschten Browser aus. Dreamweaver benötigt für eine einfache Animation der geschilderten Art nur zwei Angaben: die Startposition und die Endposition. Diese beiden Angaben entsprechen den beiden automatisch erzeugten Schlüsselbildern einer Animationsleiste. Alle „Zustände" zwischen den beiden Schlüsselbildern werden von Dreamweaver selbsttätig erzeugt.

> **Hinweis**
>
> Die Animation dauert 30 Bilder, also 2 Sekunden. Damit die Grafik nicht im Eiltempo über die Seite fliegt, können Sie bei Bedarf einfach die Animationsleiste verlängern. Dies verändert nicht den Animationspfad.

Animationen mit mehr als zwei Schlüsselbildern

Wenn sich eine Ebene nicht in gerader Linie, sondern entlang einer Kurve bewegen soll, benötigen Sie mehr als nur die zwei Schlüsselbilder für Start- und Endposition. Ein Beispiel: Fügen Sie ein neues Schlüsselbild bei Bild 15 ein.

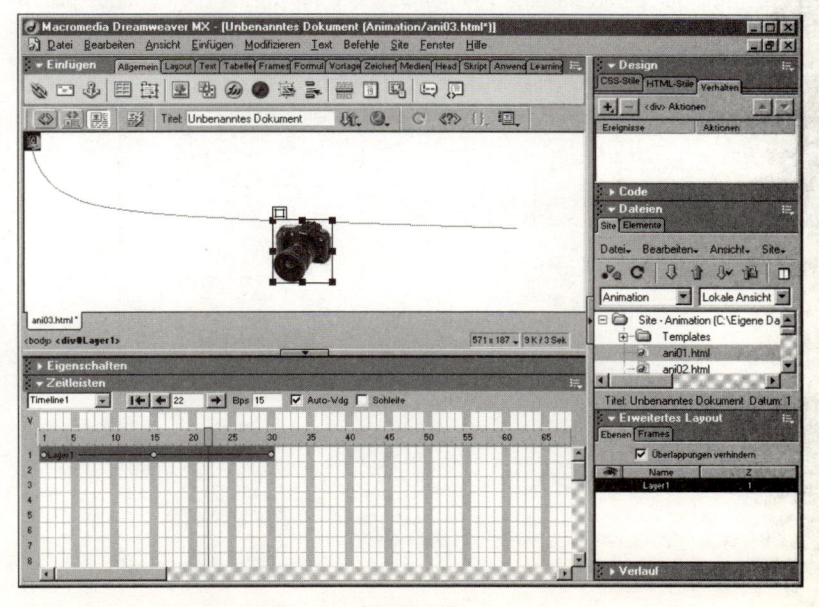

Ein Animationspfad mit mehr als zwei Schlüsselbildern

1. Klicken Sie Bild 15 an, und klicken Sie dann mit rechts. Wählen Sie *Schlüsselbild hinzufügen* aus dem Kontextmenü.

2. Markieren Sie das Schlüsselbild in Bild 15, und verschieben Sie die Ebene auf eine neue Position. Markieren Sie außerdem das letzte Schlüsselbild, und verschieben Sie die Ebene ebenfalls auf eine neue Position.

Um die Animation anzusehen, rufen Sie den Menübefehl *Datei > Vorschau in Browser* auf, und wählen Sie im nachfolgenden Untermenü den gewünschten Browser aus.

Animationspfade zeichnen

Wenn die Ebene eine komplizierte Bewegung ausführen soll, ist es einfacher, den Pfad beim Ziehen der Ebene aufzuzeichnen und keine einzelnen Schlüsselbilder zu erzeugen.

1. Wählen Sie eine Ebene aus und verschieben Sie sie an die Stelle, an der sie sich zu Beginn der Animation befinden soll.
2. Achten Sie darauf, dass die Ebene (der DIV-Tag) markiert ist, und wählen Sie *Modifizieren > Zeitleiste > Pfad der Ebene aufzeichnen*.
3. Ziehen Sie die Ebene mit gedrückter Maustaste über die Seite, um einen Pfad zu zeichnen.
4. Lassen Sie die Ebene an der Stelle los, an der die Animation enden soll.

Dreamweaver fügt der Zeitleiste eine Animationsleiste hinzu, die die richtige Anzahl an Schlüsselbildern enthält. Um die Animation anzusehen, rufen Sie den Menübefehl *Datei > Vorschau in Browser* auf, und wählen Sie im nachfolgenden Untermenü den gewünschten Browser aus.

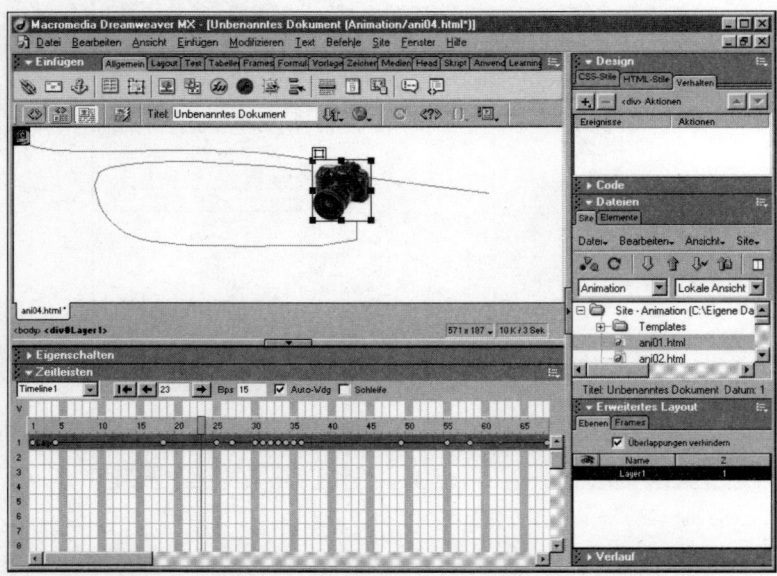

Ein aufgezeichneter Animationspfad mit mehreren Schlüsselbildern

9. Formulare

Formulare nehmen Eingaben vom Benutzer entgegen. Dafür können Sie unterschiedliche Objekte benutzen, die eine Interaktion mit dem Benutzer ermöglichen: Textfelder, Listenfelder, Kontrollkästchen und Optionsschalter. Diese Formularobjekte entsprechen im Prinzip den Steuerelementen für Dialogfelder in Anwendungen.

Außerdem kann ein Formular Parameter enthalten, mit denen Sie die Formulardaten an eine Server-Anwendung übergeben, die die Daten verarbeitet. Der Server antwortet, indem er Informationen zurück zum Benutzer sendet oder basierend auf dem Inhalt der Formulare eine Aktion ausführt.

Diese Informationen werden oft von einem CGI-Skript (Common Gateway Interface) oder Skripten von ColdFusion, PHP, Java Server Pages (JSP) oder Active Server Pages (ASP) verarbeitet. Ohne ein Skript oder eine Anwendung auf dem Server können Sie keine Formulardaten nutzen.

Formulare erzeugen

Das Erzeugen eines Formulars geschieht in zwei Schritten: Zunächst erzeugen Sie einen Formularbereich, anschließend fügen Sie die Formularobjekte ein.

Auf folgende Weise fügen Sie ein Formular in ein Dokument ein:

1. Platzieren Sie den Cursor an der Stelle, an der das Formular erscheinen soll.
2. Wählen Sie *Einfügen > Formular*. Dreamweaver fügt nun ein Formular ein. In der Entwurfsansicht werden Formulare mit einem rot gepunkteten Rahmen dargestellt. Der Rahmen ist nur sichtbar, wenn Sie *Ansicht > Visuelle Hilfsmittel > Unsichtbare Elemente* gewählt haben.
3. Klicken Sie im Dokumentfenster auf den Formularrahmen, um das Formular auszuwählen.
4. Geben Sie im Feld *Formularname* des Eigenschafteninspektors einen eindeutigen Namen für das Formular ein.

> **Hinweis**
>
> Nur wenn Sie ein Formular benennen, können Sie mit einer Skriptsprache wie z.B. JavaScript oder VBScript darauf zugreifen. Wenn Sie keinen Namen angeben, erzeugt Dreamweaver einen automatisch durchnummerierten Namen abhängig von der Anzahl der Formulare auf einer Seite.

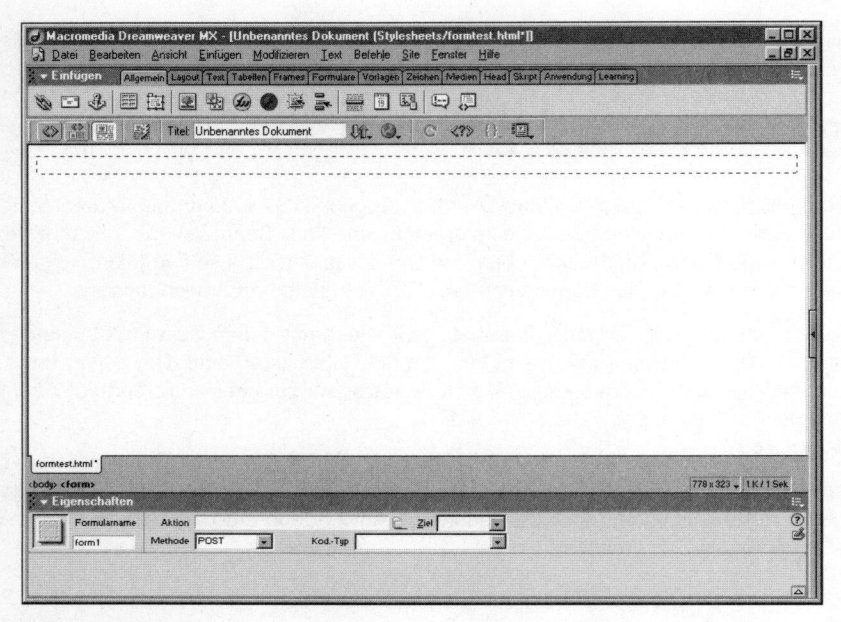

Ein leeres Formular

5. Geben Sie im Feld *Aktion* den Pfad zu dem Skript an, mit dem das Formular bearbeitet wird.

6. Wählen Sie aus der Liste *Methode* die Methode, die die Formulardaten an den Server sendet.

   ▶ *POST* bettet die Formulardaten in die HTTP-Anforderung ein.
   ▶ *GET* hängt die Formulardaten an die URL an, der die Seite anfordert.
   ▶ *Standard* verwendet die Standardeinstellungen des Browsers, normalerweise GET.

Hinweis

Die Methode GET eignet sich nicht zum Senden des Inhalts großer Formulare mit vielen Textfeldern. URLs dürfen maximal 8.192 Zeichen lang sein. Anderenfalls werden Daten abgeschnitten. GET sollten Sie auch nicht verwenden, wenn Sie vertrauliche Informationen wie Kennwörter senden, da diese Methode sehr unsicher ist.

7. Im Popupmenü *Kod.-Typ* können Sie den MIME-Kodierungstyp der Daten festlegen, die zur Verarbeitung an den Server gesendet werden.

Hinweis

Bei POST ist *application/x-www-form-urlencode* die Standardkodierung. Wenn Sie eine Datei übertragen, benutzen Sie *multipart/form-data*.

9. Formulare

8. Die Liste *Ziel* legt den Frame fest, in dem die zurückgegebenen Daten angezeigt werden.

Mit diesem ersten Schritt haben Sie lediglich den Rahmen für das Formular erzeugt. Dieser Rahmen muss nun mit Formularobjekten gefüllt werden. Ein Minimalformular besteht aus mindestens zwei Formularobjekten:

▶ Mindestens ein Formularobjekt muss Daten entgegennehmen.

▶ Ein weiteres Formularobjekt muss eine Schaltfläche sein, die die Übertragung der Daten zum Server auslöst.

Die Formularleiste

Klicken Sie im Bedienfeld *Einfügen* auf das Register *Formular*. In der Leiste *Formulare* stehen Ihnen alle Formularobjekte von Dreamweaver in Form von Schaltflächen zur Verfügung.

Die Formularleiste

◆ *Formular* fügt ein Formular in das Dokument ein. Dreamweaver benutzt dafür die HTML-Tags <FORM> bzw. </FORM> und zeigt das Formular als gestrichelte rote Linie an. Alle Formularobjekte müssen innerhalb dieses Formularbereichs eingegeben werden.

◆ *Textfeld* fügt ein Feld für alphanumerischen Text ein. Der eingegebene Text kann ein- oder mehrzeilig sowie in Form von Punkten oder Sternchen für Kennwörter angezeigt werden.

◆ *Verstecktes Feld* fügt ein unsichtbares Feld in ein Dokument ein, in dem beliebige Daten gespeichert werden können.

◆ *Kontrollkästchen* fügt ein Kontrollkästchen zum Ankreuzen mehrerer Optionen aus einer Gruppe von Wahlmöglichkeiten ein.

◆ *Textbereich* fügt einen mehrzeiligen Textbereich ein, dessen exakte Größe Sie im Eigenschaftsinspektor bestimmen können.

◆ *Optionsschalter* fügt einen Optionsschalter zur Auswahl *einer* Option aus einer Gruppe von Wahlmöglichkeiten ein. Optionsschalter definieren Optionen, die sich gegenseitig ausschließen. Durch Auswählen eines Schalters wird die Auswahl aller anderen Schalter in der Gruppe aufgehoben.

◆ *Optionsschaltergruppe* fügt eine Gruppe von Optionsschaltern ein, die denselben Namen besitzen.

◆ *Liste/Menü* ermöglicht es Ihnen, in einer einfachen Liste oder einer Dropdown-Liste („Menü") mehrere Optionen zur Auswahl anzubieten. Bei einer einfachen Liste können Sie zudem mehrere Optionen auswählen.

- *Sprungmenü* fügt eine Navigationsliste oder ein Popupmenü ein. Sprungmenüs ermöglichen es Ihnen, ein Menü einzufügen, in dem jede Option einen Hyperlink zu einem Dokument oder einer Datei darstellt. (Siehe *Kapitel 7, Navigationselemente*.)
- *Bildfeld* fügt ein Bild in ein Formular ein, das anstelle einer Schaltfläche benutzt werden kann.
- *Dateifeld* fügt ein Textfeld sowie die Schaltfläche *Durchsuchen* ein. Damit können Besucher Dateien auf ihrer Festplatte suchen und auf den Server kopieren.
- *Schaltfläche* fügt eine Textschaltfläche ein, die nach einem Klick eine Aktion ausführt. Damit können zum Beispiel Formulare abgeschickt oder zurückgesetzt werden.
- *Beschriftung* fügt eine Beschriftung für ein Formularobjekt ein.
- *Feldgruppe* fügt einen Rahmen zur Gruppierung von Formularobjekten ein.

Hinweis

Formularobjekte müssen sich über einen Namen im Formular eindeutig identifizieren lassen. Namen von Formularobjekten dürfen weder Leerzeichen noch Sonderzeichen enthalten. Alphanumerische Zeichen und der Unterstrich (_) können in beliebiger Kombination verwendet werden. Der Name eines Formularobjekts ist ein Variablenname, unter dem die eingegebenen Daten des Feldes gespeichert werden.

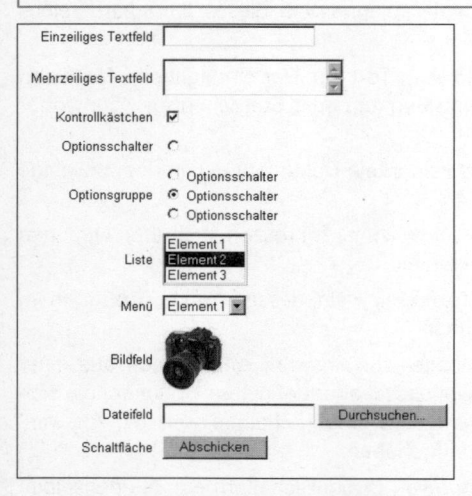

Die wichtigsten Formularobjekte im Browser

Formularobjekte einfügen

Dreamweaver MX bietet eine ganze Reihe von einfachen und zusammengesetzten Formularobjekten an, die über den Befehl *Einfügen > Formularobjekt* oder die Leiste *Formular* im Bedienfeld *Einfügen* genutzt werden können.

Textfelder einfügen

Ein Textfeld ist ein Formularobjekt, das die Eingabe von Daten aller Art entgegennimmt. Es gibt drei Arten von Textfeldern:

- *Einzeilige Textfelder* werden für einzelne Wörter oder kurze Antworten wie E-Mail-Adressen benutzt.
- *Mehrzeilige Textfelder* bieten mehr Platz zur Eingabe von Daten. Die maximale Anzahl der Zeichen sowie die Zeichenbreite des Objekts können Sie festlegen. Wenn mehr Text eingegeben wird, wird in dem Feld ein Bildlauf durchgeführt.
- *Kennwortfelder* sind eine Sonderform, bei denen die Eingaben durch Sternchen oder Punkte ersetzt werden, um die Anzeige zu verhindern. Benutzen Sie diese Felder für Kennwörter oder andere sicherheitsrelevante Daten. Beachten Sie, dass Kennwortfelder keine Daten verschlüsseln.

Auf folgende Weise fügen Sie ein Textfeld ein:

1. Achten Sie darauf, dass sich der Cursor im Formularrahmen befindet.
2. Wählen Sie *Einfügen > Formularobjekte > Textfeld*.

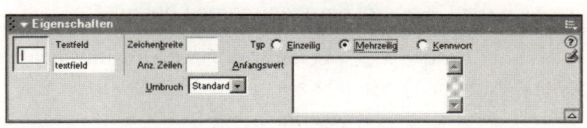

   Der Eigenschafteninspektor für Textfelder

3. Geben Sie im Eigenschafteninspektor im Feld *Textfeld* einen eindeutigen Namen ein.
4. Wählen Sie, ob es sich um ein einzeiliges, ein mehrzeiliges oder ein Kennwortfeld handeln soll.
5. Legen Sie im Feld *Zeichenbreite* die Maximallänge des Textfelds fest. Dies ist die maximale Anzahl der Zeichen, die angezeigt werden können. Die Eingabe kann trotzdem länger sein.
6. Geben Sie im Feld *Max. Zeichen* die maximale Anzahl der Zeichen ein, die eingegeben werden können. Dieser Wert definiert die Größenbeschränkungen des Textfelds. Wenn Sie das Feld leer lassen, kann beliebig viel Text eingegeben werden. *Dieses Feld erscheint nur bei einzeiligen Textfeldern.*

7. Geben Sie im Feld *Anz. Zeilen* die maximale Anzahl der anzuzeigenden Zeilen fest. *Dieses Feld erscheint nur bei mehrzeiligen Textfeldern.* Eine Größenbeschränkung gibt es bei mehrzeiligen Textfeldern nicht.

8. Wählen Sie aus der Liste *Umbruch* eine Einstellung für den Zeilenumbruch während der Eingabe von längeren Texten an.

   ▶ *Aus* oder *Standard* verhindert, dass Text in die nächste Zeile umbrochen wird. Wenn die Eingabe den rechten Rand überschreitet, wird der Text links fortgesetzt. Erst ein Druck auf die Eingabetaste erzeugt eine neue Zeile.

   ▶ *Virtuell* erzeugt einen Umbruch wie in einem Textprogramm. Die an den Server gesendeten Daten besitzen diese Umbrüche aber nicht, die Daten aus dem Textfeld werden als normale (lange) Textzeile geschickt.

   ▶ *Physisch* erzeugt einen Umbruch und sendet die Daten mit den Umbrüchen (ASCII-Zeichen 13) an den Server.

9. Geben Sie im Feld *Anfangswert* bei Bedarf einen Standardtext ein, der angezeigt wird, wenn das Formular zum ersten Mal geladen wird.

Versteckte Felder einfügen

Versteckte Felder sind hilfreich, wenn Sie Daten in einem Formular speichern wollen, die zusätzlich zur Benutzereingabe an den Server geschickt werden sollen. Sie eignen sich auch zum Speichern von Variablen, die in einem Skript ausgewertet werden.

Auf folgende Weise fügen Sie ein verstecktes Feld ein:

1. Achten Sie darauf, dass sich der Cursor im Formularrahmen befindet.

2. Wählen Sie *Einfügen* > *Formularobjekte* > *Verstecktes Feld*. Dreamweaver zeigt versteckte Felder als Markierung im Dokument an.

Der Eigenschafteninspektor für versteckte Felder

3. Geben Sie im Eigenschafteninspektor im Feld *Verstecktes Feld* einen eindeutigen Namen ein.

4. Geben Sie im Feld *Wert* den Wert ein, den Sie dem Feld zuweisen möchten.

Kontrollkästchen einfügen

Kontrollkästchen dienen zur Auswahl aus Optionen, die mit einem Wert wie „1" (für angekreuzt) versehen sind.

Auf folgende Weise fügen Sie ein Kontrollkästchen ein:

1. Achten Sie darauf, dass sich der Cursor im Formularrahmen befindet.
2. Wählen Sie *Einfügen* > *Formularobjekte* > *Kontrollkästchen*.

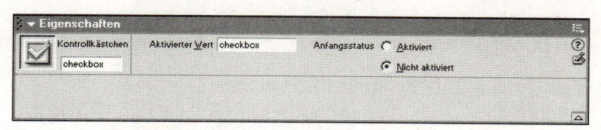

Der Eigenschafteninspektor für Kontrollkästchen

3. Geben Sie im Eigenschafteninspektor im Feld *Kontrollkästchen* einen eindeutigen Namen ein.
4. Geben Sie im Feld *Aktivierter Wert* einen Wert für das Kontrollkästchen ein. Dieser Wert wird an den Server geschickt, wenn das Kontrollkästchen angekreuzt wurde. Sie können hier zum Beispiel eine Zahl oder einen Text eingeben.
5. Klicken Sie im Feld *Anfangsstatus* auf *Aktiviert*, wenn das Kontrollkästchen beim ersten Laden des Formulars angekreuzt sein soll.

Optionsschalter einfügen

Optionsschalter dienen zur Auswahl einer Option aus einer Reihe von Wahlmöglichkeiten, die jeweils mit einem Wert versehen sind. Optionsschalter sind nur sinnvoll, wenn Sie mindestens zwei einfügen.

Auf folgende Weise fügen Sie einen Optionsschalter ein:

1. Achten Sie darauf, dass sich der Cursor im Formularrahmen befindet.
2. Wählen Sie *Einfügen* > *Formularobjekte* > *Optionsschalter*.

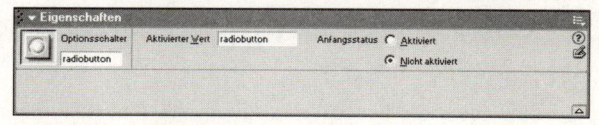

Der Eigenschafteninspektor für Optionsschalter

3. Geben Sie im Eigenschafteninspektor im Feld *Optionsschalter* einen eindeutigen Namen ein.

4. Geben Sie im Feld *Aktivierter Wert* einen Wert für den Optionsschalter ein. Dieser Wert wird an den Server geschickt, wenn der Optionsschalter angeklickt wurde. Sie können hier zum Beispiel eine Zahl oder einen Text eingeben.
5. Klicken Sie im Feld *Anfangsstatus* auf *Aktiviert*, wenn der Optionsschalter beim ersten Laden des Formulars aktiviert sein soll.

Optionsschaltergruppen einfügen

Eine Gruppe aus Optionsschaltern erzeugen Sie viel leichter, wenn Sie den entsprechenden Dreamweaver-Befehl nutzen und die Optionsschalter nicht einzeln einfügen.

Auf folgende Weise fügen Sie eine Optionsschaltergruppe ein:

1. Achten Sie darauf, dass sich der Cursor im Formularrahmen befindet.
2. Wählen Sie *Einfügen > Formularobjekte > Optionsschaltergruppe*.

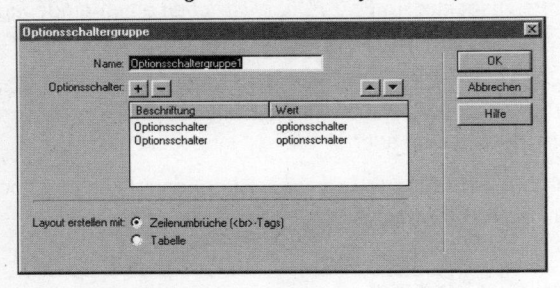

Optionsschaltergruppe einfügen

3. Geben Sie im Feld *Name* einen Namen für die Optionsschaltergruppe ein.
4. Klicken Sie auf das Pluszeichen, um der Gruppe einen Optionsschalter hinzuzufügen.
5. Klicken Sie auf den Aufwärts- oder Abwärtspfeil, um die Reihenfolge der Schalter zu ändern.
6. Durch Anklicken der Spalte *Beschriftung* geben Sie dem Optionsschalter eine Beschriftung, die im Formular angezeigt wird.
7. Durch Anklicken der Spalte *Wert* geben Sie dem Optionsschalter einen aktivierten Wert, der an den Server geschickt wird.
8. Wählen Sie aus, wie Dreamweaver die Schalter anordnen soll: mit Zeilenumbrüchen oder als Tabelle. Im zweiten Fall erzeugt Dreamweaver eine einspaltige Tabelle und platziert die Optionsschalter links und die Beschriftungen rechts.
9. Markieren Sie einen der Optionsschalter, und wählen Sie im Eigenschafteninspektor die Option *Aktiviert*, damit dieser Schalter nach dem Laden des Formulars ausgewählt ist.

Listen einfügen

Mit Listen können Sie eine Vielzahl an Wahlmöglichkeiten auf geringem Raum anbieten. Listen haben einen Rollbalken, mit dem Benutzer durch viele Elemente navigieren und mehrere Elemente auswählen können. Dropdown-Listen (Menüs) zeigen ein einzelnes Element an, das die aktive Auswahl ist. Hier können Benutzer jeweils nur ein Element auswählen.

Auf folgende Weise fügen Sie eine Liste ein:

1. Achten Sie darauf, dass sich der Cursor im Formularrahmen befindet.
2. Wählen Sie *Einfügen > Formularobjekte > Liste/Menü*.

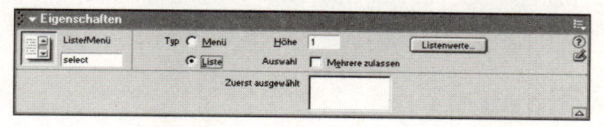

Der Eigenschafteninspektor für Listen

3. Geben Sie im Eigenschafteninspektor im Feld *Liste/Menü* einen eindeutigen Namen ein.
4. Wählen Sie im Feld *Typ*, ob Sie eine *Liste* oder ein *Menü* (Dropdown-Liste) erzeugen wollen.
5. Legen Sie bei einer Liste im Feld *Höhe* fest, wie viele Zeilen (oder Elemente) in der Liste angezeigt werden sollen.
6. Aktivieren Sie bei einer Liste die Option *Mehrere zulassen*, wenn Besucher mehrere Elemente aus der Liste wählen dürfen.
7. Klicken Sie auf *Listenwerte*, um die Listeneinträge einzufügen.

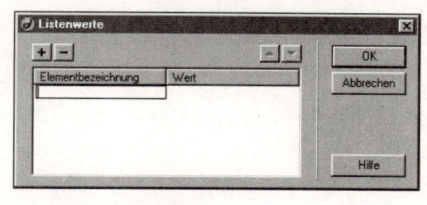

Listenwerte eingeben

8. Geben Sie unter *Elementbezeichnung* den Text ein, der in der Liste angezeigt werden soll.
9. Geben Sie unter *Wert* die Daten ein, die an den Server gesendet werden sollen, wenn das Element ausgewählt wird.
10. Klicken Sie auf das Pluszeichen, um Elemente hinzuzufügen.

11. Klicken Sie auf den Aufwärts- oder Abwärtspfeil, um die Reihenfolge der Elemente zu ändern.
12. Klicken Sie auf *OK*, um das Dialogfeld *Listenwerte* zu schließen, wenn Sie alle gewünschten Elemente eingegeben haben.

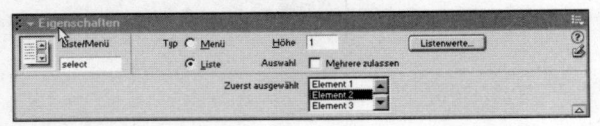

Standardwert vorgeben

13. Wenn ein Element in der Liste als Vorgabe ausgewählt sein soll, wählen Sie es im Feld *Zuerst ausgewählt* des Eigenschafteninspektors aus.

Bildfelder einfügen

Bildfelder können Bilder innerhalb eines Formulars anzeigen und als grafische Schaltflächen dienen.

Auf folgende Weise fügen Sie ein Bildfeld ein:

1. Achten Sie darauf, dass sich der Cursor im Formularrahmen befindet.
2. Wählen Sie *Einfügen > Formularobjekte > Bildfeld*.
3. Wählen Sie im nachfolgenden Dialogfenster die gewünschte Grafikdatei aus, die als Grafik für das Bildfeld dienen soll, und schließen Sie das Dialogfenster mit *OK*.

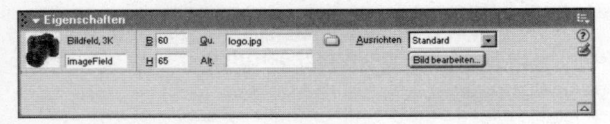

Der Eigenschafteninspektor für Listen

4. Geben Sie im Eigenschafteninspektor im Feld *Bildfeld* einen eindeutigen Namen ein.
5. Bestimmen Sie die anderen Optionen wie bei Grafiken üblich.

Hinweis

Damit ein Bildfeld als Senden-Schaltfläche arbeitet, muss es den Namen *submit* tragen. Damit es als Rücksetzen-Schaltfläche arbeitet, muss es den Namen *reset* tragen.

Dateifelder einfügen

Mit Dateifeldern können Benutzer der Website Dateien auf dem eigenen Computer auswählen und an den Server übertragen. Dateifelder sehen wie Textfelder aus und haben zusätzlich die Schaltfläche *Durchsuchen*. Die Benutzer geben den Pfad der Datei entweder manuell ein oder suchen die Datei nach einem Klick auf *Durchsuchen* auf der Festplatte.

Auf folgende Weise fügen Sie ein Dateifeld ein:

1. Achten Sie darauf, dass sich der Cursor im Formularrahmen befindet.
2. Wählen Sie *Einfügen > Formularobjekte > Dateifeld*.

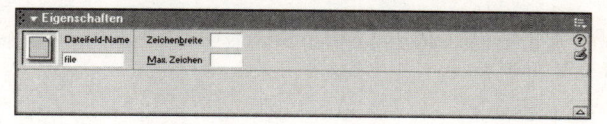

Der Eigenschafteninspektor für Dateifelder

3. Geben Sie im Eigenschafteninspektor im Feld *Dateifeld-Name* einen eindeutigen Namen ein.
4. Geben Sie bei *Zeichenbreite* die Zahl der Zeichen ein, die im Feld angezeigt werden.
5. Geben Sie bei *Max. Zeichen* die Zahl der Zeichen ein, die das Feld enthalten kann.

Schaltflächen einfügen

Formularschaltflächen werden benutzt, um die in einem Formular eingegebenen Daten an den Server zu senden oder das Formular zurückzusetzen und die Feldinhalte zu löschen. Sie können einer Schaltfläche auch andere Aufgaben zuweisen, wenn Sie ein Skript benutzen. Auf folgende Weise fügen Sie eine Schaltfläche ein:

1. Achten Sie darauf, dass sich der Cursor im Formularrahmen befindet.
2. Wählen Sie *Einfügen > Formularobjekte > Schaltfläche*.

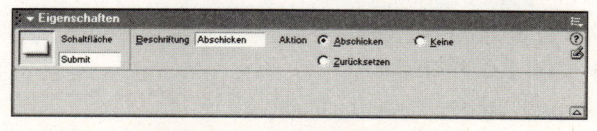

Der Eigenschafteninspektor für Schaltflächen

3. Geben Sie im Eigenschafteninspektor im Feld *Schaltfläche* einen eindeutigen Namen ein.

> **Hinweis**
>
> Zwei Namen sind reserviert: *Submit* sendet die Daten des Formulars und *Reset* setzt alle Daten des Formulars auf ihre ursprünglichen Werte zurück.

4. Geben Sie im Eigenschafteninspektor im Feld *Beschriftung* den Text ein, der auf der Schaltfläche erscheinen soll.
5. Wählen Sie bei *Aktion* eine Aktion aus. Folgende Aktionen stehen zur Verfügung:

    ▶ *Abschicken:* Das Formular wird zur Verarbeitung abgeschickt, wenn auf diese Schaltfläche geklickt wird.

    ▶ *Zurücksetzen:* Das Formular wird zurückgesetzt, wenn auf diese Schaltfläche geklickt wird.

    ▶ *Keine:* Es wird eine Aktion des verarbeitenden Skripts aktiviert, wenn auf diese Schaltfläche geklickt wird.

Formulare gestalten

In Internet Explorer ab Version 4 und Netscape Navigator ab Version 6 haben Sie zwei zusätzliche Formularobjekte zur Verfügung: Beschriftungen und Feldgruppen. Beide Formularobjekte dienen der Gestaltung und Gruppierung von Formularen. Sie werden von Dreamweaver allerdings nicht klar erkennbar in der Entwurfsansicht gezeigt, sodass Sie *Codeansicht* benutzen müssen.

Beschriftungen

Beschriftungen bestehen aus öffnenden und schließenden LABEL-Tags. Sie können eine Beschriftung auf zwei Arten nutzen:

- Eine Beschriftung kann ein Container für andere Formularobjekte sein. In diesem Fall tauchen die Tags für das Formularobjekt innerhalb von <LABEL></LABEL> auf. Bei dieser Beschriftungsart ist es auch möglich, nachträglich Formularobjekte zu markieren und mit einer Beschriftung zu versehen.

- Bei Gestaltungen mit Tabellen sollen Beschriftungen meist in einer anderen Tabellenzelle erscheinen. In diesem Fall müssen Sie die Beschriftung und das Formularobjekt über ein ID-Attribut verknüpfen.

Beschriftungen als Container

Beschriftungen als Container zu nutzen ist recht einfach:

1. Achten Sie darauf, dass sich der Cursor im Formularrahmen befindet.
2. Wählen Sie *Einfügen > Formularobjekte > Beschriftung*. Dreamweaver fügt das LABEL-Tag ein und öffnet das Codefenster über der Entwurfsansicht.

9. Formulare

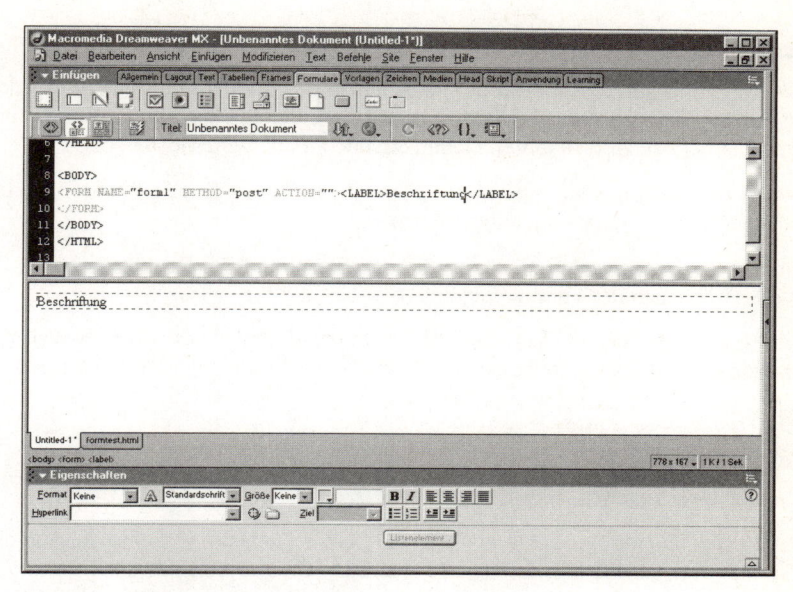

Eine Beschriftung in der Codeansicht

3. Geben Sie nach dem LABEL-Tag den Text für die Beschriftung ein, und fügen Sie das gewünschte Formularobjekt ein.

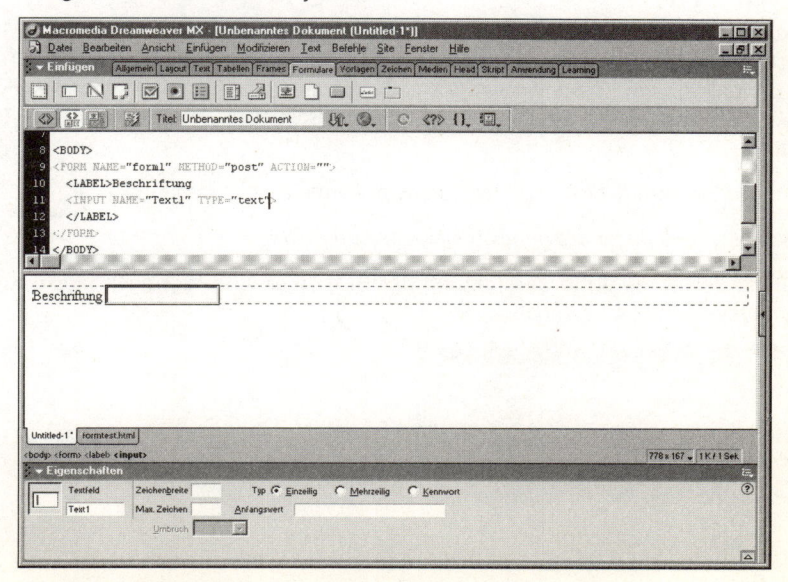

Eine Beschriftung als Container

Beschriftungen und Formularobjekte verknüpfen

Eine Verknüpfung mit dem ID-Attribut kann nur in der Codeansicht erzeugt werden. Voraussetzung sind getrennte LABEL-Tags und Formularobjekte. Um Beschriftungen und Formularobjekte zu verknüpfen, gehen Sie nach folgendem Muster vor:

1. Fügen Sie eine Beschriftung und ein Formularobjekt ein. Das Formularobjekt benötigt wie immer einen eindeutigen Namen.
2. Öffnen Sie *Codeansicht* und fügen Sie das ID-Attribut an. Benutzen Sie als ID-Wert den Namen des Formularobjekts.
3. Fügen Sie in das LABEL-Tag das FOR-Attribut an. Benutzen Sie als FOR-Wert den Namen des Formularobjekts. Achten Sie dabei auf Groß- und Kleinschreibung.

```
 9  <FORM NAME="form1" METHOD="post" ACTION="">
10    <LABEL FOR="Text1">Beschriftung</LABEL>
11    <INPUT NAME="Text1" ID="Text1" TYPE="text">
12  </FORM>
```

Eine mit einem Testfeld verknüpfte Beschriftung

Der Wert eines ID-Attributs sollte nur einmal in einer Webseite vorkommen. Aus diesem Grunde benutzt das LABEL-Tag das spezielle FOR-Attribut, das auf eine ID verweist.

Feldgruppen

Feldgruppen bestehen aus öffnenden und schließenden FIELDSET-Tags. Dieses Tag ist ein struktureller Container, der mehrfach innerhalb eines Formulars (FORM-Tag) benutzt werden kann. Dreamweaver MX zeigt diesen Container nicht an, in neueren Browser-Versionen sehen Sie eine Feldgruppe allerdings als Rahmen mit einer Beschriftung.

1. Achten Sie darauf, dass sich der Cursor im Formularrahmen befindet.
2. Wählen Sie *Einfügen > Formularobjekte > Feldgruppe*.
3. Dreamweaver fragt die Beschriftung der Gruppe ab und fügt nach einem Klick auf *OK* das FIELDSET-Tag ein.

Eine Beschriftung für eine Feldgruppe eingeben

9. Formulare

4. Die Beschriftung für die Feldgruppe wird mit dem LEGEND-Tag ausgegeben. Formularobjekte fügen Sie vor dem schließenden FIELDSET-Tag ein.

```
 8  <BODY>
 9  <FORM NAME="form1" METHOD="post" ACTION="">
10  <FIELDSET><LEGEND>Gruppe 1</LEGEND></FIELDSET></FORM>
11  </BODY>
```

Eine Feldgruppe in der Codeansicht

Hinweis

Einer Feldgruppe wird über die gesamte Breite des Fensters ausgegeben, wenn Sie sie nicht in einer Tabellenzelle oder einer Ebene ausgeben. Zusätzlich können Sie die Breite der Feldgruppe über das STYLE-Attribut bestimmen. Ein Beispiel: *STYLE=„width:200px"* erzeugt eine Feldgruppe in der Breite von 200 Pixeln.

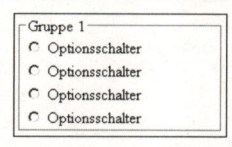

```
┌─ Gruppe 1 ──────────────┐
│  ○ Optionsschalter      │
│  ○ Optionsschalter      │
│  ○ Optionsschalter      │
│  ○ Optionsschalter      │
└─────────────────────────┘
```

Eine Feldgruppe im Browser

10. Dynamische Websites

Alle bisher in diesem Buch vorgestellten Lösungen für Websites bestehen aus statischen HTML-Seiten. Das heißt: Wenn Sie eine Seite ändern wollen, um zum Beispiel Informationen auf der Startseite zu erneuern, müssen Sie das HTML-Dokument verändern und auf den Server übertragen.

Für kleinere Websites mit einer überschaubaren Zahl an HTML-Dokumenten und seltener Aktualisierung ist das statische Verfahren völlig ausreichend. Doch sobald die Zahl der Seiten wächst und die Site möglichst täglich aktualisiert werden soll, sind andere Techniken notwendig: Dynamische Verfahren, bei denen nicht die Webseite selbst ausgetauscht wird, sondern der Inhalt, der sich in einer Datenbank befindet.

Bestimmte andere Aufgaben sind ebenfalls ausschließlich mit dynamischen Verfahren möglich. Ein gutes Beispiel ist die Anzeige von Datensätzen für einen Internet-Shop, wobei Produkte, Bestell- und Kundeninformationen über das Internet in die Datenbank eingetragen und für den Kunden auf einer Webseite dargestellt werden.

Datenbankzugriff vorbereiten

Um Daten aus einer Datenbank in einer Webseite darzustellen, sind drei Voraussetzungen zu erfüllen:

- Der Webserver (das Programm, das die Webseiten an den Browser schickt) muss fähig sein, Datenbankanforderungen zu verarbeiten.
- Das Datenbanksystem (das Programm, das die Daten aufbereitet) muss die Datenbankanforderungen des Browsers verstehen.
- Die Website muss bestimmten Anforderungen genügen und Datenbankzugriffe ermöglichen.

Datenbankzugriffe über das Internet werden mit einer Datenbankschnittstelle abgewickelt. Dies ist notwendig, da die Daten einer Datenbank in einem besonderen Format vorliegen, das bei jedem Datenbanksystem anders ist.

Es gibt drei gängige Schnittstellen, die Datenbankzugriffe auf das Internet erlauben: Open Database Connectivity (ODBC), Object Linking & Embedding Database (OLE-DB) und Java Database Connectivity (JDBC). Zugriffe auf eine Datenbank mit diesen Schnittstellen werden allerdings nicht vom Webserver selbst abgewickelt, da diese Programme nur für das Abarbeiten von Seitenabrufen gedacht sind.

Um Daten dynamisch aus einer Datenbank auslesen zu können, muss der Webserver mit einem Anwendungsserver zusammenarbeiten. Dies ist eine Software, die einem Webserver bei der Verarbeitung speziell für Datenbankzugriffe gekennzeichneter Webseiten hilft. Wenn eine solche Seite angefordert wird, sendet sie der Webserver nicht sofort an den Browser, sondern zunächst zur Verarbeitung an den Anwendungsserver.

Bekannte Anwendungsserver sind Macromedia ColdFusion MX, Macromedia JRun, Microsoft .NET Framework oder PHP. Die Microsoft-Webserver Internet Information Server (IIS) und Personal Webserver (PWS) sind gleichzeitig auch Anwendungsserver, die die ODBC-Schnittstelle verwirklichen und auf zahlreiche Datenbanksysteme zugreifen können.

Zugriffsverfahren

Damit der Anwendungsserver die Datenbankzugriffe auf einer Webseite erkennen kann, müssen solche dynamischen Datenbankseiten in einer bestimmten Art und Weise vorliegen: Die HTML-Tags werden durch Anweisungen ergänzt, die dem Anwendungsserver zum Beispiel befehlen, einen bestimmten Datensatz in die Seite einzufügen.

Es gibt eine Reihe von Zugriffsverfahren wie ASP (Active Server Pages), JSP (Java Server Pages), CFML (ColdFusion Markup Language) oder PHP (PHP Hypertext Processor). Alle diese Verfahren haben eine Gemeinsamkeit: Sie erweitern den HTML-Standard um eine Skriptsprache, mit der Datenbankinhalte in einer Webseite integriert werden können.

Macromedia Dreamweaver MX unterstützt alle gängigen Verfahren. Ein weit verbreitetes Zugriffsverfahren ist Microsoft-ASP, das sich recht gut für den Einstieg in die Entwicklung von Datenbanken eignet.

Active Server Pages (ASP)

Das Zugriffsverfahren *Active Server Pages (ASP)* von Microsoft besteht aus einer Reihe von Werkzeugen für die Entwicklung von Datenbanksites:

- Der Internet Information Server enthält Routinen zum Zugriff auf Datenbanken mittels ODBC, sodass alle Datenbanksysteme mit einem ODBC-Treiber zu Verfügung stehen. Dies sind auf jeden Fall die Microsoft-Produkte SQL-Server und Access sowie zahlreiche weitere Datenbankstandards wie Paradox, DBase oder Oracle.
- Die Datenbankzugriffe werden mittels der bekannten Skriptsprachen *VBScript* oder *JScript* (einer Microsoft-Variante von JavaScript) erzeugt.
- Zahlreiche so genannte ActiveX-Komponenten ergänzen und vereinfachen die grundlegenden ODBC-Routinen.

10. Dynamische Websites   181

ASP ist eine relativ einfach einzusetzende Technik, deren größter Vorteil darin besteht, dass Windows XP Professional alle Software-Module mitliefert, um ASP-Seiten auch lokal und ohne Verbindung mit dem Internet zu testen. Die Datenbanken selbst können in Access entwickelt und später in das im Internet besser geeignete Datenbankformat des SQL-Server konvertiert werden.

Die Datenbanksite einrichten

Der erste Schritt, der die Entwicklung einer Datenbanksite vorbereitet, ist die Einrichtung der Site in Dreamweaver.

1. Richten Sie wie gewohnt im Dialogfeld *Site-Definition* (*Site > Sites bearbeiten > Neu/Bearbeiten*) eine Site ein, und geben Sie ihr einen Namen und einen Stammordner.

2. Wählen Sie in der Kategorie *Remote-Informationen* aus der Liste *Zugriff* den Eintrag *Lokal/Netzwerk,* und klicken Sie auf das Ordnersymbol neben dem Textfeld *Remote-Ordner*, um den Ordner zu suchen und auszuwählen, in dem Sie die Site speichern.

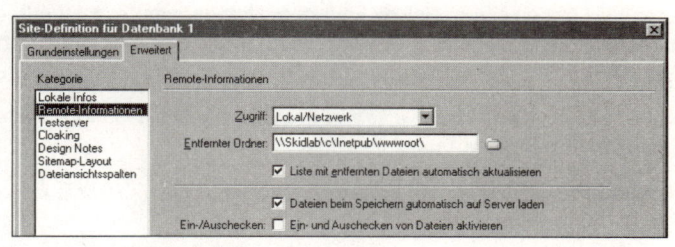

Die Remote-Site im Netzwerk angeben

3. Aktivieren Sie die Kontrollkästchen Liste mit entfernten Dateien automatisch aktualisieren und Dateien beim Speichern automatisch auf Server laden, um möglichst komfortabel arbeiten zu können.

4. Wählen Sie in der Kategorie *Testserver* aus der Liste *Servermodell* den Eintrag *ASP VBScript* und aus der Liste *Zugriff* den Eintrag *Lokal/Netzwerk*.

5. Klicken Sie auf das Ordnersymbol neben dem Textfeld *Testserverordner*, um den Ordner zu suchen und auszuwählen, in dem sich die Site befindet.

6. Geben Sie bei *URL-Präfix* den URL an, der für den Testserver gültig ist.

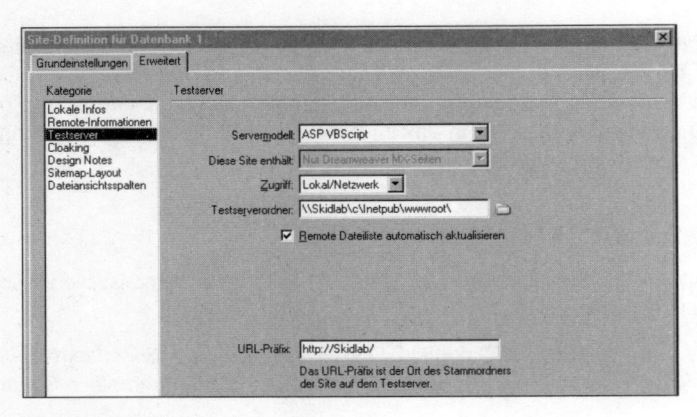

Den Testserver konfigurieren

ASP-Datenquellen einfügen

Die Site ist für den Zugriff auf den Testserver konfiguriert, und Sie sollten nun eine erste Seite erzeugen und öffnen – zum Beispiel mit dem Namen *index.asp*. Eine (leere) Seite ist mindestens notwendig, damit Sie die Datenbank in die Site einfügen können. Diese Datenbankanbindung wird anschließend für jede weitere Seite übernommen.

1. Aktivieren Sie das Bedienfeld *Datenbanken* in der Gruppe *Anwendung* (*Fenster > Datenbanken*), und klicken Sie auf das Plussymbol.

2. Wählen Sie in dem kleinen Menü den Eintrag *Data Source Name (DSN)*, um eine Datenquelle in die Website einzufügen.

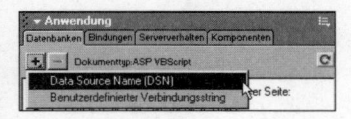

Einen Datenquellennamen einfügen

3. Geben Sie der Datenverbindung im Dialogfeld *Data Source Name (DSN)* einen Namen, und wählen Sie aus der Liste *Data Source Name (DSN)* den DSN für die Datenbank aus.

Hinweis

Die Beispieldatenbank ist nicht mit einem Benutzernamen und einem Kennwort geschützt. Bei einer geschützten Datenbank müssen Sie beides in diesem Dialogfeld angeben.

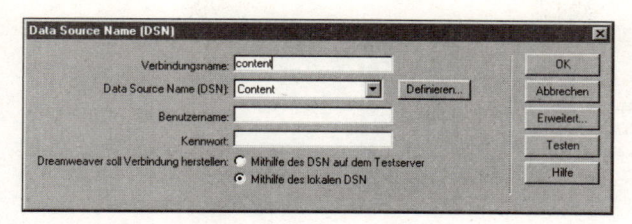

Einen Datenquellennamen einrichten

Anschließend erscheint die Datenbank mit allen Tabellen, Abfragen (Ansichten) sowie gespeicherten Prozeduren im Bedienfeld *Datenbanken*.

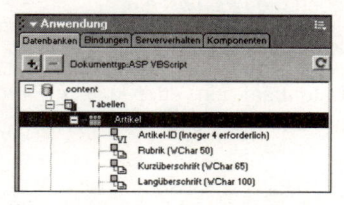

Die für Dreamweaver konfigurierte Datenbank

MySQL/PHP-Datenquellen einfügen

Eine Alternative zu der Kombination aus SQL-Server/Access, IIS und ASP ist die Kombination aus Apache (Webserver), MySQL (Datenbanksystem) und PHP (Anwendungsserver und Zugriffsverfahren). Diese drei Werkzeuge sind recht weit verbreitet und können völlig kostenlos eingesetzt werden.

Da es sie zudem auch in Versionen für Windows 9x/NT/2000/XP gibt, eignen sich diese Tools ebenfalls problemlos für das lokale Testen von Datenbanksites. Apache 1.3/2.0 können Sie unter www.apache.org herunterladen, MySQL 3.2 finden Sie unter www.mysql.com und PHP 4.2 unter www.php.net.

Für MySQL und PHP benötigen Sie anders als für Access/ASP keine ODBC-DSN, sondern können direkt eine Verbindung zum MySQL-Serverprogramm auf dem Testrechner aufnehmen.

Erzeugen Sie eine erste Seite und öffnen Sie sie zum Beispiel mit dem Namen *index.php*. Eine (leere) Seite ist mindestens notwendig, damit Sie die Datenbank in die Site einfügen können. Diese Datenbankanbindung wird anschließend für jede weitere Seite übernommen.

1. Aktivieren Sie das Bedienfeld *Datenbanken* in der Gruppe *Anwendung* (*Fenster > Datenbanken*), und klicken Sie auf das Plussymbol.

2. Geben Sie im Dialogfeld *MySQL-Verbindung* einen Namen für die neue Verbindung ein. Dieser Name darf keine Leer- oder Sonderzeichen enthalten.

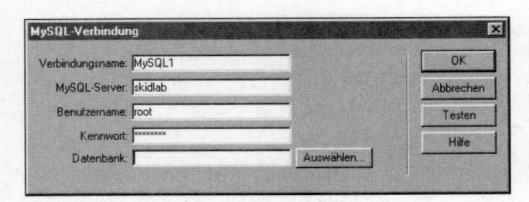

Die Verbindung zu MySQL konfigurieren

3. Geben Sie im Feld *MySQL-Server* den Computer an, der der MySQL-Host ist. Geben Sie hier eine IP-Adresse oder einen Servernamen ein. Wenn MySQL auf demselben Computer wie PHP ausgeführt wird, geben Sie *localhost* ein.

4. Geben Sie Ihren MySQL-Benutzernamen und Ihr Kennwort ein.

5. Geben Sie im Feld *Datenbank* den Namen der Datenbank ein, oder klicken Sie auf *Auswählen*, und wählen Sie die Datenbank aus der Liste der MySQL-Datenbanken.

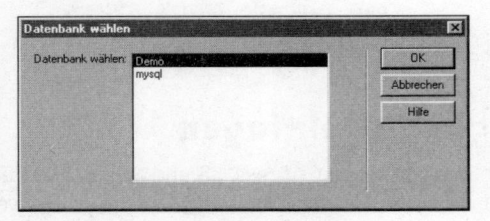

MySQL-Datenbanken auswählen

Dreamweaver versucht, eine Verbindung zur Datenbank aufzubauen. Wenn die Verbindung nicht hergestellt werden kann, überprüfen Sie den Servernamen, Ihr Kennwort und Ihren Benutzernamen.

6. Klicken Sie auf *OK*.

Anschließend erscheint die Datenbank mit allen Tabellen, Abfragen (Ansichten) sowie gespeicherten Prozeduren im Bedienfeld *Datenbanken*.

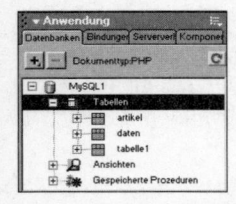

Die für Dreamweaver konfigurierte MySQL-Datenbank

Datenbankverbindungen nutzen

Die aktive Datenbankverbindung in einer Site kann nur genutzt werden, wenn Sie die verschiedenen Datenbankobjekte von Dreamweaver MX nutzen. Für ASP sind die beiden Bedienfelder *Bindungen* und *Serververhalten* wichtig.

Bindungen einfügen

Bevor Sie die Datenbankobjekte von Dreamweaver MX nutzen können, müssen Sie für jede neu angelegte Webseite im Bedienfeld *Bindungen* in der Bedienfeldgruppe *Anwendung* eine Datensatzgruppe (Tabelle oder Abfrage) oder eine andere Datenbankbindung einfügen.

> **Hinweis**
>
> Die Standard-Dateierweiterung bei einer Datenbanksite ist ASP, wenn Sie ASP als Servermodell gewählt haben. Sie ist PHP, wenn Sie PHP als Servermodell nutzen.

Um Daten einzufügen, benötigen Sie zumindest eine Datensatzgruppe:

1. Öffnen Sie das Bedienfeld *Bindungen*, und klicken Sie auf das Plussymbol. Wählen Sie dann *Datensatzgruppe (Abfrage)*.
2. Geben Sie in das Textfeld *Name* einen Namen für die Datensatzgruppe ein. Beachten Sie, dass die Namen von Datensatzgruppen nur aus Buchstaben, Ziffern und dem Unterstrich (_) bestehen dürfen. Sonderzeichen und Leerzeichen sind nicht erlaubt.

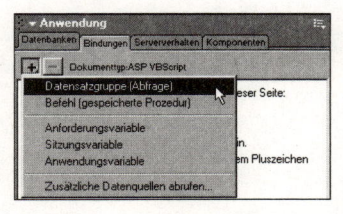

Eine Datensatzgruppe einfügen

3. Wählen Sie aus der Liste *Verbindung* die mit dieser Site verknüpfte Verbindung aus.
4. Wählen Sie aus der Liste *Tabelle* die Datenbanktabelle oder -abfrage aus, die die Daten für die Datensatzgruppe liefern soll.
5. Im darunter liegenden Abschnitt können Sie nach einem Klick auf *Ausgewählt* ein Auswahlkriterium angeben: Markieren Sie durch [Strg]+Klicken die Datenfelder, die angezeigt werden sollen.

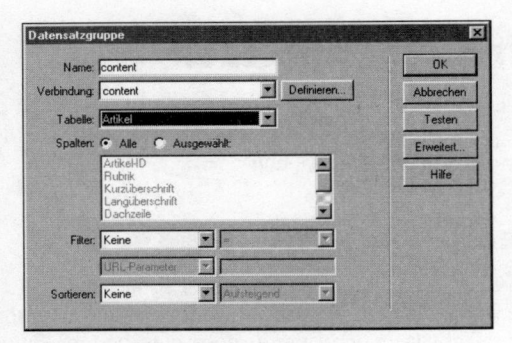

Alle Daten der Tabelle einfügen

6. Wählen Sie bei Bedarf bei *Filter* ein Datenfeld, dahinter einen Operator und wählen Sie einen Wert. Ein Beispiel: In einer Datenbank, die die Texte für Artikel enthält, können Sie zum Beispiel Artikel anhand einer Kennnummer auswählen. Die zeigt die Auswahl von Artikeln mit einer Nummer höher als 20.

Auswahl der Daten

7. Wählen Sie bei *Sortieren* eine Sortierreihenfolge und ein Sortierfeld.

Sortieren der Daten

8. Klicken Sie auf *OK*, um die Verbindung einzufügen.

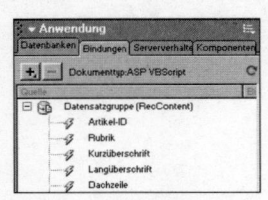

Die Datensatzgruppe im Bedienfeld Bindungen

Hinweis

Um verschiedene Ausschnitte aus der Datenbank zur Verfügung zu haben, können Sie ein und dieselbe Tabelle oder Abfrage in mehreren Datensatzgruppen in die Seite einfügen.

Datenfelder einfügen

Sobald Sie die Datensatzgruppe im Bedienfeld *Bindungen* in die Seite eingefügt haben, ist es möglich, einzelne Felder mit der Maus aus dem Bedienfeld heraus zu ziehen und in der Webseite abzulegen.

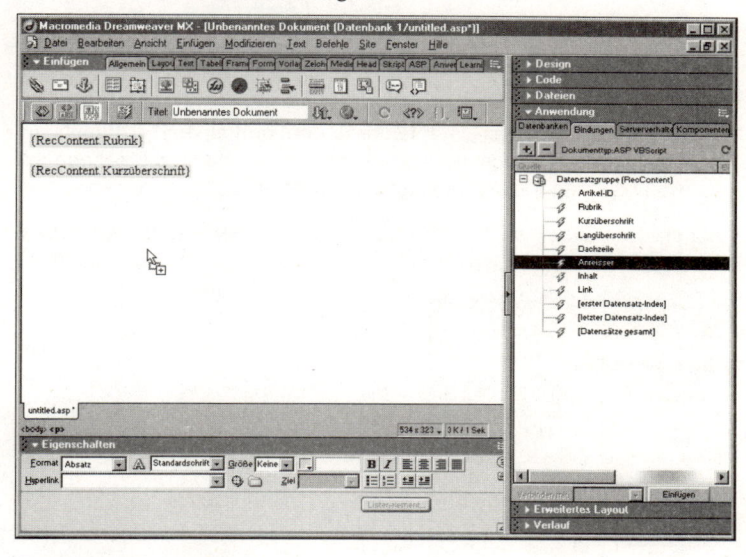

Einfügen von Datenfeldern

Dreamweaver zeigt die Datenfelder in der Form eines Platzhalters an, sodass Sie die Namen der Datensatzgruppe und des Datenfeldes aus der Tabelle oder Abfrage deutlich erkennen.

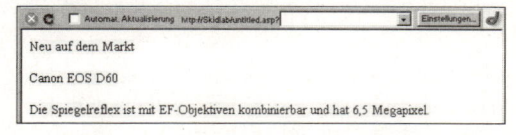

Die Inhalte der Datenfelder in der Live-Data-*Ansicht*

Mit dem Befehl *Ansicht > Live Data* können Sie die Inhalte der Datenfelder sofort anzeigen und die Ergebnisse überprüfen. Dreamweaver blendet für diese Funktion eine zusätzliche Symbolleiste ein, die Schaltflächen der Aktion, zum Aktualisieren der Seite und zur Eingabe von URL-Parametern. Aktivieren Sie das Kontrollkästchen *Automat. Aktualisierung*, damit die Daten dauerhaft angezeigt werden.

Hinweis

Live Data arbeitet nur, solange Sie die Datei auf dem Server nicht verändert haben. Wenn Sie die Site für das Speichern der Dateien auf dem Server konfiguriert haben, wird *Live Data* bei jedem Speichervorgang ausgeschaltet.

Datenbankobjekte nutzen

Dreamweaver MX besitzt eine ganze Reihe an Datenbankobjekten, die Sie ähnlich wie die normalen HTML-Objekte nutzen können. Sie fügen diese Objekte mit dem Untermenü *Einfügen > Anwendungsobjekte* oder der Leiste *Anwendung* im Bedienfeld *Einfügen* in eine Datenbankseite ein.

Dynamischen Text einfügen

Dynamischer Text zeigt den Inhalt eines Datenfeldes in der Form eines Platzhalters an. In der Ansicht *Live Data* können Sie auch den Inhalt direkt betrachten. Sie können mit dynamischem Text alle Datenfelder bis auf Grafiken und OLE-Objekte anzeigen.

1. Stellen Sie sicher, dass Sie eine Datensatzgruppe auf der Seite eingefügt haben. Wählen Sie dann den Befehl *Einfügen > Anwendungsobjekte > Dynamischer Text*.

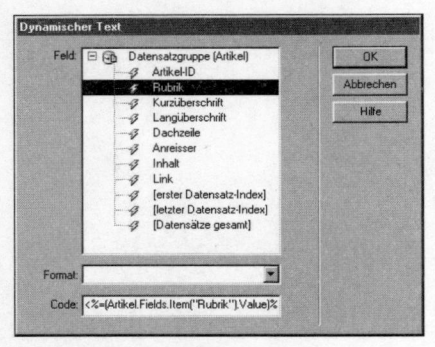

Dynamischen Text einfügen

2. Wählen in der Liste *Feld* das gewünschte Datenfeld aus, in der Liste *Format* ein Datenformat, und klicken Sie auf *OK*.

Nutzen Sie die Datenformate, um die Ausgabe des Platzhalters für dynamischen Text an das Datenformat des Datenbankfeldes anzupassen. Ein Beispiel: Bei einem Datumsfeld wählen Sie eines der angebotenen Datumsformate.

> **Hinweis**
>
> Dreamweaver MX unterstützt keine Datenfelder mit Binärdaten. Das heißt: Sie können keine in einer Datenbank gespeicherten Daten anzeigen. Stattdessen können Sie mit *Einfügen > Bild* ein Datenbankfeld auswählen, das einen Pfad zu einer Bilddatei enthält.

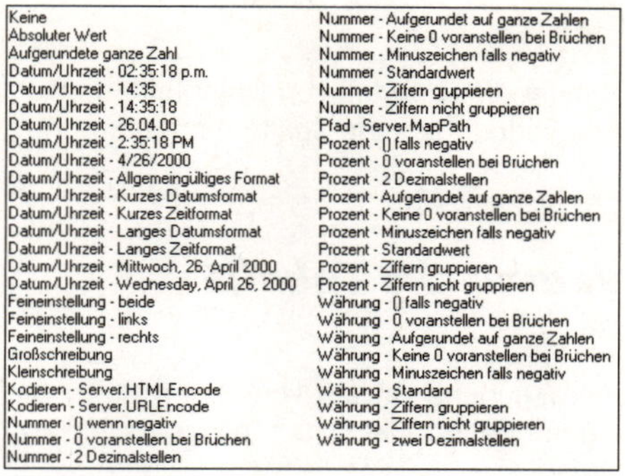

10. Dynamische Websites

```
Keine                                          Nummer - Aufgerundet auf ganze Zahlen
Absoluter Wert                                 Nummer - Keine 0 voranstellen bei Brüchen
Aufgerundete ganze Zahl                        Nummer - Minuszeichen falls negativ
Datum/Uhrzeit - 02:35:18 p.m.                  Nummer - Standardwert
Datum/Uhrzeit - 14:35                          Nummer - Ziffern gruppieren
Datum/Uhrzeit - 14:35:18                       Nummer - Ziffern nicht gruppieren
Datum/Uhrzeit - 26.04.00                       Pfad - Server.MapPath
Datum/Uhrzeit - 2:35:18 PM                     Prozent - () falls negativ
Datum/Uhrzeit - 4/26/2000                      Prozent - 0 voranstellen bei Brüchen
Datum/Uhrzeit - Allgemeingültiges Format       Prozent - 2 Dezimalstellen
Datum/Uhrzeit - Kurzes Datumsformat            Prozent - Aufgerundet auf ganze Zahlen
Datum/Uhrzeit - Kurzes Zeitformat              Prozent - Keine 0 voranstellen bei Brüchen
Datum/Uhrzeit - Langes Datumsformat            Prozent - Minuszeichen falls negativ
Datum/Uhrzeit - Langes Zeitformat              Prozent - Standardwert
Datum/Uhrzeit - Mittwoch, 26. April 2000       Prozent - Ziffern gruppieren
Datum/Uhrzeit - Wednesday, April 26, 2000      Prozent - Ziffern nicht gruppieren
Feineinstellung - beide                        Währung - () falls negativ
Feineinstellung - links                        Währung - 0 voranstellen bei Brüchen
Feineinstellung - rechts                       Währung - Aufgerundet auf ganze Zahlen
Großschreibung                                 Währung - Keine 0 voranstellen bei Brüchen
Kleinschreibung                                Währung - Minuszeichen falls negativ
Kodieren - Server.HTMLEncode                   Währung - Standard
Kodieren - Server.URLEncode                    Währung - Ziffern gruppieren
Nummer - () wenn negativ                       Währung - Ziffern nicht gruppieren
Nummer - 0 voranstellen bei Brüchen            Währung - zwei Dezimalstellen
Nummer - 2 Dezimalstellen
```

Datenformate für dynamischen Text

Eine dynamische Tabelle einfügen

Mit dynamischem Text können Sie immer nur einen Datensatz auf einer Seite anzeigen. Um mehrere Datensätze in Tabellenform anzuzeigen, benutzen Sie eine dynamische Tabelle.

1. Stellen Sie sicher, dass Sie eine Datensatzgruppe auf der Seite eingefügt haben. Wählen Sie dann den Befehl *Einfügen > Anwendungsobjekte > Dynamische Tabelle*.

2. Wählen Sie bei *Datensatzgruppe* die Daten aus, die Sie einfügen möchten.

3. Geben Sie bei *Zeigen* die Anzahl der Zeilen in der Tabelle ein. Oder wählen Sie *Alle Datensätze*. Wenn Sie alle Daten anzeigen, kann die Seite unter Umständen sehr groß werden und eine lange Ladezeit erfordern.

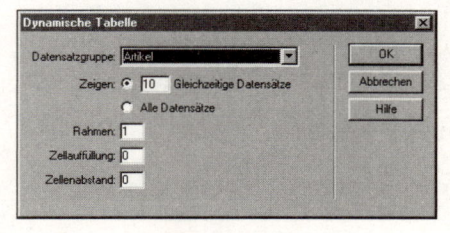

Eine dynamische Tabelle einfügen

4. Geben Sie bei *Rahmen*, *Zellauffüllung* und *Zellenabstand* die gewünschten Werte ein, und klicken Sie auf *OK*.

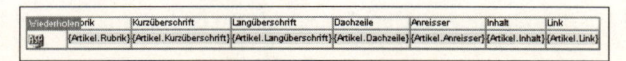

Eine dynamische Tabelle

> **Hinweis**
>
> Das Dialogfeld *Dynamische Tabelle* erlaubt nicht die Auswahl von Datenfeldern. Sie können die Tabelle aber jederzeit bearbeiten, indem Sie eine Spalte markieren und löschen.

Eine Navigation für eine dynamische Tabelle einfügen

Eine dynamische Tabelle stellt immer die vorgegebene Anzahl von Datensätzen dar und beginnt dabei immer mit dem ersten gefundenen Datensatz in der Datensatzgruppe.

> **Hinweis**
>
> Um nur einen Ausschnitt aus einer Datenbanktabelle anzuzeigen, müssen Sie die Datensatzgruppe beim Einfügen mit einem Filter versehen.

Damit eine dynamische Tabelle weitere Datensätze anzeigt, müssen Sie eine Datenbanknavigation einfügen.

1. Stellen Sie sicher, dass Sie eine Datensatzgruppe und eine dynamische Tabelle auf der Seite eingefügt haben. Wählen Sie dann den Befehl *Einfügen > Anwendungsobjekte > Navigationsleiste für Datensatzgruppe*.

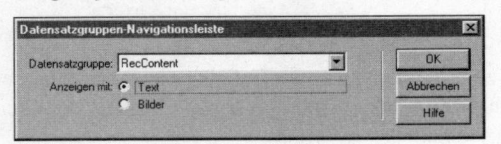

Eine Navigation einfügen

2. Wählen Sie die Datensatzgruppe und geben Sie an, ob Sie eine Navigation mit Textlinks oder mit Grafiken einfügen möchten. Klicken Sie dann auf *OK*.

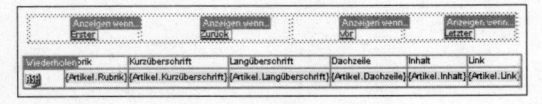

Eine Tabelle mit Navigationsleiste

Die Navigationsleiste zeigt in der dynamischen Tabelle immer so viele Datensätze an, wie Sie festgelegt haben. Solange genug Datensätze vorhanden sind, zeigt ein Klick auf *Vor* die nächsten Datensätze an. Ein Beispiel: Wenn Sie 10 Datensätze angezeigt haben, bringt ein Klick auf *Vor* die nächsten 10 Datensätze auf den Bildschirm.

Einen wiederholten Bereich einfügen

Eine dynamische Tabelle ordnet die Datenfelder nebeneinander an. Falls Sie die Datenfelder untereinander anordnen möchten, können Sie einen wiederholten Bereich benutzen:

1. Stellen Sie sicher, dass Sie eine Datensatzgruppe auf der Seite eingefügt haben. Fügen Sie dann dynamischen Text ein und formatieren Sie ihn entsprechend Ihrer Anforderungen.
2. Markieren Sie den gesamten Textbereich oder die Tabelle, die Sie wiederholen möchten, und wählen Sie *Einfügen > Anwendungsobjekte > Wiederholter Bereich*.

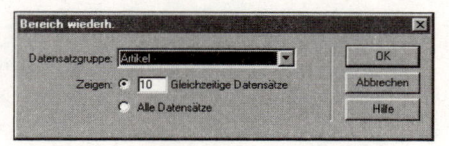

Einen wiederholten Bereich einfügen

3. Wählen Sie bei *Datensatzgruppe* die Daten aus, die Sie einfügen möchten. Geben Sie bei *Zeigen* die Anzahl der Zeilen in der Tabelle ein. Oder wählen Sie *Alle Datensätze*. Wenn Sie alle Daten anzeigen, kann die Seite unter Umständen sehr groß werden und eine lange Ladezeit erfordern. Klicken Sie dann auf *OK*.

Ein wiederholter Bereich in einer Ebene

Aktivieren Sie die Ansicht *Live Data*, um den wiederholten Bereich in einer Vorschau zu sehen.

Die Anzeige eines wiederholten Bereichs in einer Ebene

Master/Detail-Seiten erzeugen

Mit den bisher vorgestellten Datenbankobjekten und ASP-Routinen können Sie lediglich einen Ausschnitt aus einer Datenbank anzeigen. Dies ist in manchen Fällen völlig ausreichend – zum Beispiel, wenn Sie eine Liste mit Weblinks zu bestimmten Themen anzeigen wollen und diese Liste in einer Datenbank verwalten.

Doch es gibt für ASP noch viele Anwendungsgebiete. Eine sehr große Arbeitserleichterung ist zum Beispiel das Anzeigen von bestimmten Informationsseiten aus einer Datenbank heraus. Angenommen, Sie wollen Artikel zu einem Thema wie Digitalkameras nicht in einzelnen HTML-Seiten speichern, sondern in einer Datenbank. In diesem Fall benötigen Sie zwei ASP-Seiten:

- Die erste ASP-Seite (Masterseite) zeigt eine dynamische Tabelle und Navigationselemente, damit der Besucher einen Überblick über die vorhandenen Artikel bekommt. Zu jedem Datensatz wird außerdem ein Link angezeigt, der eine Seite mit dem vollständigen Artikel anzeigt.
- Die zweite ASP-Seite (Detailseite) enthält die Datenbankobjekte, die den aufgerufenen Artikel anzeigen. Die Auswahl dieses Artikels geschieht über einen URL-Parameter, der nach einem Fragezeichen in der URL eingegeben wird. Beispiel: *article.asp?id=2*.

Erzeugen der Masterseite

Als Erstes benötigen Sie eine ASP-Seite, die neben einer Datensatzgruppe bereits die folgenden Elemente enthält:

- Eine Leiste für die Datenbanknavigation. Sie erzeugen sie mit dem Befehl *Einfügen > Anwendungsobjekte > Navigationsleiste für Datensatzgruppe*.
- Eine dynamische Tabelle, die einen Teil der Datenfelder anzeigt – zum Beispiel eine Rubrik und eine Überschrift. Sie erzeugen sie mit dem Befehl *Einfügen > Anwendungsobjekte > Dynamische Tabelle*.
- Eine dynamische Anzeige der aktuell angezeigten Datensätze. Sie erzeugen sie mit dem Befehl *Einfügen > Anwendungsobjekte > Navigationsstatus für Datensatzgruppe*.

Anschließend wird in der dynamischen Tabelle ein Link auf die Detailseite erzeugt:

1. Markieren Sie in der dynamischen Tabelle den Platzhalter für ein geeignetes Datenfeld – zum Beispiel eine Überschrift.
2. Klicken Sie im Bedienfeld *Serververhalten* (*Fenster > Serververhalten*) auf das Plussymbol und wählen Sie *Zu Detailseite wechseln*.

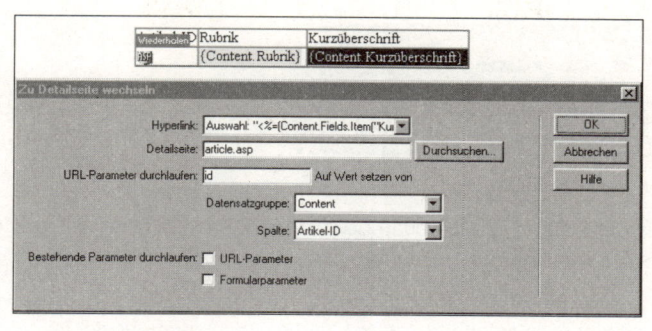

Zu Detailseite wechseln

3. Im Feld *Hyperlink* ist bereits der markierte Hyperlink eingetragen. In diesem Fall ist das ein Ausdruck in der ASP-Sprache VBScript. *Ändern Sie keinesfalls den Eintrag in diesem Feld!*

4. Geben Sie bei *Detailseite* den Namen einer ASP-Seite ein.

5. Geben Sie bei *URL-Parameter durchlaufen* den Namen des URL-Parameters ein. Ein Beispiel: Wenn Sie eine Detailseite mit *article.asp?id=2* aufrufen wollen, müssen Sie in dieses Textfeld *id* eingeben.

6. Wählen Sie die Datensatzgruppe, und stellen Sie in der Liste *Spalte* das Datenfeld ein, das als Auswahlkriterium dienen soll. Ein Beispiel: Bei einer Artikeldatenbank kann das numerische Feld mit dem Primärschlüssel ausgewählt werden. Es könnte zum Beispiel *Artikel-ID* heißen.

Hinweis

Für die Anzeige eines einzelnen Datensatzes auf einer Seite ist erforderlich, dass dessen Inhalt eindeutig ist. Das heißt, dass der Inhalt dieses Feldes in der Datenbank nicht ein weiteres Mal vorkommen darf. Der Primärschlüssel einer Datenbanktabelle ist in aller Regel dafür gut geeignet.

7. Nach einem Klick auf *OK* wird der dynamische Link in die Tabelle eingefügt.

Erzeugen der Detailseite

Für eine Detailseite benötigen Sie eine ASP-Seite, die neben einer Datensatzgruppe bereits die Objekte vom Typ *Dynamischer Text* enthält, die Sie für die Anzeige des kompletten Artikels nutzen wollen.

1. Klicken Sie im Bedienfeld *Serververhalten* auf das Plussymbol, und wählen Sie *Seitenerstellung für Datensatzgruppe > Zu bestimmtem Datensatz verschieben*.

2. Wählen Sie im Dialogfeld *Zu bestimmtem Datensatz verschieben* die Datensatzgruppe aus.

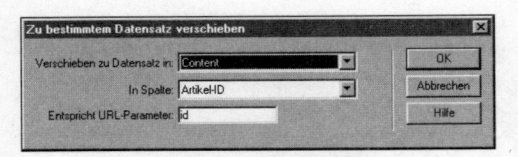

Zu bestimmtem Datensatz verschieben

3. Wählen Sie aus der Liste *In Spalte* genau das Feld aus, das Sie beim Anlegen der Masterseite als Auswahlkriterium festgelegt haben.
4. Geben Sie bei *Entspricht URL-Parameter* den Namen des URL-Parameters an, den Sie beim Anlegen der Masterseite festgelegt haben – also zum Beispiel *id*.
5. Nach einem Klick auf *OK* ist die Detailseite fertig und Sie können sie in der Ansicht *Live Data* testen, indem Sie in die Eingabezeile der Ansicht einen Parameter wie zum Beispiel *id=2* eintragen.

Test der Detailseite in der Ansicht Live Data

Datenbankanwendungen entwickeln

Neben Funktionen für die Anzeige von Daten kennt Dreamweaver MX auch verschiedene komfortable Funktionen, mit denen Sie die Daten einfügen, bearbeiten und löschen können. Diese Funktionen arbeiten am besten auf eigenen Seiten. Sie benötigen zunächst eine Startseite, die die Datensätze anzeigt.

Die Startseite gestalten

Die Startseite der Datenbank dient zur Anzeige der Einträge und enthält außerdem Verknüpfungen zum Einfügen, Bearbeiten und Löschen von Datensätzen.

Die Startseite im Überblick

Die Startseite enthält neben einer Überschrift drei Elemente:

- Eine Navigationsleistentabelle für das Anzeigen der Datensätze.
- Einen Anzeigebereich mit einer einfachen Tabelle, die einen Datensatz anzeigt. Dabei wird jedes Datenfeld in einer Zeile angezeigt.
- Einen Befehlsbereich mit einer weiteren Tabelle, die Links zum Einfügen, Bearbeiten und Löschen von Datensätzen anbietet.

10. Dynamische Websites

> **Hinweis**
>
> Damit die Anzeige der Seite bei einer leeren Datenbank keinen Fehler enthält, sollten die Navigationsleiste, die Datentabelle und die beiden Links zum Bearbeiten und Löschen von Daten in einem Bereich des Typs *Einfügen wenn* enthalten sein, der die Anzeige unterbindet, wenn die Datenbank leer ist.

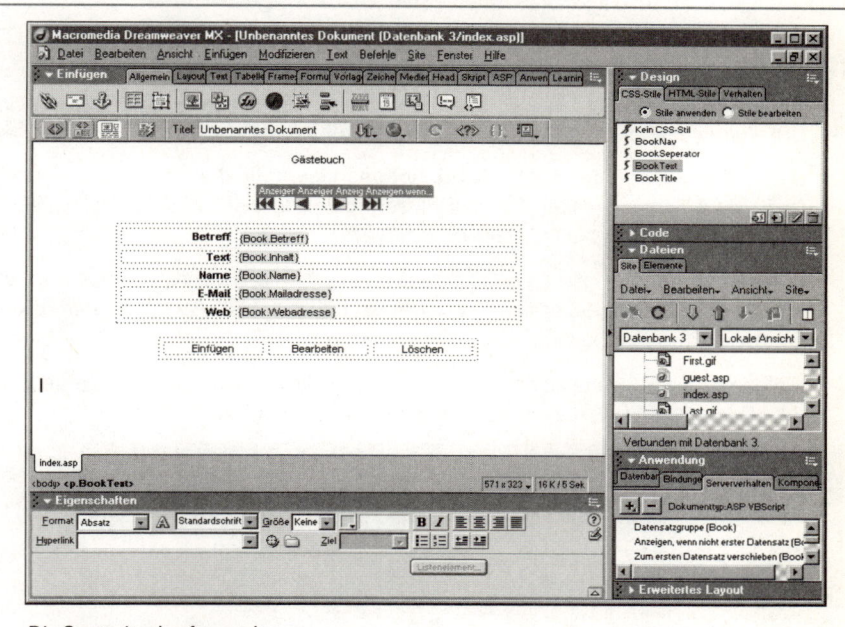

Die Startseite der Anwendung

- Die Navigationsleiste ist eine Standardnavigationsleiste, die Sie mit dem Befehl *Einfügen > Anwendungsobjekte > Navigationsleiste für Datensatzgruppe* erzeugen. Sobald Sie die Navigationsleiste eingefügt haben, müssen Sie verhindern, dass sie bei einer leeren Datenbank angezeigt wird – anderenfalls erhalten Sie eine Fehlermeldung.
- Der Anzeigebereich ist eine zweispaltige Tabelle. In der ersten Spalte enthält sie Beschriftungen für die einzelnen Datenfelder. In die zweiten Spalte kommen in jede Zeile Datenbankobjekte des Typs *Dynamischer Text*, die die entsprechenden Datenfelder ausgeben.
- Der Befehlsbereich besteht aus einer Tabelle mit drei Links: *Bearbeiten*, *Löschen* und *Einfügen*.
    - Der Link *Einfügen* ist ein Link zu einer Detailseite, der die Seite *new.asp* öffnet. Diese Seite bietet ein Formular zum Einfügen eines neuen Datensatzes an, das im Abschnitt *Datensätze eingeben* näher vorgestellt wird.

- Der Link *Bearbeiten* ist ein Link zu einer Detailseite, der die Seite *edit.asp* öffnet. Diese Seite bietet ein Formular zum Bearbeiten des aktuellen Datensatzes an, das im Abschnitt *Datensätze ändern* näher vorgestellt wird.
- Der Link *Eintrag löschen* ist ein Link zu einer Detailseite, der die Seite *del.asp* öffnet. Diese Seite bietet ein Formular zum Löschen des aktuellen Datensatzes an, das im Abschnitt *Datensätze löschen* näher vorgestellt wird.

Die Links Bearbeiten *und* Löschen

Die Links *Bearbeiten* und *Löschen* übergeben beim Aufruf von *edit.asp* bzw. *del.asp* den URL-Parameter *id*. Diese Links erzeugen Sie auf folgende Weise:

1. Geben Sie den Text für den Link ein, und markieren Sie ihn. Klicken Sie dann im Bedienfeld *Serververhalten* auf das Plussymbol, und wählen Sie *Seitenerstellung für Datensatzgruppe > Zu Detailseite wechseln*.
2. Wählen Sie im Dialogfeld *Zu Detailseite wechseln* die Datensatzgruppe aus, geben Sie bei Detailseite *edit.asp* bzw. *del.asp* und bei *URL-Parameter durchlaufen* den URL-Parameter *id* ein.
3. Wählen Sie die Datensatzgruppe, und wählen Sie bei *Spalte* das Datenfeld mit dem Primärschlüssel, das als Auswahlkriterium dienen soll.

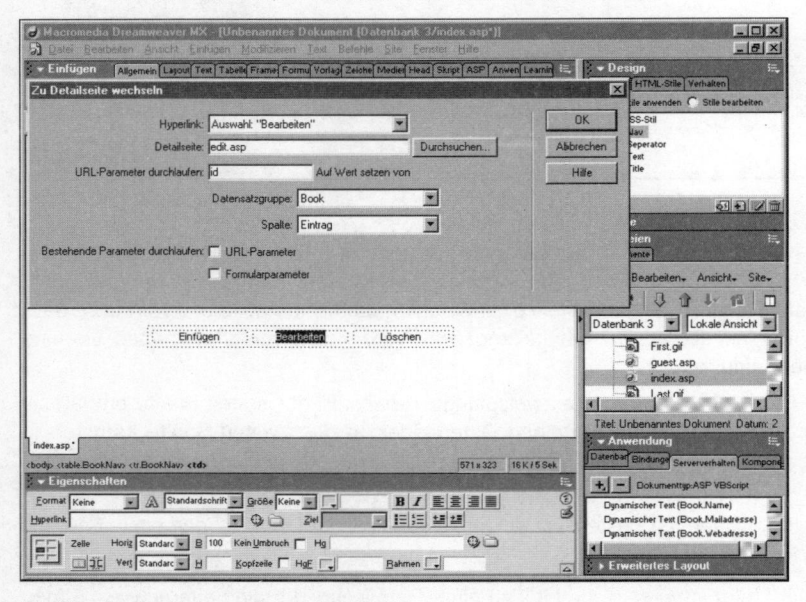

Die Eingabe des Links zur Bearbeitungsseite

Mit diesen Arbeitsschritten haben Sie einen Link erzeugt, der den aktuellen Datensatz für die Bearbeitung öffnet.

10. Dynamische Websites 	*197*

Datensätze eingeben

Das Einfügen eines Datensatzes in eine Datenbank kann mit Dreamweaver sehr schnell bewältigt werden. Das Programm erzeugt automatisch ein Formular, das die Daten entgegennimmt und nach einem Klick auf eine Schaltfläche in die Datenbank einträgt.

1. Öffnen Sie die Seite, auf der das Einfügeformular erscheinen soll und achten Sie darauf, dass Sie eine Datensatzgruppe eingefügt haben.
2. Wählen Sie *Einfügen > Anwendungsobjekte > Einfügeformulare für Datensätze*.
3. Wählen Sie bei *Verbindung* die gewünschte Datensatzgruppe aus und bei *In Tabelle einfügen* die Datentabelle, in die der neue Datensatz eingefügt werden soll.
4. In das Textfeld *Nach dem Einfügen hierher gehen* tragen Sie eine ASP-Datei ein, die nach dem Klick auf die Formularschaltfläche angezeigt werden soll.
5. Bei *Formularfelder* hat Dreamweaver bereits alle Datenfelder der Tabelle eingefügt. In vielen Fällen müssen Sie diese Liste noch bearbeiten, damit das Einfügen klappt.

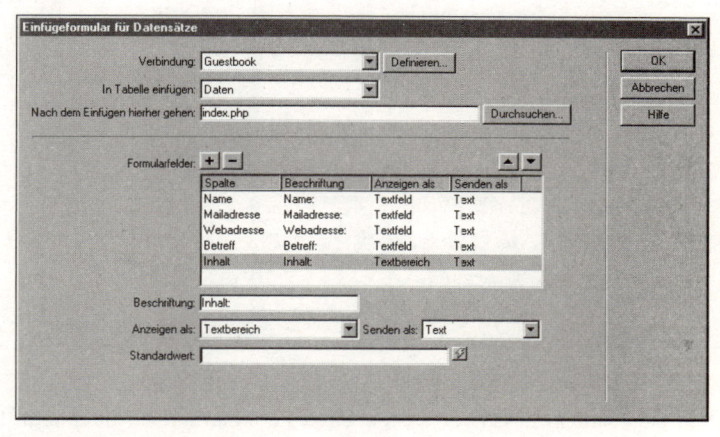

Das Einfügeformular anpassen

Das Einfügeformular darf kein Datenfeld enthalten, das als Primärschlüssel mit dem Datentyp *AutoWert* (bei Access) definiert ist, da der Inhalt für dieses Feld automatisch erzeugt wird.

Auch andere Datenbanksysteme kennen solche selbsttätig weiter zählenden Datenfelder. Entfernen Sie Felder dieser Art durch Markieren und einen Klick auf das Minussymbol.

Kontrollieren Sie die Datentypen der Felder. Dreamweaver fügt Memo-Felder für längere Texte als einfaches Textfeld ein. Dies sollten Sie ändern.

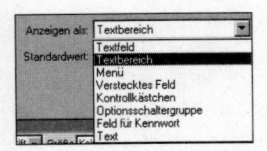

Feldarten für Formulare bestimmen

Bei *Anzeigen als* können Sie verschiedene Feldarten für das Formular auswählen.

Passen Sie bei Bedarf für jedes Datenfeld die Beschriftung an, und klicken Sie auf *OK*, um das Formular einzufügen.

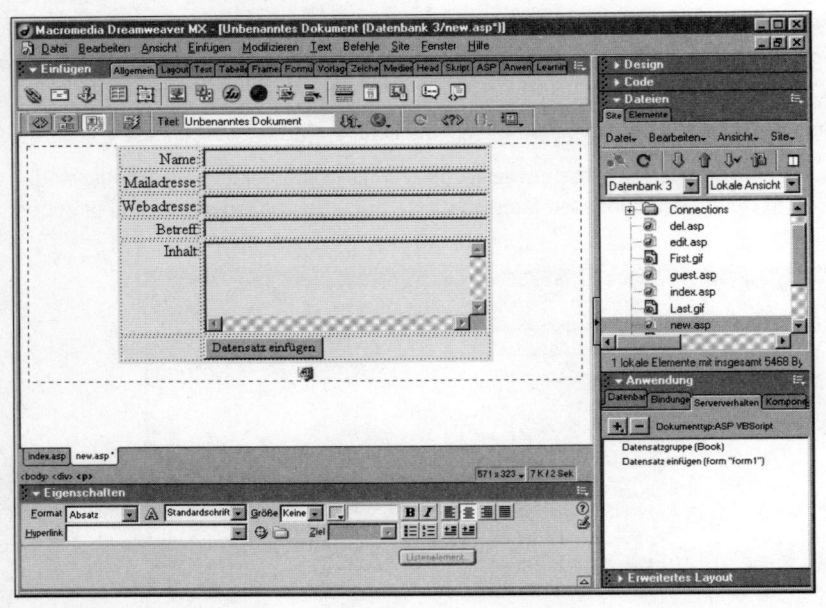

Das Einfügeformular

Das Einfügeformular wird in einen rot gestrichelten Formularbereich eingefügt. Die Breite der Textfelder können Sie im Eigenschafteninspektor anpassen. Außerdem stehen Ihnen sowohl für die Texte als auch für die Textfelder alle Formatoptionen von HTML oder CSS zur Verfügung.

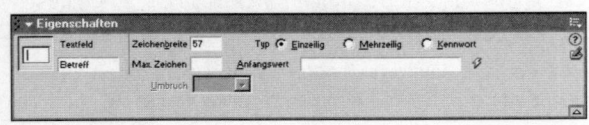

Ändern der Testfelder

Datensätze ändern

Auch das Ändern eines bestehenden Datensatzes in der Datenbank ist mit Dreamweaver keine besonders schwierige Aufgabe.

Das Aktualisierungsformular einfügen

Das Programm erzeugt automatisch ein Formular, das die Daten anzeigt und nach einem Klick auf eine Schaltfläche wieder in die Datenbank einträgt.

1. Öffnen Sie die Seite, auf der das Aktualisierungsformular erscheinen soll und achten Sie darauf, dass Sie eine Datensatzgruppe eingefügt haben.

2. Wählen Sie Einfügen > Anwendungsobjekte > Aktualisierungsformulare für Datensätze.

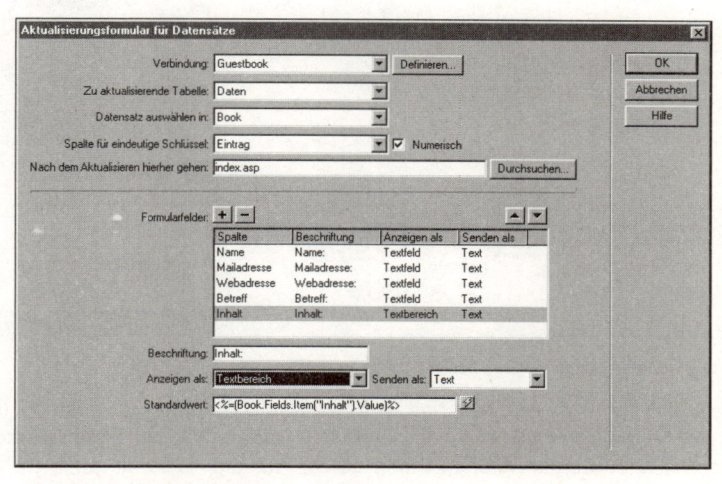

Das Aktualisierungsformular anpassen

3. Wählen Sie bei *Verbindung* die gewünschte Verbindung aus und bei *Zu aktualisierende Tabelle* die Datentabelle, in der der veränderte Datensatz gespeichert werden soll.

4. Wählen Sie bei *Datensatz auswählen in* die Datensatzgruppe, aus deren Datenfeldern der Inhalt der Formularfelder entnommen werden soll.

5. Geben Sie bei *Spalte für eindeutige Schlüssel* den Primärschlüssel der Tabelle an.

6. In das Textfeld *Nach dem Aktualisieren hierher gehen* tragen Sie eine ASP-Datei ein, die nach dem Klick auf die Formularschaltfläche angezeigt werden soll.

7. Bei *Formularfelder* hat Dreamweaver bereits alle Datenfelder der Tabelle eingefügt. Bearbeiten Sie die Felder wie beim Einfügeformular.

8. Bei *Standardwert* finden Sie einen ASP-Ausdruck in VBScript, den Sie nicht ändern sollten.
9. Passen Sie bei Bedarf für jedes Datenfeld die Beschriftung an, und klicken Sie auf *OK*, um das Formular einzufügen.

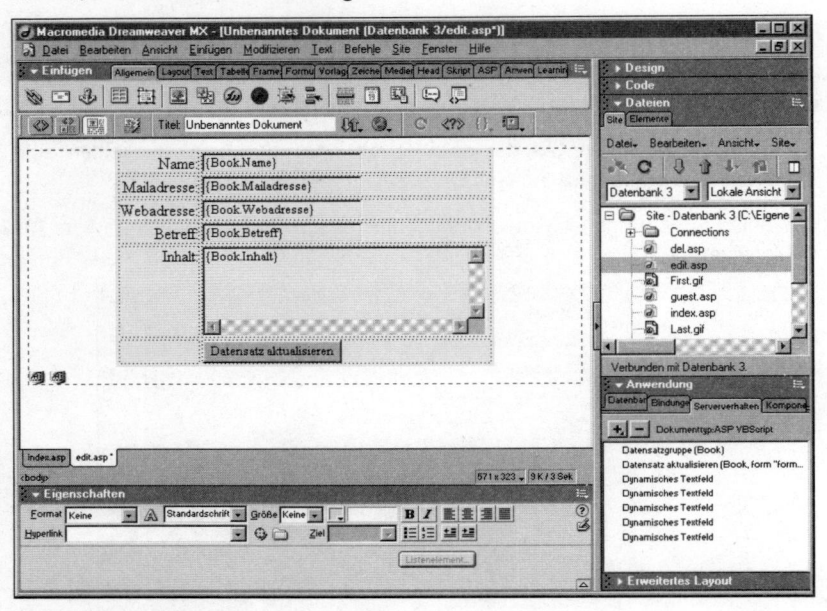

Das Aktualisierungsformular

Das Aktualisierungsformular wird wie das Einfügeformular in einen rot gestrichelten Formularbereich eingefügt. Die Breite der Textfelder können Sie im Eigenschafteninspektor anpassen. Außerdem stehen Ihnen sowohl für die Texte als auch für die Textfelder alle Formatoptionen von HTML oder CSS zur Verfügung.

Den Datensatz für die Aktualisierung anzeigen

Damit das Aktualisierungsformular einen Datensatz anzeigen kann, müssen Sie nun noch die Verknüpfung zum Link *Eintrag ändern* herstellen. Dieser Link übergibt den URL-Parameter *id*, der sich auf den Primärschlüssel bezieht, um eindeutig einen bestimmten Datensatz anzeigen zu können.

1. Fügen Sie im Bedienfeld *Serververhalten* das Verhalten *Seitenerstellung für Datensatzgruppe > Zu bestimmtem Datensatz verschieben* ein, und wählen Sie im Dialogfeld die Datensatzgruppe aus.
2. Wählen Sie aus der Liste *In Spalte* das Feld mit dem Primärschlüssel aus, das Sie beim Anlegen des Aktualisierungsformulars als Auswahlkriterium festgelegt haben.

10. Dynamische Websites

3. Geben Sie bei *Entspricht URL-Parameter* den Namen des URL-Parameters an – also *id*.

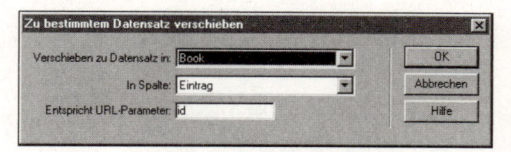

Den Datensatz für die Aktualisierung anzeigen

4. Nach einem Klick auf *OK* ist die Seite mit dem Aktualisierungsformular fertig und kann gespeichert werden.

Datensätze löschen

Um eine Funktion zum Löschen eines Datensatzes anzubieten, erzeugen Sie eine Detailseite, die den zu löschenden Datensatz sowie eine Formularschaltfläche für die Löschaktion anzeigt. Dies ist eine sichere Methode, da durch diese Detailseite automatisch eine Art Löschabfrage entsteht, die der Anwender auch verneinen kann.

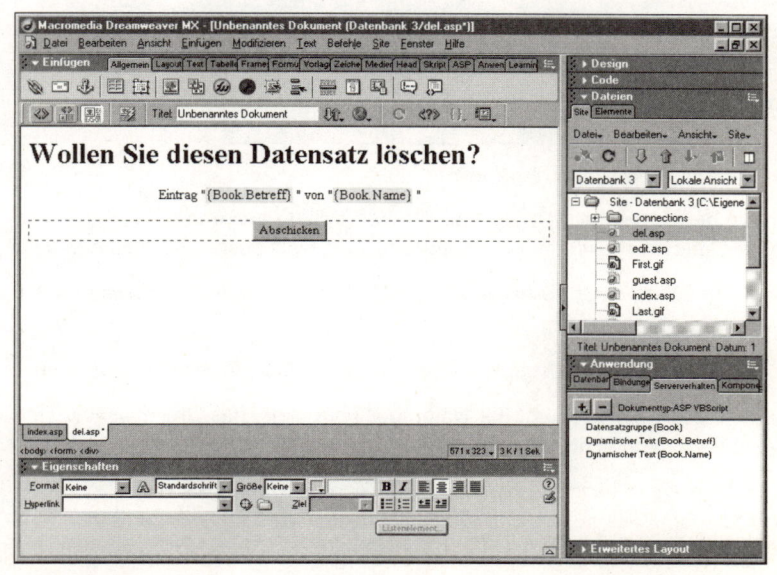

Das Löschformular

1. Öffnen Sie die Seite, auf der das „Löschformular" erscheinen soll und achten Sie darauf, dass Sie eine Datensatzgruppe eingefügt haben.

2. Geben Sie zunächst den Text *Wollen Sie diesen Datensatz löschen?* ein, und formatieren Sie ihn als *Überschrift 1*.

3. Fügen Sie darunter dynamischen Text ein, der den Datensatz eindeutig identifiziert.
4. Fügen Sie unter diesem Text mit *Einfügen > Formular* einen Formularbereich ein.
5. Fügen Sie unter diesem Text mit *Einfügen > Formularobjekte > Schaltfläche* eine Schaltfläche ein.
6. Ändern Sie die Beschriftung des Schalters im Eigenschafteninspektor zu *Löschen*.

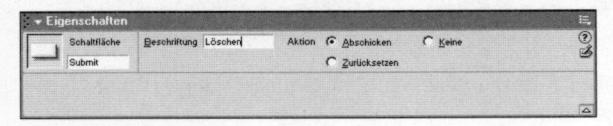

Schaltfläche ändern

7. Achten Sie darauf, dass der Cursor im Formularbereich ist, und fügen Sie im Bedienfeld *Serververhalten* das Verhalten *Datensatz löschen* ein.

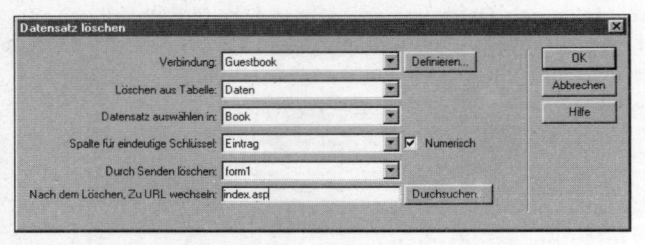

Das Verhalten Datensatz löschen *einrichten*

8. Wählen Sie bei *Verbindung* die gewünschte Verbindung aus und bei *Löschen aus Tabelle* die Datentabelle, in der der veränderte Datensatz gespeichert werden soll.
9. Wählen Sie bei *Datensatz auswählen in* die Datensatzgruppe, deren Datenfelder behandelt werden sollen.
10. Geben Sie bei *Spalte für eindeutige Schlüssel* den Primärschlüssel der Tabelle an.
11. Bei *Durch Senden löschen* steht der Name des Formulars, das Dreamweaver einfügt. Sie müssen hier nichts ändern.
12. In das Textfeld *Nach dem Löschen, Zu URL wechseln* tragen Sie eine ASP-Datei ein, die nach dem Klick auf die Formularschaltfläche angezeigt werden soll.

Teil 2
Referenz

Referenz

Die Dokumentsymbolleiste

Die Dokumentsymbolleiste enthält eine Reihe von wichtigen Befehlen für die Anzeige und die Verwaltung des aktuellen Dokuments.

Symbol	Funktion
	Codeansicht anzeigen
	Code- und Entwurfsansicht anzeigen
	Entwurfsansicht anzeigen
	Ansicht „Live Data" anzeigen
	Titel des Dokuments anzeigen/ändern
	Befehle zur Dateiverwaltung
	Vorschau im Browser
	Entwurfsansicht aktualisieren
	Referenzinfos zum markierten Tag oder Schlüsselwort
	Befehle zur Code-Navigation
	Ansichtsoptionen

Das Bedienfeld *Einfügen*

Das Bedienfeld *Einfügen* mit seinen 12 Registern und insgesamt 124 Symbolen ist das hilfreichste und wohl am meisten benutzte Bedienfeld in Dreamweaver.

Sie finden hier Symbole für den schnellen Zugriff auf alle wichtigen Objekte und Funktionen von Dreamweaver. Jedes Register versammelt zusammengehörige Funktionen in einer Funktionsgruppe.

Das Register *Allgemein*

Im Register *Allgemein* finden Sie die wichtigsten Funktionen und Objekte von Dreamweaver, die aller Erfahrung nach am häufigsten benötigt werden. Einige der Symbole tauchen ein weiteres Mal in der entsprechenden Funktionsgruppe auf.

Symbol	Funktion
	Fügt einen Hyperlink an der Cursorposition ein
	Fügt einen E-Mail-Hyperlink an der Cursorposition ein
	Fügt einen benannten Anker (Textmarke) ein
	Fügt eine Tabelle an der Cursorposition ein
	Zeichnet eine Ebene
	Fügt ein Bild an der Cursorposition ein
	Fügt einen Platzhalter für ein Bild ein
	Fügt ein Fireworks-Bild ein
	Fügt einen Flash-Film ein
	Erzeugt ein Bild mit einem Rollover-Effekt
	Fügt eine Navigationsleiste ein
	Fügt eine horizontale Linie ein
	Fügt das aktuelle Datum ein
	Importiert Tabellendaten aus einer Datei
	Fügt einen HTML-Kommentar ein

Symbol	Funktion
	Öffnet ein Fenster zur Tag-Auswahl

Das Register *Layout*

Mit dem Register *Layout* können Sie Tabellen und Ebenen einfügen sowie eine der beiden Ansichten *Standard* und *Layout* auswählen. In der Layoutansicht verwenden Sie die Layout-Tools von Dreamweaver.

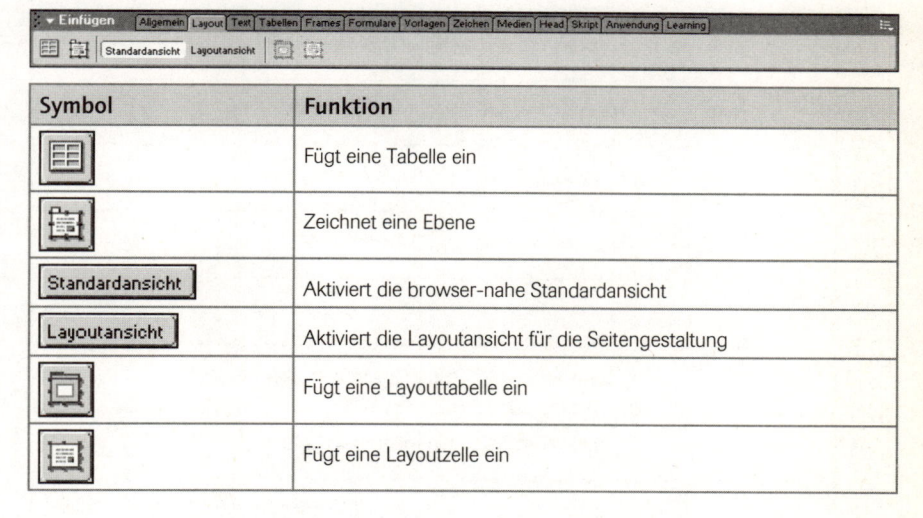

Symbol	Funktion
	Fügt eine Tabelle ein
	Zeichnet eine Ebene
Standardansicht	Aktiviert die browser-nahe Standardansicht
Layoutansicht	Aktiviert die Layoutansicht für die Seitengestaltung
	Fügt eine Layouttabelle ein
	Fügt eine Layoutzelle ein

Das Register *Text*

Das Register *Text* erlaubt das Einfügen verschiedener Tags für Text- und Listenformatierung. Die Schaltflächen fügen allerdings nur Code ein und geben nicht den aktuellen Status der Auswahl wieder.

Symbol	Funktion
	Öffnet den Editor für das FONT-Tag
B	Fügt das Tag <*B*> (fett) ein

Symbol	Funktion
I	Fügt das Tag <I> (kursiv) ein
S	Fügt das Tag ein <STRONG> (fett)
em	Fügt das Tag <EM> (kursiv) ein
¶	Fügt das Tag <P> ein
["••"]	Fügt das Tag <BLOCKQUOTE> ein (Einrückung)
PRE	Fügt das Tag <PRE> ein (Text ohne Umbruch)
h1	Fügt das Tag <H1> ein (Überschrift 1)
h2	Fügt das Tag <H2> ein (Überschrift 2)
h3	Fügt das Tag <H3> ein (Überschrift 3)
ul	Fügt das Tag <UL> ein (ungeordnete Liste)
ol	Fügt das Tag <OL> ein (geordnete Liste)
li	Fügt das Tag <LI> ein (Listenelement)
dl	Fügt das Tag <DL> ein (Definitionsliste)
dt	Fügt das Tag <DT> ein (Definitionsbegriff)
dd	Fügt das Tag <DD> ein (Definitionsbeschreibung)
abbr.	Fügt die Definition einer Abkürzung ein
W3C	Fügt die Definition eines Synonyms ein

Referenz

Das Register *Tabellen*

Das Register *Tabellen* ermöglicht das Einfügen einer Tabelle oder bestimmter Tabellen-Tags.

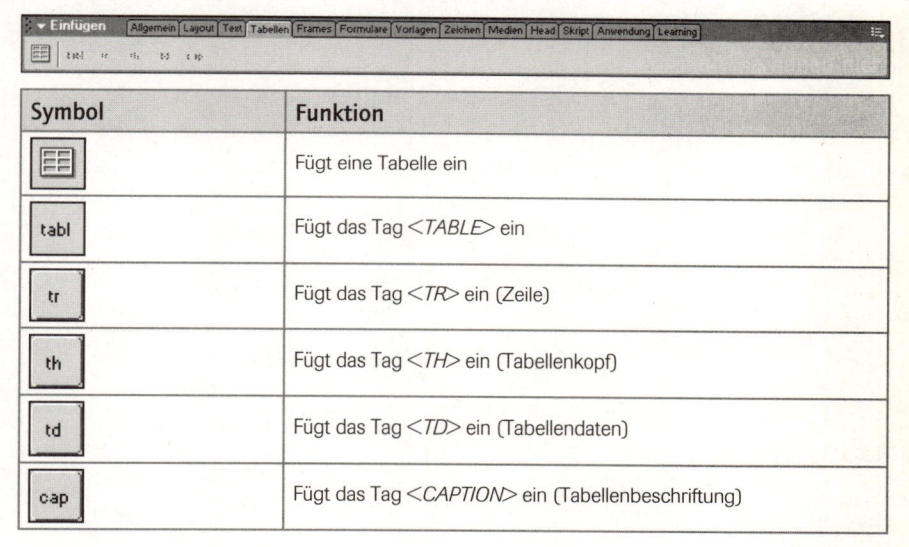

Symbol	Funktion
	Fügt eine Tabelle ein
tabl	Fügt das Tag <TABLE> ein
tr	Fügt das Tag <TR> ein (Zeile)
th	Fügt das Tag <TH> ein (Tabellenkopf)
td	Fügt das Tag <TD> ein (Tabellendaten)
cap	Fügt das Tag <CAPTION> ein (Tabellenbeschriftung)

Das Register *Frames*

Das Register *Frames* enthält häufig verwendete Frameset-Layouts.

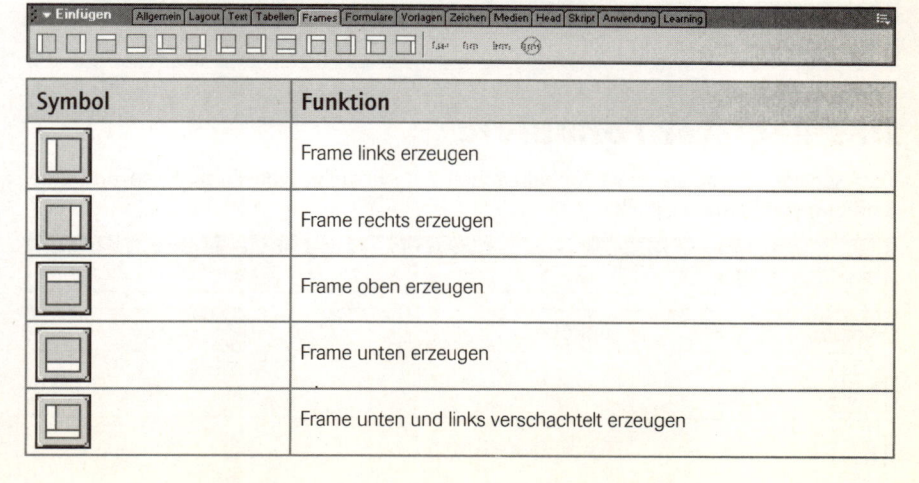

Symbol	Funktion
	Frame links erzeugen
	Frame rechts erzeugen
	Frame oben erzeugen
	Frame unten erzeugen
	Frame unten und links verschachtelt erzeugen

Symbol	Funktion
	Frame unten und rechts verschachtelt erzeugen
	Frame links und unten verschachtelt erzeugen
	Frame rechts und unten verschachtelt erzeugen
	Frame oben und unten erzeugen
	Frame links und oben verschachtelt erzeugen
	Frame rechts und oben verschachtelt erzeugen
	Frame oben und links verschachtelt erzeugen
	Frame oben und rechts verschachtelt erzeugen
fset	Fügt das Tag <FRAMESET> ein
frm	Fügt das Tag <FRAME> ein
ifrm	Fügt das Tag <IFRAME> ein (Frame in einer Seite)
	Entfernt alle Frame-Tags

Das Register *Formulare*

Das Register *Formulare* bietet Schaltflächen zum Erstellen von Formularen und zum Einfügen von Formularobjekten.

Symbol	Funktion
	Fügt ein Formular ein
	Fügt ein Textfeld ein

Referenz

Symbol	Funktion
	Fügt ein verstecktes Feld ein
	Fügt einen Textbereich ein
	Fügt ein Kontrollkästchen ein
	Fügt einen Optionsschalter ein
	Fügt eine Optionsschaltergruppe ein
	Fügt eine Liste oder ein Menü ein
	Fügt ein Sprungmenü ein
	Fügt ein Bildfeld ein
	Fügt ein Dateifeld ein
	Fügt eine Schaltfläche ein
	Fügt eine Beschriftung ein
	Fügt eine Feldgruppe ein

Das Register *Vorlagen*

Das Register *Vorlagen* hilft beim Einfügen von bearbeitbaren, optionalen und sich wiederholenden Bereichen in Vorlagendateien.

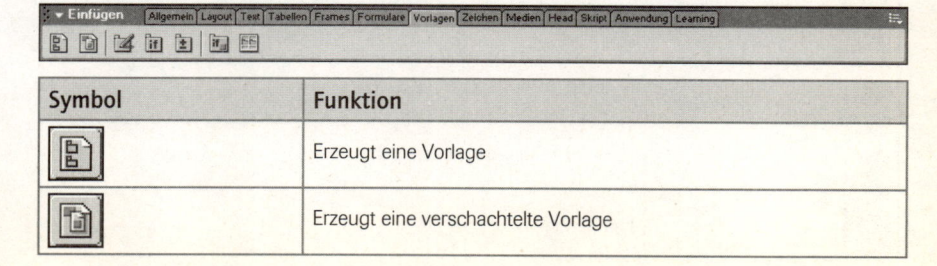

Symbol	Funktion
	Erzeugt eine Vorlage
	Erzeugt eine verschachtelte Vorlage

Symbol	Funktion
	Erzeugt einen bearbeitbaren Bereich
	Erzeugt einen optionalen Bereich
	Erzeugt einen wiederholenden Bereich
	Erzeugt einen bearbeitbaren optionalen Bereich
	Erzeugt eine wiederholende Tabelle

Das Register *Zeichen*

Das Register *Zeichen* enthält Sonderzeichen wie zum Beispiel das Copyright-Symbol, typographische Anführungszeichen und Symbole für Markennamen.

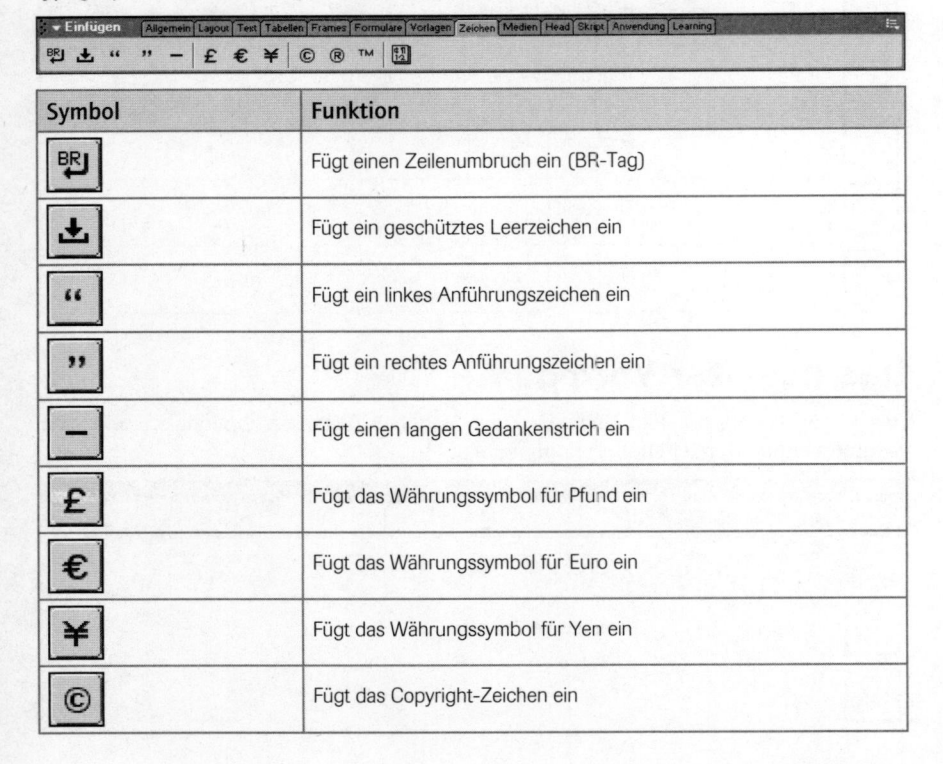

Symbol	Funktion
BR	Fügt einen Zeilenumbruch ein (BR-Tag)
	Fügt ein geschütztes Leerzeichen ein
"	Fügt ein linkes Anführungszeichen ein
"	Fügt ein rechtes Anführungszeichen ein
—	Fügt einen langen Gedankenstrich ein
£	Fügt das Währungssymbol für Pfund ein
€	Fügt das Währungssymbol für Euro ein
¥	Fügt das Währungssymbol für Yen ein
©	Fügt das Copyright-Zeichen ein

Symbol	Funktion
 ®	Fügt das Registriert-Zeichen ein
 TM	Fügt das Trademark-Zeichen ein
	Fügt andere Sonderzeichen ein

Das Register *Medien*

Das Register *Medien* enthält Schaltflächen zum Einfügen animierter oder interaktiver Medienobjekte wie Flash-Schaltflächen und -Texte, Java-Applets sowie ActiveX-Objekte.

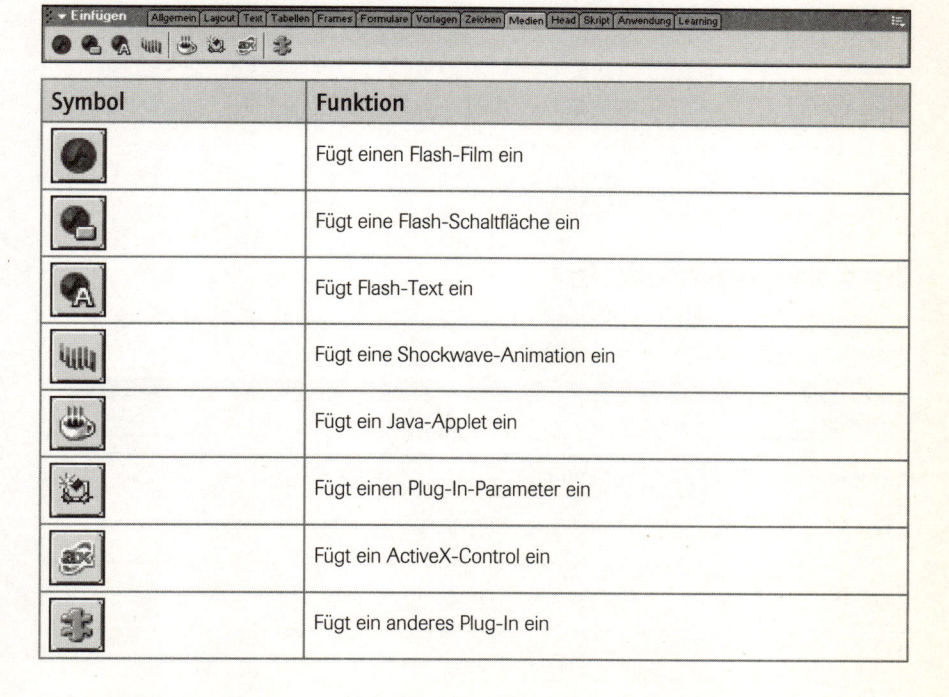

Symbol	Funktion
	Fügt einen Flash-Film ein
	Fügt eine Flash-Schaltfläche ein
	Fügt Flash-Text ein
	Fügt eine Shockwave-Animation ein
	Fügt ein Java-Applet ein
	Fügt einen Plug-In-Parameter ein
	Fügt ein ActiveX-Control ein
	Fügt ein anderes Plug-In ein

Das Register *Head*

Das Register *Head* bietet Schaltflächen, mit denen Sie verschiedene HEAD-Elemente hinzufügen wie beispielsweise die Tags META und BASE.

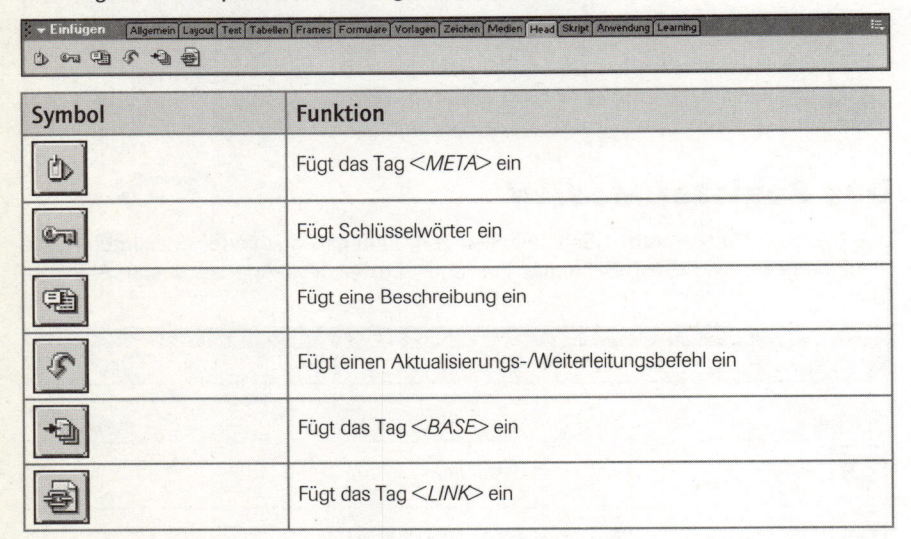

Symbol	Funktion
	Fügt das Tag <*META*> ein
	Fügt Schlüsselwörter ein
	Fügt eine Beschreibung ein
	Fügt einen Aktualisierungs-/Weiterleitungsbefehl ein
	Fügt das Tag <*BASE*> ein
	Fügt das Tag <*LINK*> ein

Das Register *Skript*

Das Register *Skript* bietet Schaltflächen zum Einfügen eines Skripts, eines NOSCRIPT-Bereichs oder eines Server-Side Includes.

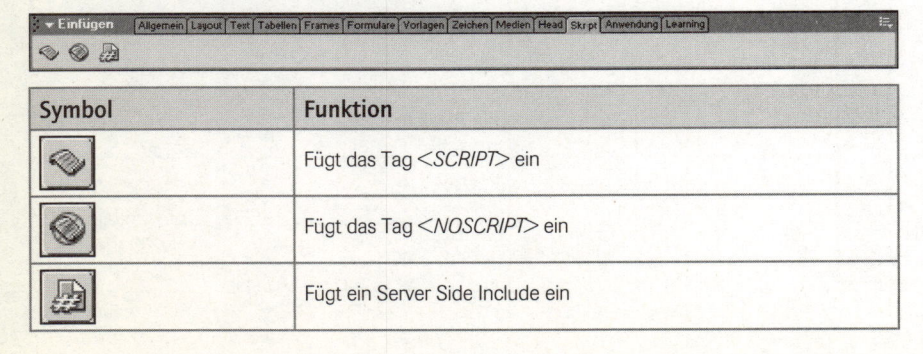

Symbol	Funktion
	Fügt das Tag <*SCRIPT*> ein
	Fügt das Tag <*NOSCRIPT*> ein
	Fügt ein Server Side Include ein

Das Register *Anwendung*

Mit dem Register *Anwendung* können Sie dynamische Elemente, z.B. Datensatzgruppen, wiederholte Bereiche sowie Formulare zum Einfügen und Aktualisieren von Datensätzen hinzufügen.

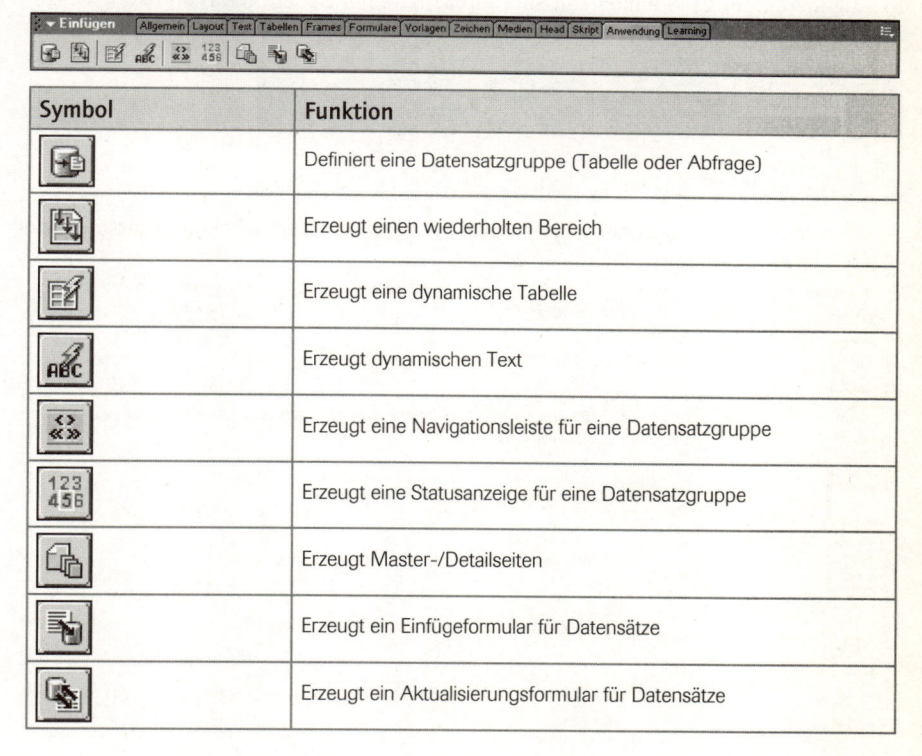

Symbol	Funktion
	Definiert eine Datensatzgruppe (Tabelle oder Abfrage)
	Erzeugt einen wiederholten Bereich
	Erzeugt eine dynamische Tabelle
	Erzeugt dynamischen Text
	Erzeugt eine Navigationsleiste für eine Datensatzgruppe
	Erzeugt eine Statusanzeige für eine Datensatzgruppe
	Erzeugt Master-/Detailseiten
	Erzeugt ein Einfügeformular für Datensätze
	Erzeugt ein Aktualisierungsformular für Datensätze

Wichtige Hinweise

- Je nach benutzter Datenbankanwendung (APS, PHP, JSP, ColdFusion oder andere) erscheint zusätzlich im Bedienfeld *Einfügen* ein Register zu dieser Datenbankanwendung, mit der Sie spezifische Skript-Tags und -Elemente einfügen können.
- Dreamweaver kann so genannte Extensions installieren, die den Befehlsumfang von Dreamweaver erweitern. Einige dieser Extensions wie zum Beispiel die e-Learning-Extensions *Learning Site* und *CourseBuilder* blenden zusätzliche Register in das Bedienfeld *Einfügen* ein.

Der Eigenschafteninspektor

Der Eigenschafteninspektor ist das flexibelste Bedienfeld in Dreamweaver: Er zeigt zu jedem markierten Objekt auf der Seite alle Formatier- und Einstellmöglichkeiten an. Sie markieren ein bestimmtes Tag sehr einfach, indem Sie auf die Markierungsleiste am unteren Rand eines Dokumentfensters klicken.

Je nach markiertem Tag oder Objekt zeigt der Eigenschafteninspektor unterschiedliche Steuerelemente und Symbole an.

Symbol	Funktion
	Zeigt die Hilfe zum aktuellen Objekt an
	Öffnet den Quick-Tag-Editor, mit dem ein einzelner Tag bearbeitet werden kann
	Erweitert den Eigenschafteninspektor
	Verkleinert den Eigenschafteninspektor
	Öffnet ein Dialogfeld zur Auswahl von Dateien
	Der Dateizeiger fügt eine Datei aus dem Bedienfeld *Site* in ein Textfeld ein.
	Öffnet eine Farbpalette zur Auswahl von Farben
	Schaltet von CSS- nach HTML-Formatierung um
	Schaltet von HTML- nach CSS-Formatierung um

Referenz

Symbol	Funktion
	Fügt einen rechteckigen Hotspot in eine Grafik ein
	Fügt einen runden Hotspot in eine Grafik ein
	Fügt einen unregelmäßigen Hotspot in eine Grafik ein
	Markiert einen Hotspot
	Verbindet Tabellenzellen
	Teilt Tabellenzellen
	Löscht Spaltenbreiten
	Konvertiert Tabellenbreite in Pixel
	Konvertiert Tabellenbreite in Prozent
	Löscht Zeilenhöhen
	Konvertiert Tabellenhöhe in Pixel
	Konvertiert Tabellenhöhe in Prozent
	Platzhalterbild entfernen
	Verschachtelung der Layouttabelle entfernen

Der Eigenschafteninspektor für Text

Der Eigenschafteninspektor für Text zeigt die Formatierungsattribute des im Dokument markierten Textes an. Sie können mit den Steuerelementen im Eigenschafteninspektor die Formatierung ändern. Die geänderten Formate werden sofort auf den Text angewendet.

Mit dem Eigenschafteninspektor können Sie HTML- oder CSS-Formatierungen anwenden. Bei der HTML-Formatierung wählen Sie Textformate wie Schriftart, Schriftgröße, und Schriftstil. Bei CSS-Formatierung wenden Sie einen CSS-Stil auf markierten Text an.

Der Eigenschafteninspektor für Grafiken

Der Eigenschafteninspektor für Grafiken legt die Eigenschaften eines Bildes fest. Sie können hier unter anderem die Bildquelle ändern, die Breite und Höhe des Bildes anpassen sowie einen Grafikeditor mit dem Bild öffnen.

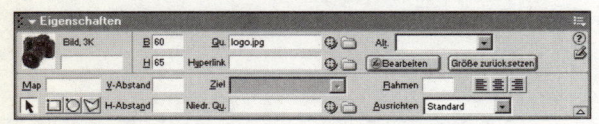

Eine wichtige Zusatzfunktion des Eigenschaftsinspektors ist das Zeichnen von Hotspots mit den Symbolen unten links. Hotspots sind aktive Bereiche auf einer Grafik, die nach einem Mausklick eine Aktion ausführen können.

Der Eigenschafteninspektor für Tabellen

Der Eigenschafteninspektor für Tabellen enthält alle Formatierungsoptionen, die für eine Tabelle als Ganzes gelten.

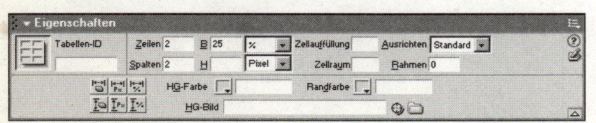

Unter anderem bestimmen Sie in diesem Eigenschafteninspektor die Ausrichtung der Tabelle sowie Hintergrundfarben und Randeinstellungen.

Der Eigenschafteninspektor für Tabellenzellen

Der Eigenschafteninspektor für Tabellenzellen wird für die Formatierung einzelner oder mehrerer markierter Zellen sowie für ganze Spalten und Zeilen benutzt. Er enthält Formatoptionen für den Text in einer Zelle sowie für die Zelle selbst.

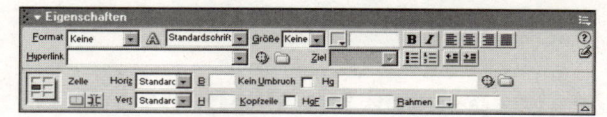

Unter anderem bestimmen Sie hier die horizontale und vertikale Ausrichtung des Zellinhalts sowie Rahmen und Hintergründe.

Der Eigenschafteninspektor für Ebenen

Der Eigenschafteninspektor für Ebenen enthält alle Optionen, die für eine Ebene gelten. Der Inhalt der Ebene wird verändert, indem Sie ihn markieren und dann formatieren.

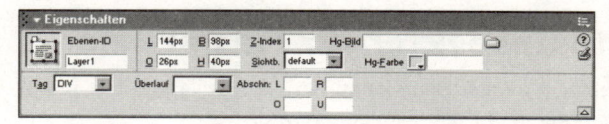

Hier bestimmen Sie unter anderem Breite, Höhe und Position sowie Sichtbarkeit der Ebene.

Der Eigenschafteninspektor für Framesets

Mit dem Eigenschafteninspektor für Framesets bestimmen Sie die Breite der Frames innerhalb eines Framesets sowie die Breite der Frame-Rahmen.

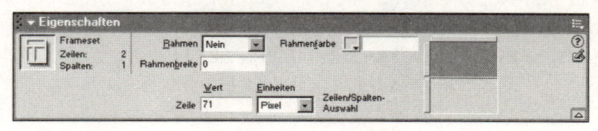

Der Eigenschafteninspektor für Frames

Der Eigenschafteninspektor für Frames dient zum Einfügen von Dateien in einen Frame sowie der Veränderung der Rahmenfarbe.

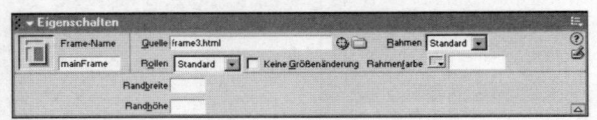

Der Eigenschafteninspektor für Plug-Ins

Mit dem Eigenschafteninspektor für Plug-Ins geben Sie die Quelldatei eines Plug-Ins an sowie die Größe des Rechtecks, das durch das Plug-In belegt wird. Außerdem können Sie hier eine URL angeben, über die das Plug-In geladen werden kann.

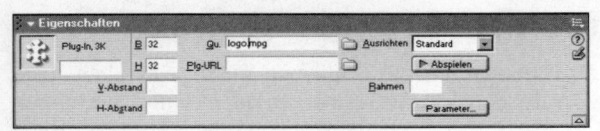

Der Eigenschafteninspektor für Flash-Filme

Mit dem Eigenschafteninspektor für Flash-Filme legen Sie die Flash-Datei fest sowie die Größe des Rechtecks, die durch den Flash-Film belegt wird.

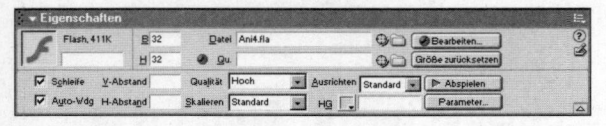

Außerdem können Sie bei einem Flash-Film bestimmte Abspielparameter wie Wiederholung oder Abspielen in einer Schleife festlegen. Durch einen Klick auf *Abspielen* können Sie den Flash-Film in Dreamweaver laufen lassen. Nach einem Klick auf *Bearbeiten* öffnet sich Flash mit der Quelldatei des Films, die Sie bei *Qu.* angeben können. Um den Film in Originalgröße auszugeben, klicken Sie einfach auf *Größe zurücksetzen*.

Das Bedienfeld *Site*

Das Bedienfeld *Site* ist standardmäßig in den Arbeitsbereich von Dreamweaver integriert. Sie können das Bedienfeld erweitern, um eine geteilte Ansicht einer Site zu sehen. Bei der geteilten Ansicht haben Sie die Wahl, ob die lokale Site und die Remote-Site, der Testserver oder die Sitemap angezeigt werden sollen.

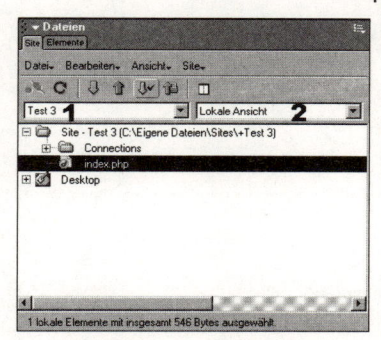

In der verkleinerten Ansicht des Bedienfelds *Site* können Sie in Liste 1 die Website auswählen und in der Liste 2 einstellen, was angezeigt werden soll. Sie finden dort die Einträge *Lokale Ansicht, Remote-Ansicht, Testserver* oder *Sitemap-Ansicht*.

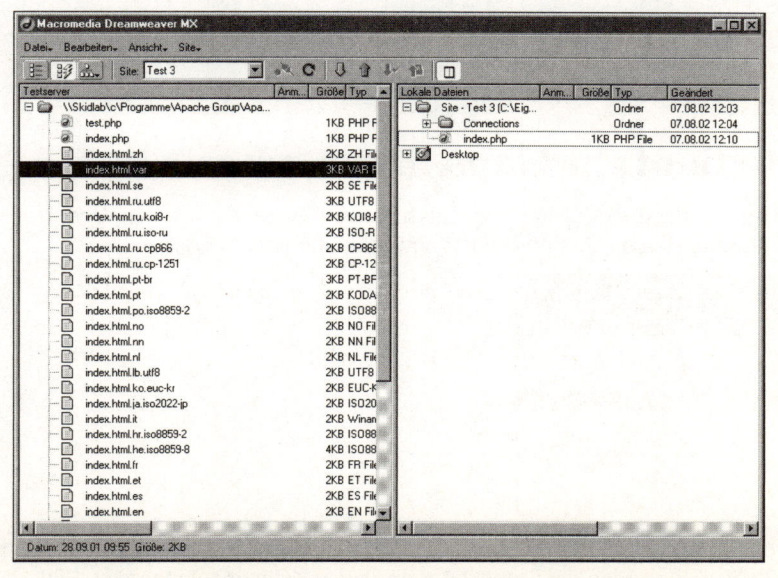

In der vergrößerten Ansicht des Bedienfelds *Site* können Sie links neben der Ansicht der lokalen Site entweder *Remote-Ansicht, Testserver-Ansicht* oder *Sitemap-Ansicht* auswählen.

Symbol	Funktion
	Stellt eine Verbindung zum entfernten Host her
	Aktualisiert die Dateiliste
	Ruft die Dateien von der Remote-Site ab
	Stellt die Dateien auf der Remote-Site bereit
	Checkt die Dateien aus
	Checkt die Dateien ein
	Bedienfeld *Site* erweitern/wiederherstellen
	Remote-Site anzeigen
	Testserver anzeigen
	Sitemap anzeigen

Das Bedienfeld *Elemente*

Elemente sind z. B. Bilder oder Filme, die innerhalb der Site benutzt werden. Über das Bedienfeld *Elemente* lassen sie sich einfach verwalten und organisieren.

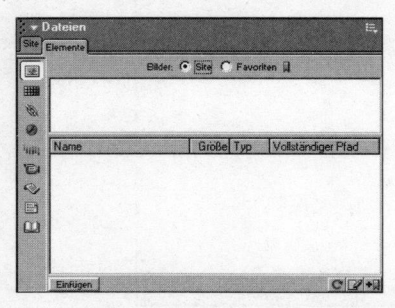

In diesem Bedienfeld werden die Elemente in folgenden Kategorien angezeigt: Bilder, Farben, URLs, Flash-Filme, Shockwave-Filme, MPEG- und QuickTime-Filme, Skripte, Vorlagen und Bibliothekselemente.

Symbol	Funktion
	Verwaltet Bilddateien im GIF-, JPEG- oder PNG-Format
	Verwaltet Farben oder Farbschemata
	Verwaltet Hyperlinks auf externe Sites
	Verwaltet Flash-Filme
	Verwaltet Shockwave-Animationen
	Verwaltet Filme für QuickTime oder MPEG
	Verwaltet JavaScript- oder VBScript-Dateien
	Verwaltet Vorlagendateien
	Verwaltet Bibliothekselemente
	Erzeugt einen neuen Favoritenordner
	Fügt ein neues Element hinzu
	Bearbeitet das markierte Element
	Löscht das markierte Element
Einfügen	Fügt das markierte Element ein
	Aktualisierte die Liste der Elemente
	Erzeugt aus dem Element einen Favoriten

Das Bedienfeld *CSS-Stile*

Mit dem Bedienfeld *CSS-Stile* können Sie CSS-Stile erstellen, ihre Eigenschaften anzeigen und auf Elemente im Dokument anwenden.

In der Ansicht *Stile anwenden* weisen Sie einem Absatz oder einem anderen HTML-Objekt einen Stil zu, indem Sie einfach auf den Stil klicken.

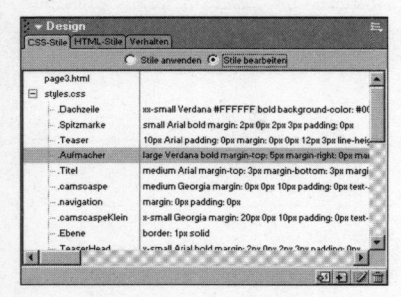

In der Ansicht *Stile bearbeiten* können Sie keine Stile zuweisen, sondern sie nur bearbeiten. Sie sehen hier alle Formatoptionen in der Liste.

Symbol	Funktion
	Verknüpft die Seite mit einem Stylesheet
	Erzeugt einen neuen CSS-Stil
	Bearbeitet den markierten CSS-Stil
	Löscht den markierten CSS-Stil

Das Bedienfeld *Ebenen*

Mit dem Bedienfeld *Ebenen* können Sie die Ebenen in Ihrem Dokument verwalten. Die Namen der Ebenen werden in einer Liste in der Reihenfolge des Z-Index angezeigt. Dabei finden Sie die zuerst erzeugte Ebene ganz unten in der Liste, die neueste Ebene ganz oben. Verschachtelte Ebenen werden durch Namen dargestellt, die mit den übergeordneten Ebenen verbunden sind. Klicken Sie auf das Plus- oder das Minuszeichen, um verschachtelte Ebenen ein- oder auszublenden.

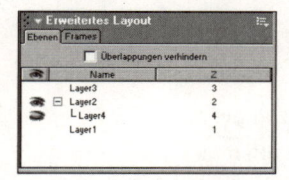

◆ Durch Anklicken der Spalte mit dem Augensymbol können Sie die Ebenen ein- oder ausblenden. Wenn eine Ebene kein Augensymbol trägt, ist die Sichtbarkeit auf *Standard* eingestellt. Hierbei übernimmt die Ebene die Sichtbarkeit der übergeordneten Ebene. Bei nicht verschachtelten Ebenen ist das übergeordnete Element der immer sichtbare Hauptteil des Dokuments.
◆ Durch Anklicken der Spalte *Name* geben Sie der Ebene einen neuen Namen.
◆ Durch Anklicken der Spalte *Z* ändern Sie Stapelreihenfolge (Z-Index) der Ebenen, indem Sie eine andere Zahl eingeben.

Das Bedienfeld *Frames*

Im Bedienfeld *Frames* werden die Frames innerhalb eines Framesets dargestellt. Wenn Sie im Bedienfeld auf Frames oder Framesets klicken, werden diese im Dokument ausgewählt. Anschließend können Sie die Eigenschaften des ausgewählten Frames oder Framesets im Eigenschafteninspektor bearbeiten.

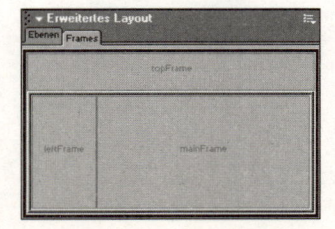

Im Bedienfeld *Frames* wird die Hierarchie der Framesets übersichtlicher dargestellt als im Dokumentfenster. Die einzelnen Framesets sind in diesem Bedienfeld durch eine extra dicke Rahmenlinie gekennzeichnet, während die einzelnen Frames an einer dünnen grauen Rahmenlinie und dem Frame-Namen zu erkennen sind.

Das Bedienfeld *Verhalten*

Mit dem Bedienfeld *Verhalten* können Sie für Seitenelemente oder Tags ein Verhalten definieren und Parameter eines zuvor zugewiesenen Verhaltens ändern.

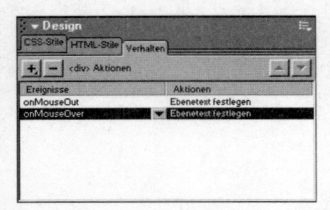

- Klicken Sie auf das Plussymbol, um ein Verhalten hinzuzufügen.
- Klicken Sie auf das Minussymbol, um ein Verhalten zu entfernen.
- Die Pfeilschaltflächen verschieben das markierte Verhalten.
- Ein Klick auf den Abwärtspfeil neben einem Ereignis zeigt eine Liste zur Auswahl des Ereignisses an.
- Ein Doppelklick auf *Verhalten* öffnet das Verhalten zur Bearbeitung.

Verhalten im Überblick

Verhalten	Funktion
Audio abspielen	Spielt eine Audiodatei ab
Bild austauschen	Tauscht eine Grafik gegen eine andere Grafik aus
Bildaustausch wiederherstellen	Stellt den Bildaustausch wieder her und zeigt wieder die ursprüngliche Grafik
Bilder vorausladen	Lädt Bilder, bevor sie angezeigt werden
Browser überprüfen	Überprüft das Vorhandensein einer Browser-Version
Browserfenster öffnen	Öffnet ein neues Browser-Fenster
Ebene ziehen	Ermöglicht das Ziehen einer Ebene mit der Maus
Ebenen ein-/ausblenden	Ermöglicht das Anzeigen oder Verstecken einer Ebene
Eigenschaft ändern	Ändert ein Attribut in einem Tag
Formular überprüfen	Prüft den Datentyp von Formulartextfeldern
Gehe zu URL	Geht zu einer URL
JacaScript aufrufen	Ruft eine Funktion in einem Skript auf
Navigationsleistenbild festlegen	Ändert das Bild in einer Navigationsleiste
Popup-Meldung	Zeigt ein Dialogfeld mit einer Meldung an
Popup-Menü anzeigen	Popupmenü-Verhalten (Nicht manuell nutzen)

Verhalten	Funktion
Plug-In überprüfen	Überprüft das Vorhandensein eines Plug-Ins
Popup-Menü ausblenden	Blendet das Popup-Menü wieder aus
Shockwave oder Flash Film steuern	Sendet Befehle an eine Animation
Sprungmenü	Sprungmenü-Verhalten (Nicht manuell nutzen)
Sprungmenü Gehe zu	Sprungmenü-Verhalten (Nicht manuell nutzen)
Inf. über ziehbare Ebene	Ermittelt die Position einer Ebene
Textrahmen einstellen	Ermöglicht die Textausgabe in einem Frame
Ebenentext festlegen	Ermöglicht die Textausgabe in einer Ebene
Statusleistentext festlegen	Ermöglicht die Textausgabe in der Statusleiste
Text von Textfeld einstellen	Ermöglicht die Textausgabe in einem Formulartextfeld
Gehe zu Zeitleistenbild	Zeigt ein bestimmtes Einzelbild in der Zeitleiste an
Zeitleiste abspielen	Startet die Wiedergabe der Zeitleiste
Zeitleiste anhalten	Beendet die Wiedergabe der Zeitleiste

Ereignisse im Überblick

Das Ereignis	Wird ausgelöst durch
onAbort	das Ende einer Aktion
onBlur	das Deaktivieren eines Elements
onChange	Änderung eines Elements
onClick	Anklicken eines Elements
onDblClick	Doppelklicken eines Elements
onError	einen Fehler
onFocus	das Aktivieren eines Elements
onKeyDown	eine niedergedrückte die Taste
onKeyPress	eine gedrückt gehaltene Taste
onKeyup	eine losgelassene Taste
onLoad	das Laden der Webseite
onMouseDown	eine gedrückte Maustaste
onMouseMove	eine Mausbewegung
onMouseOut	das Verlassen des Elements mit der Maus
onMouseOver	das Überfahren des Elements mit der Maus

Das Ereignis	Wird ausgelöst durch
onMouseUp	eine losgelassene Maustaste
onReset	das Zurücksetzen des Formulars
onSelect	das Markieren von Text
onSubmit	das Absenden des Formulars
onUnload	das Verlassen der Webseite

Das Bedienfeld *Zeitleisten*

Das Bedienfeld *Zeitleisten* zeigt, wie sich die Eigenschaften von Ebenen und Bildern im Zeitverlauf ändern.

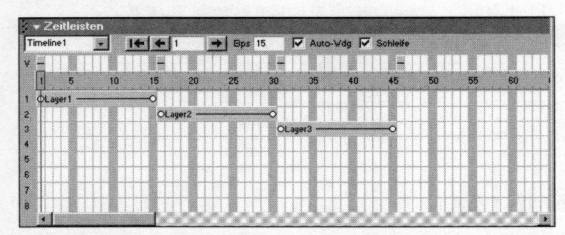

Die nummerierten Spalten entsprechen den Einzelbildern einer Animation. Die nummerierten Zeilen heißen Animationskanäle und nehmen HTML-Objekte auf, die als Streifen dargestellt werden. Die Bezeichnung dafür ist Animationsleiste. Die Zeile mit der Beschriftung „*V*" heißt Verhaltenskanal und nimmt Verhalten (Ereignisse mit Aktionen) auf und stellt sie ebenfalls als Streifen dar. Die Abspielmarkierung zeigt, welches Bild der Zeitleiste momentan im Dokumentfenster angezeigt wird.

Das Bedienfeld *Tag-Inspektor*

Mit dem *Tag-Inspektor* können Sie Tags auf einer Eigenschaftenseite bearbeiten, die den bei Programmierumgebungen üblichen Eigenschaftenseiten ähnelt.

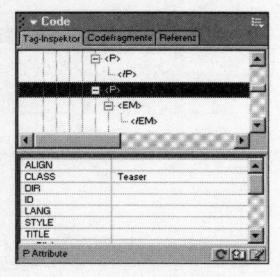

Referenz 229

Im Tag-Inspektor werden im oberen Bereiche alle Tags des Dokuments in hierarchischer Form dargestellt. Darunter sehen Sie die eigentliche Eigenschaftenseite, die in Spalten jedes Attribut und jedes Ereignis für einen Tag auflistet. Sie können die angezeigten Werte verändern und neue Werte zu leeren Attributen hinzufügen.

Symbol	Funktion
	Tag-Inspektor aktualisieren
	Tag-Referenz für markiertes Tag
	Tag-Editor für markiertes Tag

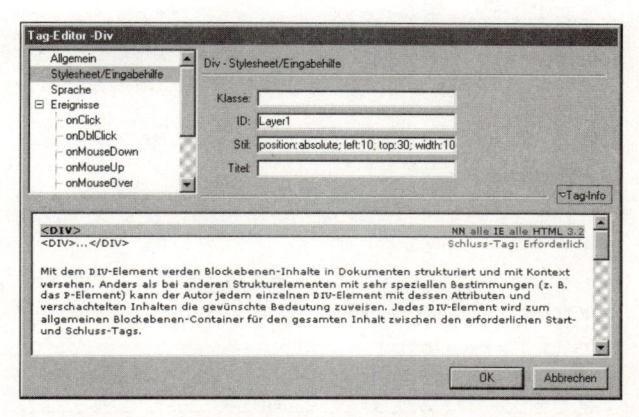

Der Tag-Editor hilft bei der Bearbeitung der verschiedenen Attribute, da er nur die jeweils gültigen Attribute mit allen vordefinierten Werten und Einstellungen zur Auswahl anbietet. Nach einem Klick auf *Tag-Info* sehen Sie Referenzinfos zu dem aktuell angezeigten Tag.

Das Bedienfeld *Codeinspektor*

Der Quellcode des aktuellen Dokuments kann auf verschiedene Weise angezeigt werden:

- Sie können ihn im Dokumentfenster anzeigen, indem Sie die Codeansicht aktivieren.
- Sie können das Dokumentfenster teilen, so dass sowohl die Seite als auch der zugehörige Code angezeigt werden.
- Sie können im Codeinspektor arbeiten.

Codeansicht und Codeinspektor besitzen dieselben Funktionen. Der Vorteil des Codeinspektors: Sie können das Bedienfeld besser skalieren als das geteilte Dokumentfenster.

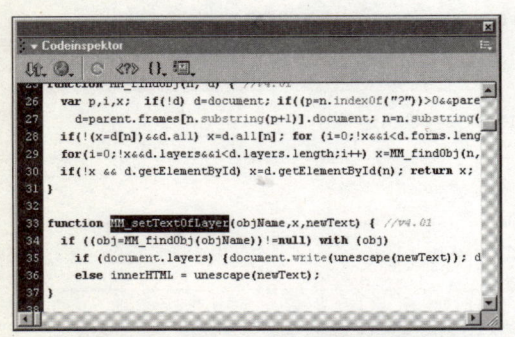

Symbol	Funktion
	Befehle zur Dateiverwaltung
	Vorschau im Browser
	Entwurfsansicht aktualisieren
	Referenz für markierten Tag/Befehl
	Liste aller Funktionen im Script
	Ansichtsoptionen für den Codeinspektor

Referenz *231*

Das Bedienfeld *Codefragmente*

Mit dem Bedienfeld *Codefragmente* können Sie Inhalte speichern, um bei Bedarf schnell darauf zurückgreifen zu können. Codefragmente können aus HTML, JavaScript, CFML, ASP, JSP und anderem Code bestehen. In Dreamweaver stehen außerdem vordefinierte Codefragmente zur Verfügung, die als Ausgangspunkt verwendet werden können.

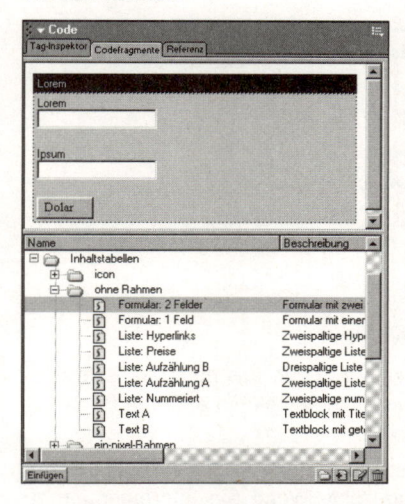

Im oberen Bereich des Bedienfelds *Codefragmente* sehen Sie eine Vorschau des markierten Codefragments. Ein Doppelklick fügt ein Codefragment in die Webseite ein.

Symbol	Funktion
	Erzeugt einen neuen Ordner für Codefragmente
	Fügt die Markierung als Codefragment hinzu
	Bearbeitet das markierte Codefragment
	Löscht das markierte Codefragment
Einfügen	Fügt das markierte Codefragment ein

Das Bedienfeld *Referenz*

Im Bedienfeld *Referenz* steht Ihnen eine Kurzreferenz für HTML, CSS, JavaScript, CFML, JSP und ASP zur Verfügung. Das Bedienfeld *Referenz* enthält Informationen zu spezifischen Tags, Objekten und Stilen, mit denen Sie in der Codeansicht arbeiten können.

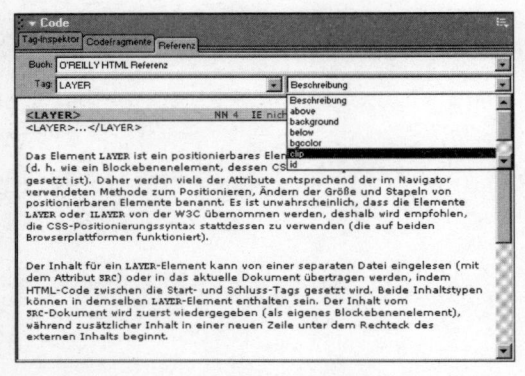

- In der Liste *Buch* wird der Name des Buches angezeigt, aus dem das Referenzmaterial stammt. Wenn Sie Tags, Objekte oder Stile aus einem anderen Buch anzeigen möchten, wählen Sie ein neues Buch aus.
- In der Liste *Tag, Objekt* oder *Stil* (je nach ausgewähltem Buch) wird das in der Codeansicht ausgewählte Schlüsselwort angezeigt. Wenn Sie Informationen zu einem anderen Schlüsselwort anzeigen möchten, wählen Sie dies in der Liste aus.
- Neben der Liste *Tag, Objekt* oder *Stil* befindet sich eine weitere Liste mit den Attributen für das gewählte Schlüsselwort. Mit der Standardauswahl *Beschreibung* wird eine Erklärung des gewählten Schlüsselworts angezeigt.

Das Bedienfeld *HTML-Stile*

Das Bedienfeld *HTML-Stile* gibt es nur aus Gründen der Kompatibilität mit Websites aus älteren Dreamweaver-Versionen. Sie sollten in einer modernen Website keine HTML-Stile benutzen, sondern ausschließlich CSS-Stile.

Es gibt zwei Arten von HTML-Stilen: Absatzstile und Auswahlstile. Absatzstile sind durch ein Absatzzeichen gekennzeichnet und dienen zum Formatieren von Absätzen. Auswahlstile sind durch ein „a" gekennzeichnet und dienen zum Formatieren von Text, den Sie ausgewählt haben.

Mit den Einträgen *Auswahlstil löschen* und *Absatzstil löschen* können Sie alle Format-Tags aus dem markierten Text entfernen, um anschließend CSS-Stile darauf anzuwenden. Sie können diese Befehle auch benutzen, um Webseiten aus anderen Quellen für CSS-Stile vorzubereiten.

Referenz 233

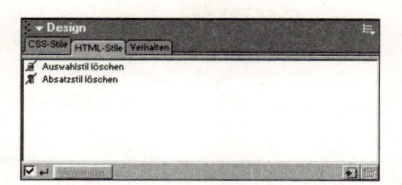

Das Bedienfeld *Antworten*

Das Bedienfeld *Antworten* verschafft Ihnen schnellen Zugriff auf Informationen, die Ihnen ein effektives Arbeiten mit Dreamweaver erleichtern. Dazu zählen TechNotes, Dreamweaver-Erweiterungen und anderer nützlicher Inhalt.

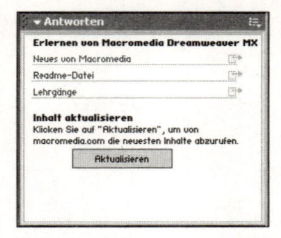

Das Bedienfeld *Verlauf*

Im Bedienfeld *Verlauf* finden Sie eine Liste mit Befehlen, die Sie im aktuellen Dokument seit dem Anlegen oder Öffnen ausgeführt haben. Hiermit können Sie einen oder mehrere Befehle rückgängig machen, Befehle wiederholen und neue Befehle erstellen, um sich wiederholende Aufgaben zu automatisieren. Wenn die maximale Anzahl von Schritten erreicht ist, werden die ältesten Schritte gelöscht.

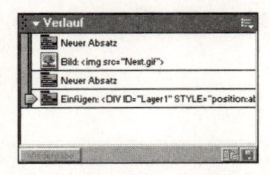

Auf die folgende Weise machen Sie den zuletzt ausgeführten Arbeitsschritt rückgängig: Ziehen Sie den Regler im Bedienfeld *Verlauf* um einen Arbeitsschritt in der Liste nach oben. Die Wirkung entspricht dem Wählen von *Bearbeiten > Rückgängig*. Der rückgängig gemachte Schritt wird grau angezeigt.

Auf die folgende Weise legen Sie die Anzahl der im Bedienfeld *Verlauf* gespeicherten Schritte fest: Wählen Sie *Bearbeiten > Voreinstellungen*, aktivieren Sie die Kategorie *Allgemein*, und geben Sie unter *Zulässige Höchstzahl der Verlaufsschritte* die gewünschte Zahl ein.

> **Hinweis**
>
> Je höher die Zahl ist, desto mehr Speicher ist für das Bedienfeld *Verlauf* erforderlich. Dies kann die Leistung und Geschwindigkeit Ihres Computers beeinträchtigen.

Die Bedienfeldgruppe *Ergebnisse*

In der Bedienfeldgruppe *Ergebnisse* zeigt Dreamweaver die Ergebnisse bestimmter Funktionen wie *Suchen und Ersetzen* oder *Hyperlinks überprüfen* an.

Symbol	Funktion
	Ausführen der jeweiligen Funktion
	Abbrechen der jeweiligen Funktion
	Weitere Informationen anzeigen
	Bericht speichern
	Bericht durchsuchen

Das Bedienfeld *Suchen*

Das Bedienfeld *Suchen* listet alle Suchergebnisse auf, wenn Sie die Funktion *Alle suchen* ausführen.

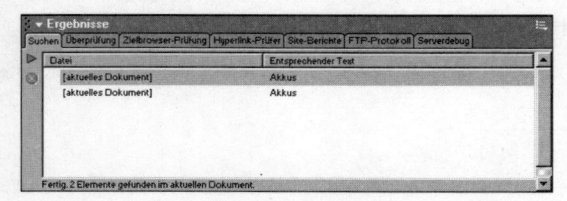

Das Bedienfeld *Überprüfung*

Mit dem Bedienfeld *Überprüfung* können Sie feststellen, ob in Ihrem Code Tag- oder Syntaxfehler vorhanden sind. Die Funktion unterstützt viele Tag-basierte Sprachen, darunter mehrere Versionen von HTML, XHTML, ColdFusion Markup Language (CFML), JavaServer Pages (JSP) und Wireless Markup Language (WML). Auch XML-Dokumente können damit überprüft werden.

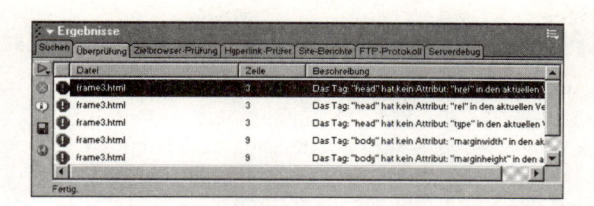

Das Bedienfeld *Zielbrowser-Prüfung*

Mit dem Bedienfeld *Zielbrowser-Prüfung* können Sie feststellen, ob der HTML-Code eines Dokuments Tags oder Attribute enthält, die von bestimmten Browsern nicht unterstützt werden.

Diese Funktion ermittelt anhand von Browserprofilen, welche Tags von bestimmten Browsern unterstützt werden. Dreamweaver enthält vordefinierte Profile für Netscape Navigator ab Version 2.0, Microsoft Internet Explorer ab Version 2.0 und Opera ab Version 2.1.

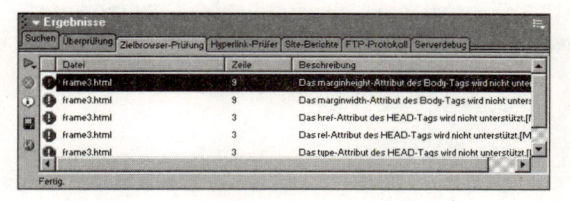

Das Bedienfeld *Hyperlink-Prüfer*

Mit dem Bedienfeld *Hyperlink-Prüfer* können Sie fehlerhafte Hyperlinks sowie nicht referenzierte Dateien in einer geöffneten Datei, dem Teil einer Site oder in einer ganzen Site suchen. Dreamweaver prüft nur die Hyperlinks zu Dokumenten innerhalb der Site. Dreamweaver zeigt zwar eine Liste der externen Hyperlinks in den gewählten Dokumenten, überprüft diese jedoch nicht.

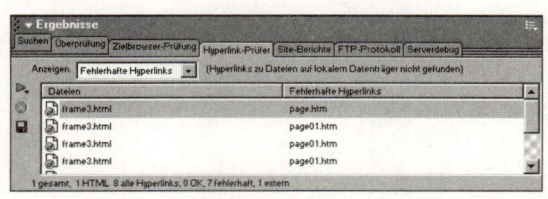

Das Bedienfeld *Site-Berichte*

Mit dem Bedienfeld *Site-Berichte* können Sie Berichte für verschiedene HTML-Attribute zusammenstellen. Sie überprüfen damit die Dokumente auf externe Hyperlinks, verschachtelte FONT-Tags, fehlenden ALT-Text, überflüssige verschachtelte und leere Tags sowie unbenannte Dokumente. Sie können sowohl ausgewählte Dokumente als auch eine ganze Site auf diese Probleme hin überprüfen.

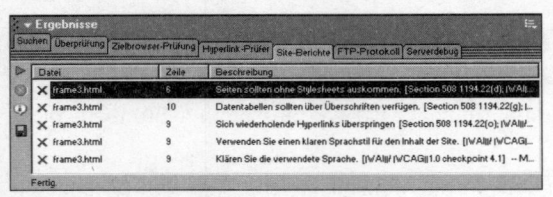

Das Bedienfeld *FTP-Protokoll*

Dreamweaver zeichnet alle FTP-Dateiübertragungen auf. Tritt bei der Übertragung einer Datei über FTP ein Fehler auf, können Sie mit dem Bedienfeld *FTP-Protokoll* die Problemursache ermitteln.

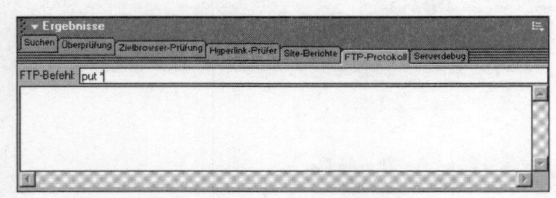

Das Bedienfeld *Server-Debug*

Mit dem Bedienfeld *Server-Debug* können Sie Quellcode für ColdFusion debuggen.

Die Bedienfeldgruppe *Anwendung*

In der Bedienfeldgruppe *Anwendung* finden Sie eine Reihe von Bedienfeldern für dynamische Websites mit Datenbankzugriff.

Das Bedienfeld *Datenbanken*

Im Bedienfeld *Datenbanken* können Sie Datenbankverbindungen in Ihre Seiten einfügen.

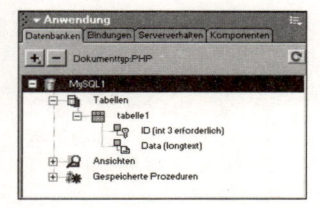

Das Bedienfeld *Bindungen*

Im Bedienfeld *Bindungen* können Sie Quellen für dynamischen Inhalt auf der Seite definieren und den Inhalt zur Seite hinzufügen.

Das Bedienfeld *Serververhalten*

Im Bedienfeld *Serververhalten* können Sie bestimmte Serververhalten zu einer Seite hinzufügen, Serververhalten bearbeiten und neue Serververhalten erstellen.

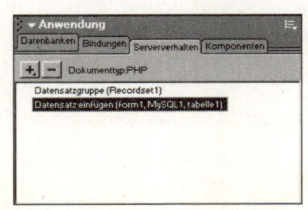

Serververhalten im Überblick

Serververhalten	Funktion
Datensatzgruppe	Fügt eine neue Datensatzgruppe (Tabelle/Abfrage) in die Seite ein
Bereich wiederholen	Fügt einen wiederholten Bereich ein, mit dem Sie mehr als einen Datensatz auf einer Seite anzeigen
Seitenerstellung: Erster	Zeigt die erste Seite in einer Datensatzgruppe bzw. einen wiederholenden Bereich an
Seitenerstellung: Nächster	Zeigt die nächste Seite in einer Datensatzgruppe bzw. einen wiederholenden Bereich an
Seitenerstellung: Vorheriger	Zeigt die vorherige Seite in einer Datensatzgruppe bzw. einen wiederholenden Bereich an
Seitenerstellung: Letzter	Zeigt die letzte Seite in einer Datensatzgruppe bzw. einen wiederholenden Bereich an
Seitenerstellung: Bestimmter	Zeigt einen bestimmten Datensatz
Bereich zeigen: Wenn Datensatzgruppe leer ist	Zeigt die markierten HTML-Elemente nur an, wenn die Datensatzgruppe leer ist
Bereich zeigen: Wenn Datensatzgruppe nicht leer ist	Zeigt die markierten HTML-Elemente nur an, wenn die Datensatzgruppe Datensätze hat
Bereich zeigen: Wenn erste Seite	Zeigt die markierten HTML-Elemente nur an, wenn die erste Seite des wiederholenden Bereichs erreicht ist
Bereich zeigen: Wenn nicht erste Seite	Zeigt die markierten HTML-Elemente nur an, wenn eine andere als die erste Seite des wiederholenden Bereichs erreicht ist
Bereich zeigen: Wenn letzte Seite	Zeigt die markierten HTML-Elemente nur an, wenn die letzte Seite des wiederholenden Bereichs erreicht ist
Bereich zeigen: Wenn nicht letzte Seite	Zeigt die markierten HTML-Elemente nur an, wenn eine andere als die letzte Seite des wiederholenden Bereichs erreicht ist
Zu Detailseite wechseln	Zeigt eine Seite anhand eines URL-Parameters an (Auswahl eines Datensatzes)
Zu Seite mit ergänzenden Themen wechseln	Übergibt einer Seite einen URL-Parameter
Anzahl Datensätze zeigen: Erste Datensatznummer anzeigen	Zeigt die Nummer des ersten Datensatzes im wiederholenden Bereich an

Referenz

Serververhalten	Funktion
Anzahl Datensätze zeigen: Letzte Datensatznummer anzeigen	Zeigt die Nummer des letzten Datensatzes im wiederholenden Bereich an
Anzahl Datensätze zeigen: Datensätze gesamt anzeigen	Zeigt die Gesamtzahl der Datensätze in der Datensatzgruppe an
Dynamischer Text	Fügt ein Textobjekt ein, das die Inhalte eines Datenbankfeldes darstellt
Datensatz einfügen	Fügt den Datensatz aus einem vorbereiteten Formular als neuen Datensatz in die Datensatzgruppe ein
Datensatz aktualisieren	Aktualisiert den aktuellen Datensatz mit den Daten aus einem vorbereiteten Formular
Datensatz löschen	Löscht den aktuellen Datensatz
Dynamische Formularelemente	Fügt Formularelemente ein, die die Inhalte eines Datenbankfeldes darstellen
Benutzerauthentifizierung	Fügt Serververhalten für Login-Seiten ein

Das Bedienfeld *Komponenten*

Mit dem Bedienfeld *Komponenten* können Sie Komponenten erstellen und überprüfen sowie Komponentencode in Ihre Seiten einfügen. Dieses Bedienfeld ist nur bei JSP, ColdFusion und ASP.NET aktiv.

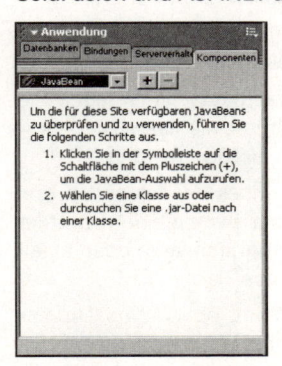

Voreinstellungen

Die Voreinstellungen für die Benutzeroberfläche sowie für bestimmte Funktionen ändern Sie mit dem Befehl *Bearbeiten > Voreinstellungen*.

Allgemein

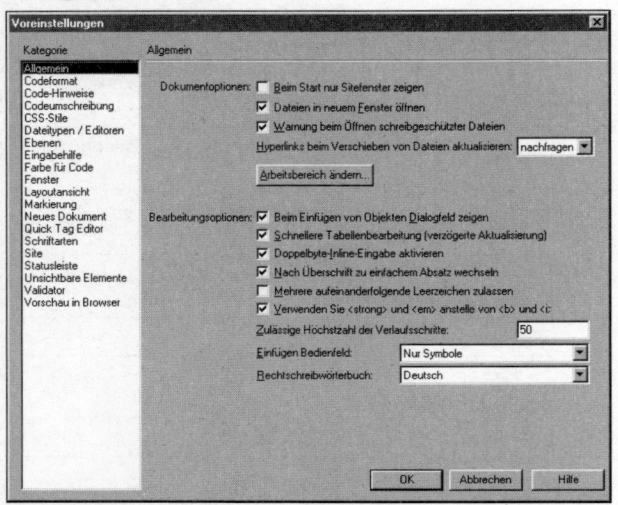

- *Beim Start nur Sitefenster zeigen* öffnet beim Start von Dreamweaver kein neues Dokument, sondern nur das Site-Bedienfeld und andere ausgewählte Bedienfelder.
- Mit der Option *Dateien in neuem Fenster öffnen* ist es einfacher, mehrere Fenster zu öffnen. Andernfalls wird jede geöffnete Datei im aktuellen Fenster angezeigt.
- Mit der Option *Warnung beim Öffnen schreibgeschützter Dateien* erhalten Sie eine Warnmeldung, wenn Sie eine schreibgeschützte Datei öffnen.
- Mit der Option *Hyperlinks beim Verschieben von Dateien aktualisieren* legen Sie fest, dass Hyperlinks immer automatisch aktualisiert werden, nie aktualisiert werden oder Sie zum Durchführen einer Aktualisierung aufgefordert werden.
- Mit der Schaltfläche *Arbeitsbereich ändern* können Sie eines der folgenden drei Layouts auswählen: einen integrierten Arbeitsbereich mit Bedienfeldern auf der rechten Seite, einen integrierten Arbeitsbereich für Programmierer oder einen schwebenden Arbeitsbereich im Stil von Dreamweaver 4.
- *Beim Einfügen von Objekten Dialogfeld anzeigen* bestimmt, ob Sie von Dreamweaver zum Eingeben zusätzlicher Informationen aufgefordert werden, wenn Sie Bilder, Tabellen, Shockwave-Filme und bestimmte andere Objekte einfügen. Wenn diese Option nicht markiert ist, müssen Sie diese Angaben über den Eigenschafteninspektor machen.
- *Schnellere Tabellenbearbeitung (verzögerte Aktualisierung)* beschleunigt das Eingeben von Daten in Tabellen, indem einige Anpassungen der Spaltenbreite und Zeilenhöhe erst erfolgen, wenn Sie auf eine Stelle außerhalb der Tabelle klicken.
- Mit der Option *Doppelbyte-Inline-Eingabe aktivieren* haben Sie die Möglichkeit, Doppelbyte-Text (z. B. japanisch) direkt im Dokumentfenster einzugeben.

Referenz

- Mit der Option *Nach Überschrift zu einfachem Absatz wechseln* legen Sie fest, dass die Eingabetaste am Ende eines Überschriftabsatzes einen Absatz mit dem P-Tag erzeugt.
- Mit der Option *Mehrere aufeinanderfolgende Leerzeichen zulassen* legen Sie fest, dass bei Eingabe von zwei oder mehr aufeinander folgenden Leerzeichen geschützte Leerzeichen erzeugt werden, die in einem Browser als mehrere Leerzeichen dargestellt werden. Andernfalls werden mehrere Leerzeichen hintereinander als ein einziges Leerzeichen behandelt.
- Die Option *Verwenden Sie <strong> und <em> anstelle von <b> und <i>* bedeutet, dass Dreamweaver das STRONG-Tag anwendet, wenn Sie Fettdruck formatieren und das EM-Tag, wenn Sie kursiv formatieren. Wenn die Tags B und I in Ihrem Dokument verwendet werden sollen, deaktivieren Sie diese Option.
- Mit der Option *Zulässige Höchstzahl der Verlaufsschritte* begrenzen Sie die Anzahl der Schritte, die im Bedienfeld *Verlauf* gespeichert und angezeigt werden.
- Mit der Option *Einfügen Bedienfeld* stellen Sie ein, ob der Inhalt als Symbol und Text, nur als Symbol oder nur als Text angezeigt wird.
- Die Option *Rechtschreibwörterbuch* listet die verfügbaren Wörterbücher auf.

Codeformat

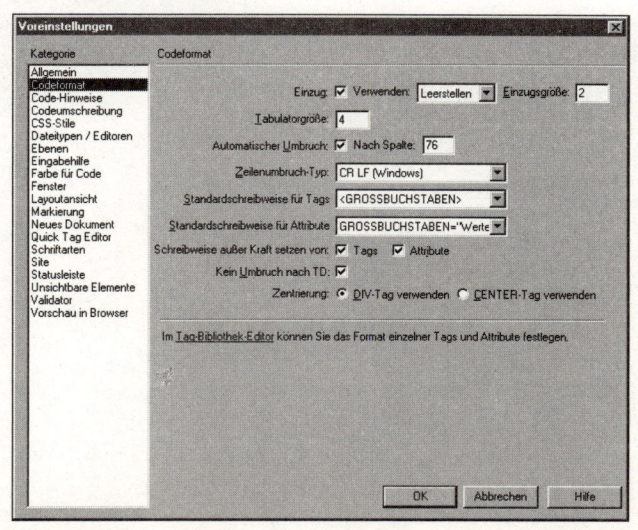

- Die Option *Verwenden* gibt an, ob für den Einzug Leerstellen oder Tabulatoren verwendet werden.
- Mit der Option *Einzugsgröße* legen Sie die Größe des Einzugs fest. Sie wird in Leerstellen gemessen, wenn Sie bei *Verwenden* die Option *Leerstellen* gewählt haben oder in Tabulatoren, wenn Sie bei *Verwenden* die Option *Tabulatoren* gewählt haben.

- Mit der Option *Tabulatorgröße* bestimmen Sie die Breite der Tabulatoren.
- Die Option *Automatischer Umbruch* fügt Absatzmarken (harte Zeilenumbrüche) am Ende der Zeile hinzu, wenn die Zeile die angegebene Spaltenbreite erreicht. Dreamweaver fügt harte Zeilenumbrüche nur dann ein, wenn dadurch die Anzeige des Dokuments in Browsern nicht geändert wird. Einige Zeilen können daher länger sein als von der Option *Automatischer Umbruch* vorgegeben.
- Die Option *Zeilenumbruch-Typ* definiert die Art des Zeilenumbruchzeichens des Remote-Servers, auf dem sich Ihre Remote-Site befindet.
- Die Optionen *Standardschreibweise für Tags* und *Standardschreibweise für Attribute* bestimmen, ob die Bezeichner in Klein- oder Großbuchstaben geschrieben werden. Diese Optionen gelten nur für Tags und Attribute, die Sie im Dokumentfenster einfügen oder bearbeiten.
- Die Optionen *Schreibweise außer Kraft setzen von: Tags* und *Attribute* geben an, ob die angegebene Schreibweise grundsätzlich angewandt werden soll, also auch, wenn Sie ein bereits vorhandenes HTML-Dokument öffnen. Wenn Sie eines dieser Kontrollkästchen aktivieren, werden alle Tags oder Attribute so geändert, dass sie der Einstellung für die Schreibweise entsprechen.
- Die Option *Zentrierung* gibt an, ob Elemente mit *DIV ALIGN=„CENTER"* oder *CENTER* zentriert werden sollen.

Code-Hinweise

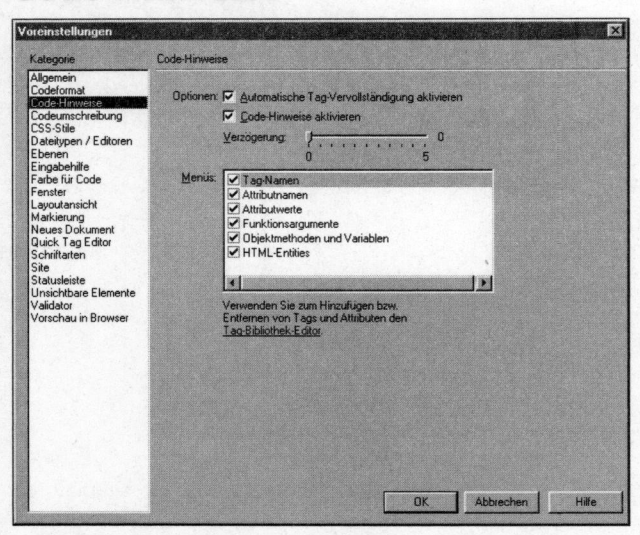

- Die Option *Automatische Tag-Vervollständigung aktivieren* ermöglicht die automatische Vervollständigung von Tags.

Referenz

- Die Option *Code-Hinweise aktivieren* bewirkt, dass beim Eingeben Code-Hinweise eingeblendet werden. Stellen Sie mit dem Schieberegler *Verzögerung* die Wartezeit in Sekunden ein.
- Mit der Option *Menüs* legen Sie fest, welche Code-Hinweise gezeigt werden.

Code-Umschreibung

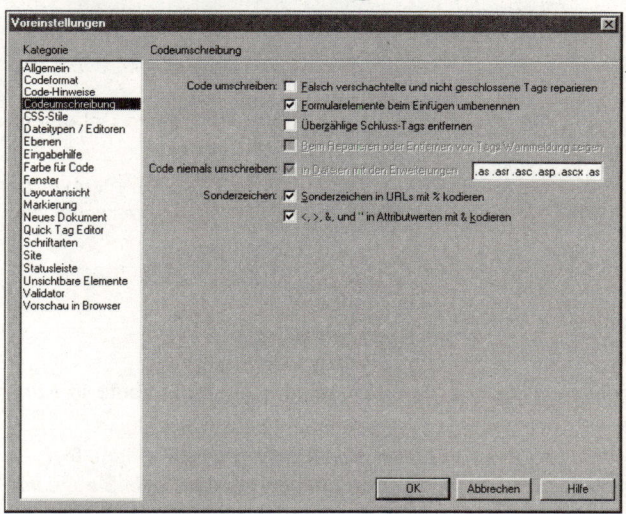

- Die Option *Falsch verschachtelte und nicht geschlossene Tags reparieren* schreibt ungültig verschachtelte oder überlappende Tags um und fügt fehlende abschließende Anführungszeichen und Schlussklammern ein.
- Die Option *Formularelemente beim Einfügen umbenennen* sorgt dafür, dass für Formularobjekte keine Namen doppelt vergeben werden.
- Die Option *Überzählige Schluss-Tags entfernen* löscht Schluss-Tags, die keine entsprechenden Anfangs-Tags haben.
- Die Option *Beim Reparieren oder Entfernen von Tags Warnmeldung zeigen* zeigt eine Zusammenfassung des ungültigen HTML-Codes an.
- Die Option *Code niemals umschreiben: in Dateien mit den Erweiterungen* verhindert, dass Dreamweaver den Code in Dateien mit den angegebenen Dateierweiterungen umschreibt. Diese Option ist praktisch bei Tags von Drittanbietern.
- Die Option *Sonderzeichen in URLs mit % kodieren* stellt sicher, dass die URL nur zulässige Zeichen enthält.
- Die Option *<, >, & und " in Attributwerten mit & kodieren* stellt sicher, dass die URL nur zulässige Zeichen enthält.

CSS-Stile

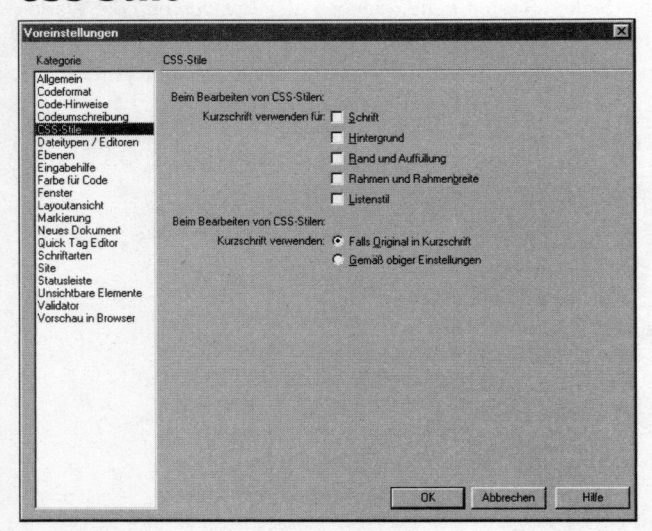

[Screenshot: Voreinstellungen-Dialog, Kategorie CSS-Stile mit Optionen "Beim Bearbeiten von CSS-Stilen: Kurzschrift verwenden für: Schrift, Hintergrund, Rand und Auffüllung, Rahmen und Rahmenbreite, Listenstil" und "Beim Bearbeiten von CSS-Stilen: Kurzschrift verwenden: Falls Original in Kurzschrift / Gemäß obiger Einstellungen"]

◆ Die Option *Kurzschrift verwenden für* legt fest, welche CSS-Stilattribute in Kurzform ausgegeben werden.

◆ Die Option *Beim Bearbeiten von CSS-Stilen Kurzschrift verwenden* legt fest, ob bereits vorhandene Stile in Kurzschrift neu geschrieben werden. Falls Sie *Original in Kurzschrift* wählen, bleiben alle Stile unverändert. Wenn Sie *Gemäß obiger Einstellungen* wählen, konvertiert Dreamweaver die Stile in die Kurzformen.

Referenz 245

Dateitypen/Editoren

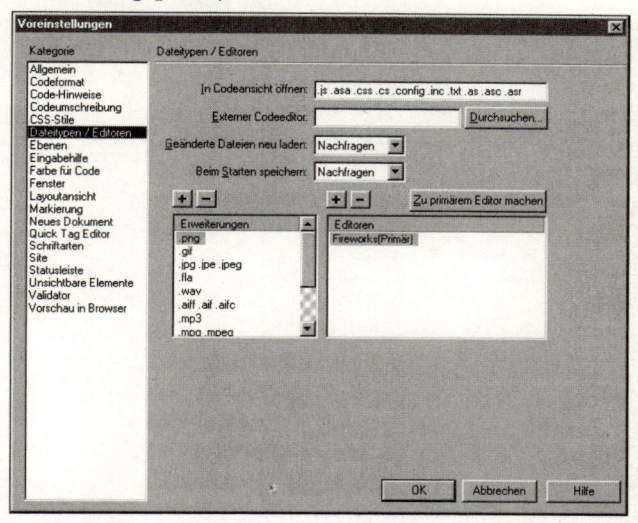

In diesem Einstellungsdialog geben Sie für bestimmte Dateitypen externe Editoren an.

Ebenen

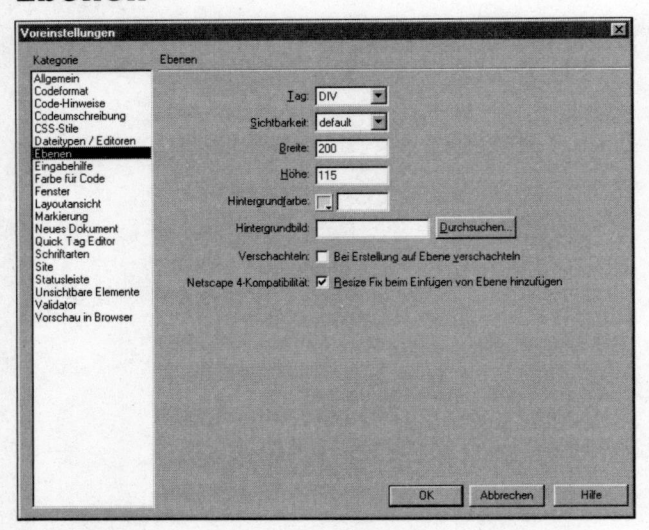

![Voreinstellungen-Dialog Ebenen]

- Die Option *Tag* legt das HTML-Tag fest, das Dreamweaver für Ebenen benutzt. Möglich sind *DIV* (Standard) und *SPAN*.
- Die Option *Sichtbarkeit* bestimmt, ob Ebenen nach dem Zeichnen sichtbar sind oder nicht. Möglich sind Standard (*default*), übernehmen (*inherit*), sichtbar (*visible*) und versteckt (*hidden*).
- *Breite* und *Höhe* geben die Standardbreite und -höhe der Ebenen (in Pixel) an, die mit dem Befehl *Einfügen > Ebene* ausgegeben werden.
- Die Option *Hintergrundfarbe* bestimmt die Standardfarbe für den Hintergrund.
- Die Option *Hintergrundbild* gibt ein Standardbild für den Hintergrund an.
- Die Option *Verschachteln: Bei Erstellung auf Ebene verschachteln* bestimmt, ob eine Ebene, die Sie innerhalb der Begrenzung einer Ebene zeichnen, eine verschachtelte Ebene sein soll.
- Die Option *Netscape 4-Kompatibilität* fügt in den HEAD-Abschnitt eines Dokuments JavaScript-Code ein, um damit ein bekanntes Problem bei Netscape-Browsern der Versionen 4.x zu beheben.

Referenz 247

Eingabehilfe

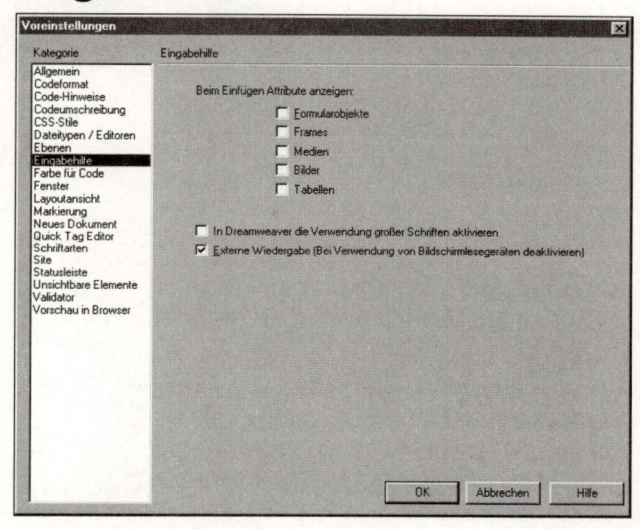

In diesem Einstellungsdialog aktivieren Sie die Eingabehilfen-Dialogfelder und wählen eine große Schrift für die Bedienfelder.

Farbe für Code

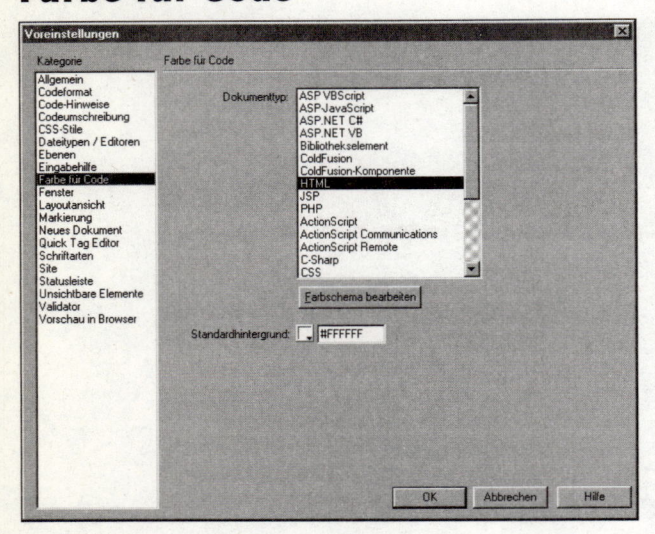

In diesem Einstellungsdialog bearbeiten Sie die Schemata für die Farbkodierung in der Codeansicht, indem Sie auf *Farbschema bearbeiten* klicken.

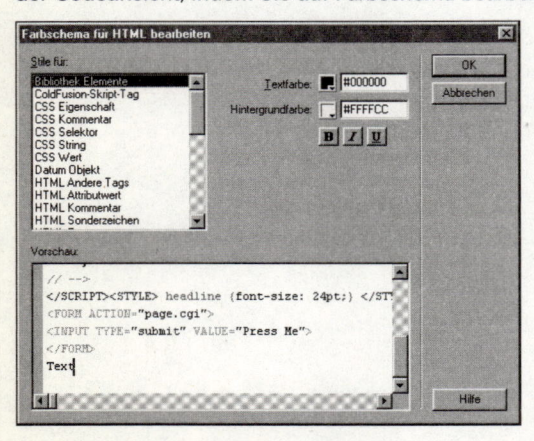

Wählen Sie das gewünschte Element aus und stellen Sie eine andere Farbe ein.

Referenz 249

Fenster

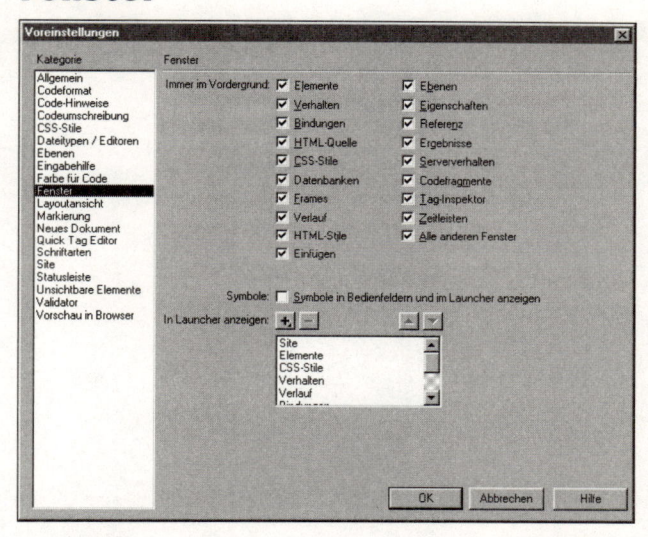

In diesem Einstellungsdialog legen Sie fest, welche Bedienfelder und Inspektoren immer im Vordergrund des Dokumentfensters angezeigt werden sollen und welche vom Dokumentfenster verdeckt werden können.

Außerdem legen Sie fest, ob Symbole in den Registerkarten für Bedienfelder angezeigt werden, ob die Launcher-Leiste eingeblendet wird und welche Bedienfelder und Inspektoren in der Launcher-Leiste dargestellt werden.

Layoutansicht

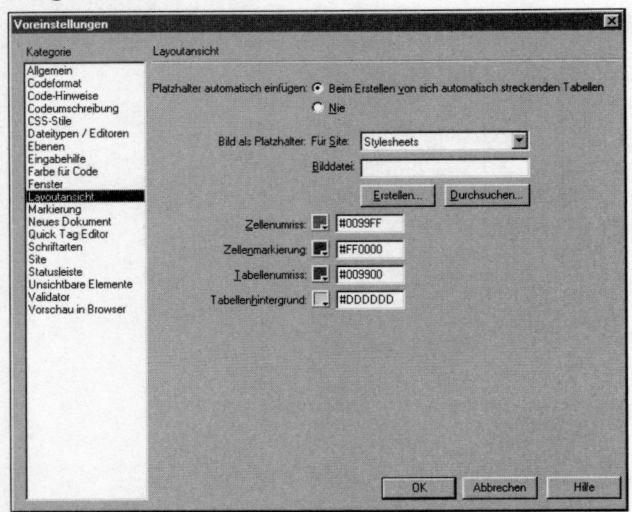

- Die Option *Platzhalter automatisch einfügen* legt fest, ob Dreamweaver Platzhalterbilder einfügt, wenn Sie für eine Tabelle die automatische Streckfunktion wählen.
- Die Option *Bild als Platzhalter* legt die Datei mit dem Platzhalterbild für Ihre Sites fest.
- Die Option *Zellumriss* definiert die Farbe des Rahmens einer Zelle.
- Die Option *Zellenmarkierung* definiert die Farbe, in der der Zellrahmen hervorgehoben wird, wenn Sie mit dem Mauszeiger darauf zeigen.
- Die Option *Tabellenumriss* definiert die Farbe des Rahmens einer Layouttabelle.
- Die Option *Tabellenhintergrund* definiert die Farbe für Bereiche von Layouttabellen, in denen keine Layoutzellen vorhanden sind.

Referenz 251

Markierung

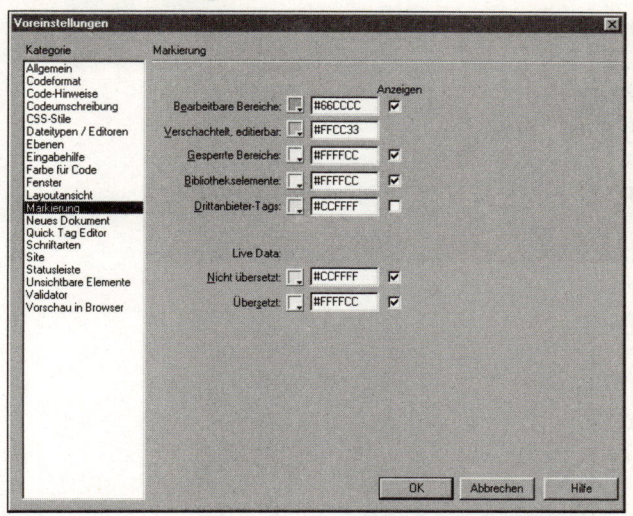

In diesem Einstellungsdialog legen Sie die Farben fest, die in Dreamweaver für das Kennzeichnen von Vorlagenbereichen, Bibliothekselementen, fremden Tags, Layoutelementen und Code verwendet werden.

Neues Dokument

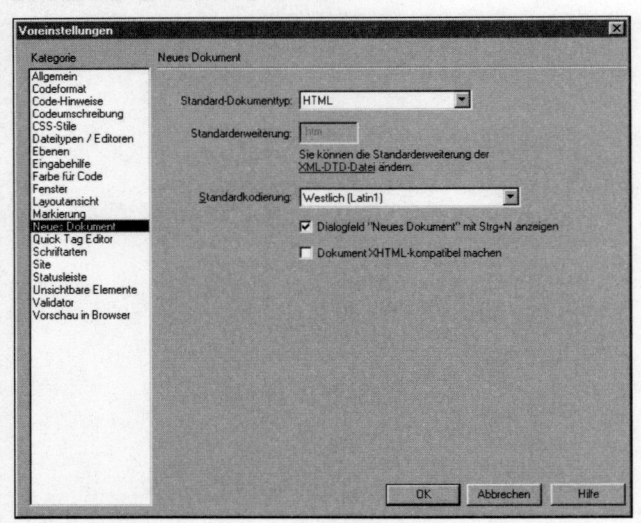

In diesem Einstellungsdialog legen Sie fest, welchen Dokumenttyp Dreamweaver als Standarddokument für eine Site verwenden soll.

Außerdem legen Sie fest, welche Kodierung für neue Dokumente verwendet wird. Dadurch erkennt der Browser, wie das Dokument dargestellt werden muss und welche Schriften für die Anzeige verwendet werden sollen.

Aktivieren Sie das Kontrollkästchen *Dokument XHTML-kompatibel machen*, um diesen Standard zu erfüllen.

Referenz

Quick Tag Editor

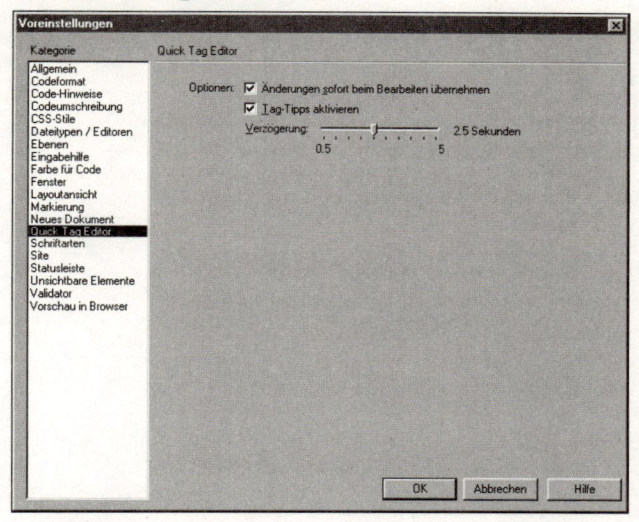

In diesem Einstellungsdialog legen Sie fest, ob sich die Änderungen im Quick Tag Editor automatisch auf das Dokumentfenster auswirken sollen.

Schriftarten

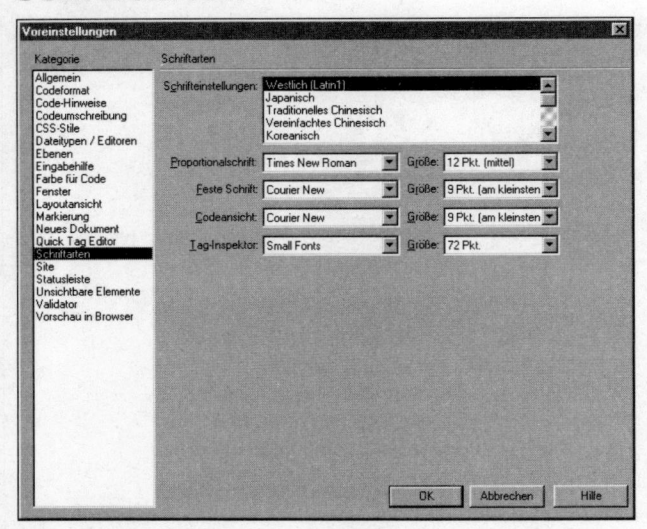

In diesem Einstellungsdialog legen Sie fest, mit welchen Schriften Dreamweaver die einzelnen Schriftkodierungen anzeigt. Dies hat jedoch keine Auswirkungen darauf, wie das Dokument später in einem Browser dargestellt wird.

Site

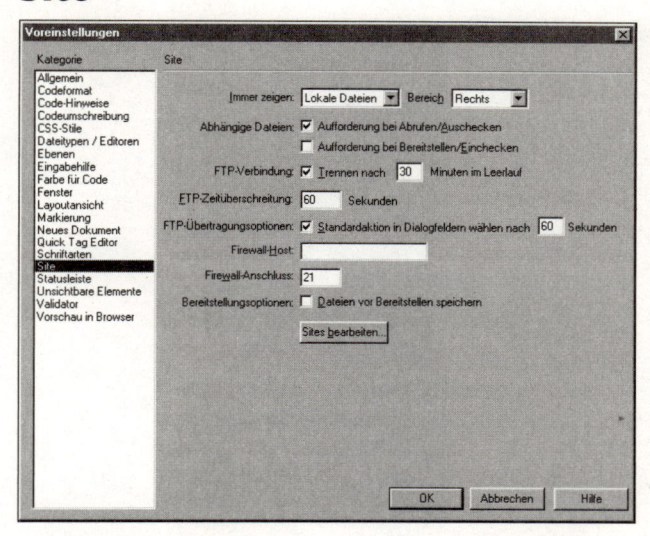

- Die Option *Immer zeigen* legt fest, welche Site (lokal oder Remote) immer angezeigt wird und in welchem Bereich des Site-Bedienfelds (links oder rechts) die lokalen Dateien und die Remote-Dateien angezeigt werden sollen.
- Die Option *Abhängige Dateien* zeigt eine Eingabeaufforderung für die Übertragung von abhängigen Dateien an (beispielsweise Bilder, externe Stylesheets und andere Dateien).
- Die Option *FTP-Verbindung* legt fest, ob die Verbindung zur Remote-Site getrennt wird, wenn nach der angegebenen Minutenanzahl keinerlei Aktivität aufgetreten ist.
- Die Option *FTP-Zeitüberschreitung* gibt an, wie viele Sekunden lang Dreamweaver versucht, eine Verbindung zum Remote-Server herzustellen.
- Die Option *FTP-Übertragungsoptionen* bestimmt, ob Dreamweaver nach der angegebenen Anzahl an Sekunden die Standardoption auswählt, wenn während der Dateiübertragung ein Dialogfeld eingeblendet wird und keine Reaktion des Benutzers erfolgt.
- Die Option *Firewall-Host* gibt die Adresse des Proxy-Servers an, zu dem die Verbindung hergestellt wird, wenn sie sich hinter einer Firewall befinden.
- Die Option *Firewall-Anschluss* bestimmt, über welchen Anschluss in der Firewall eine Verbindung zum Remote-Server hergestellt wird. Der Standardanschluss ist 21.
- Die Option *Bereitstellungsoptionen: Dateien vor Bereitstellen speichern* legt fest, dass nicht gespeicherte Dateien automatisch gespeichert werden sollen, bevor sie in der Remote-Site bereitgestellt werden.

Statusleiste

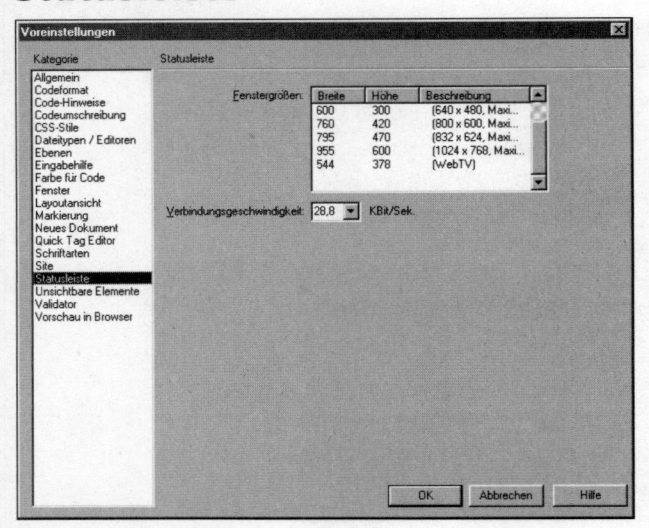

In diesem Einstellungsdialog legen Sie fest, welche Angaben in der Statusleiste erscheinen.

Unsichtbare Elemente

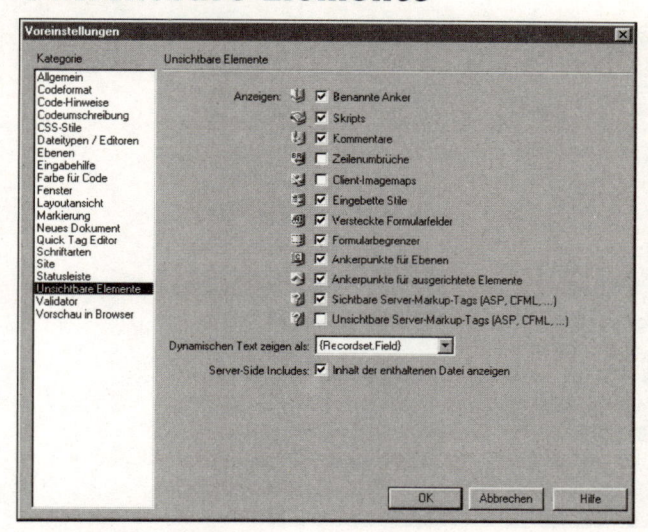

In diesem Einstellungsdialog legen Sie fest, welche unsichtbaren Elemente als Symbol eingeblendet werden sollen.

Validator

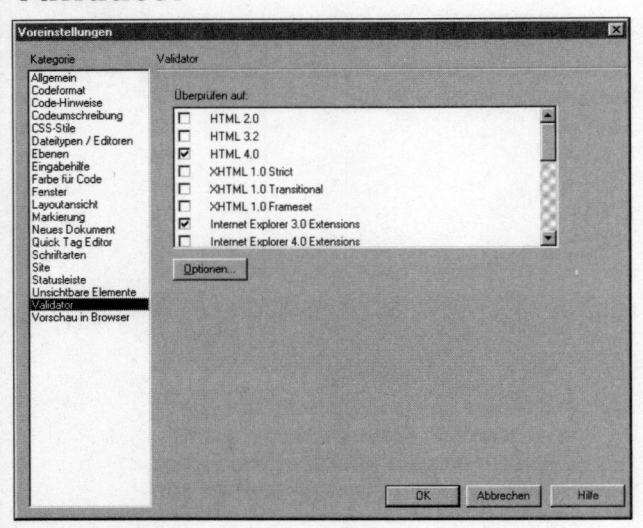

In diesem Einstellungsdialog legen Sie fest, welche Tag-basierten Sprachen der Validator als Grundlage der Überprüfung verwenden soll, welche speziellen Probleme überprüft werden sollen und welche Arten von Fehlern der Validator melden soll.

Vorschau in Browser

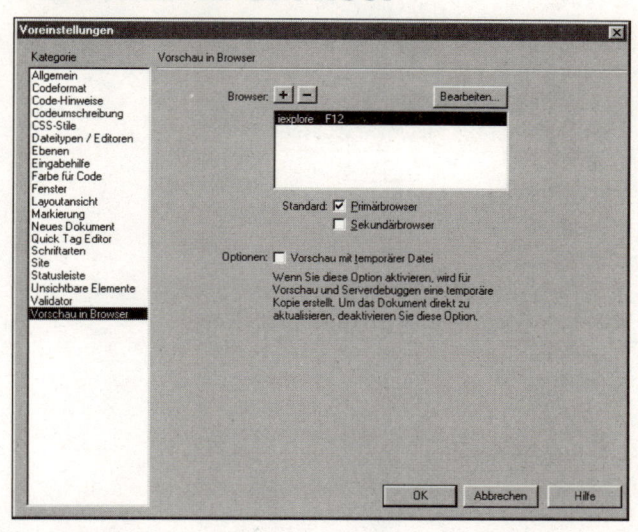

In diesem Einstellungsdialog legen Sie fest, welche Browser für die Vorschau benutzt werden.

Tastaturbefehle

Dateibefehle

Befehl	Tastaturbefehl
Neue Datei	Strg+N
Datei öffnen	Strg+O
Öffnen in Frame	Strg+⇧+O
Schließen	Strg+W
Speichern	Strg+S
Speichern unter	Strg+⇧+S
Code drucken	Strg+P
Links überprüfen	⇧+F8
Markup überprüfen	⇧+F6

Bearbeitungsbefehle

Befehl	Tastaturbefehl
Rückgängig	Strg+Z
Wiederherstellen	Strg+Y
Ausschneiden	Strg+X
Kopieren	Strg+C
Einfügen	Strg+V
HTML kopieren	Strg+⇧+C
HTML einfügen	Strg+⇧+V
Alles markieren	Strg+A
Übergeordnetes Tag auswählen	Strg+8
Untergeordnetes Objekt auswählen	Strg+9
Suchen und ersetzen	Strg+F
Weitersuchen	F3
Gehe zu Zeile	Strg+G
Code-Tipps anzeigen	Strg+␣
Code einrücken	Strg+⇧+7
Code ausrücken	Strg+⇧+6

Befehl	Tastaturbefehl
Fehlende Klammern einfügen	Strg + ,
Haltepunkt setzen	Strg + Alt + B
Voreinstellungen	Strg + U

Ansichtsbefehle

Befehl	Tastaturbefehl
Ansichten wechseln	Strg + -
Entwurfsansicht aktualisieren	F5
Serverdebug	Strg + ⇧ + G
Live Data	Strg + ⇧ + R
Head-Inhalt	Strg + ⇧ + W
Standardansicht	Strg + ⇧ + F6
Layoutansicht	Strg + F6
Alles ausblenden	Strg + ⇧ + I
Lineal zeigen	Strg + Alt + R
Raster anzeigen	Strg + Alt + G
Am Raster ausrichten	Strg + Alt + ⇧ + G
Plug-In wiedergeben	Strg + Alt + P
Plug-In stoppen	Strg + Alt + X
Alle Plug-Ins wiedergeben	Strg + Alt + ⇧ + P
Alle Plug-Ins stoppen	Strg + Alt + ⇧ + X
Fenster einblenden/ausblenden	F4

Einfügebefehle

Befehl	Tastaturbefehl
Tag einfügen	Strg + E
Bild einfügen	Strg + Alt + I
Flash einfügen	Strg + Alt + F
Shockwave einfügen	Strg + Alt + D
Tabelle einfügen	Strg + Alt + T
Bearbeitbarer Bereich	Strg + Alt + V

Befehl	Tastaturbefehl
Benannter Ankerpunkt	Strg+Alt+A
Zeilenumbruch	⇧+↵
Geschütztes Leerzeichen	Strg+⇧+␣
Seiteneigenschaften	Strg+J
Auswahleigenschaften	Strg+⇧+J
Quick Tag Editor	Strg+T
Hyperlink erstellen	Strg+L
Hyperlink entfernen	Strg+⇧+L

Tabellenbefehle

Befehl	Tastaturbefehl
Zellen verbinden	Strg+Alt+M
Zelle teilen	Strg+Alt+S
Zeile einfügen	Strg+M
Spalte einfügen	Strg+⇧+A
Zeile löschen	Strg+⇧+M
Spalte löschen	Strg+⇧+5
Spaltenraum vergrößern	Strg+⇧+9
Spaltenraum verkleinern	Strg+⇧+8

Formatierungsbefehle

Befehl	Tastaturbefehl
Objekt in Bibliothek einfügen	Strg+⇧+B
Objekt in Zeitleiste einfügen	Strg+Alt+⇧+T
Schlüsselbild hinzufügen	F6
Keine Formatierung	Strg+0
Absatz formatieren	Strg+⇧+P
Überschrift 1	Strg+1
Überschrift 2	Strg+2
Überschrift 3	Strg+3
Überschrift 4	Strg+4

Befehl	Tastaturbefehl
Überschrift 5	Strg + 5
Überschrift 6	Strg + 6
Links ausrichten	Strg + Alt + ⇧ + L
Zentrieren	Strg + Alt + ⇧ + C
Rechts ausrichten	Strg + Alt + ⇧ + R
Blocksatz	Strg + Alt + ⇧ + J
Fett	Strg + B
Kursiv	Strg + I
Stylesheet bearbeiten	Strg + ⇧ + E
Rechtschreibung prüfen	⇧ + F7

Site-Befehle

Befehl	Tastaturbefehl
Site-Dateien	F8
Sitemap	Alt + F8
Auschecken	Strg + Alt + ⇧ + D
Bereitstellen	Strg + ⇧ + U
Einchecken	Strg + Alt + ⇧ + U

Bedienfelder

Befehl	Tastaturbefehl
Antworten	Alt + F1
CSS-Stile	⇧ + F11
HTML-Stile	Strg + F11
Verhalten	⇧ + F3
Tag-Inspektor	F9
Codefragmente	⇧ + F9
Referenz	⇧ + F1
Datenbanken	Strg + ⇧ + F10
Bindungen	Strg + F10
Serververhalten	Strg + F9

Befehl	Tastaturbefehl
Komponenten	Strg+F7
Site	F8
Elemente	F11
Hyperlink-Prüfer	Strg+⇧+F9
Site-Berichte	Strg+⇧+F11
FTP-Protokoll	Strg+⇧+F12
Serverdebug	Strg+⇧+F5
Codeinspektor	F10
Frames	⇧+F2
Verlauf	⇧+F10
Ebenen	F2
Sitespring	F7
Zeitleisten	Alt+F9
Referenz	⇧+F1

Sonstige Befehle

Befehl	Tastaturbefehl
Fenster einblenden/ausblenden	F4
Hilfe Dreamweaver verwenden	F1
ColdFusion verwenden	Strg+F1

Tastenbefehle im Bedienfeld *Site*

Befehl	Tastaturbefehl
Neue Datei	Strg+⇧+N
Neuer Ordner	Strg+Alt+⇧+N
Umbenennen	F2
Löschen	Entf
Hyperlinks prüfen	⇧+F8
Beenden	Strg+Q
Ausschneiden	Strg+X
Kopieren	Strg+C

Befehl	Tastaturbefehl
Einfügen	Strg+V
Duplizieren	Strg+D
Alles auswählen	Strg+A
Aktualisieren	F5
Hyperlink einblenden/ausblenden	Strg+⇧+Y
Als Stammordner anzeigen	Strg+⇧+R
Seitentitel anzeigen	Strg+⇧+T
Site-Dateien	F8
Sitemap	Alt+F8
Verbindung trennen	Strg+Alt+⇧+F5
Abrufen	Strg+⇧+D
Auschecken	Strg+Alt+⇧+D
Bereitstellen	Strg+⇧+U
Einchecken	Strg+Alt+⇧+U
Hyperlinks für ganze Site prüfen	Strg+F8
Verknüpfen mit neuer Datei	Strg+⇧+N
Verknüpfen mit bestehender Datei	Strg+⇧+K
Hyperlink ändern	Strg+L
Hyperlink entfernen	Strg+⇧+L

Tastenbefehle in der Codeansicht

Befehl	Tastaturbefehl
Übergeordnetes Tag auswählen	Strg+8
Klammern ausgleichen	Strg+,
Alles auswählen	Strg+A
Fett	Strg+B
Kursiv	Strg+I
Kopieren	Strg+C
Suchen und ersetzen	Strg+F
Weitersuchen	F3
Einfügen	Strg+V

Befehl	Tastaturbefehl
Ausschneiden	Strg + X
Wiederherstellen	Strg + Y
Rückgängig	Strg + Z
Zum Dokument wechseln	Strg + -
Haltepunkt ein/aus	Strg + Alt + B
Code drucken	Strg + P
Wort links löschen	Strg + ⌫
Wort rechts	Strg + Entf
Vorherige Zeile auswählen	⇧ + ↑
Nächste Zeile auswählen	⇧ + ↓
Zeichen links auswählen	⇧ + ←
Zeichen rechts auswählen	⇧ + →
Bis zur vorherigen Seite auswählen	⇧ + Bild ↑
Bis zur nächsten Seite auswählen	⇧ + Bild ↓
Wort links auswählen	Strg + ⇧ + ←
Wort rechts auswählen	Strg + ⇧ + →
An Zeilenanfang verschieben	Pos 1
An Zeilenende verschieben	Ende
Bis zum Zeilenanfang auswählen	⇧ + Pos 1
Bis zum Zeilenende auswählen	⇧ + Ende
An Dateianfang verschieben	Strg + Pos 1
An Dateiende verschieben	Strg + Ende
Bis zum Dateianfang auswählen	Strg + ⇧ + Pos 1
Bis zum Dateiende auswählen	Strg + ⇧ + Ende
Codefragmente	⇧ + F9

Tastenbefehle in der Entwurfsansicht

Befehl	Tastaturbefehl
Anwendung beenden	Alt + F4
Zum nächsten Wort gehen	Strg + →
Zum vorherigen Wort gehen	Strg + ←
Zum vorherigen Absatz gehen	Strg + ↑
Zum nächsten Absatz gehen	Strg + ↓
Bis zum nächsten Wort auswählen	Strg + ⇧ + →
Aus vorherigem Wort auswählen	Strg + ⇧ + ←
Aus vorherigem Absatz auswählen	Strg + ⇧ + ↑
Bis zum nächsten Absatz auswählen	Strg + ⇧ + ↓
Fenster schließen	Strg + F4
Tag bearbeiten	Strg + F5
Tabellenaktualisierung verzögern	Strg + ␣
Neu im gleichen Fenster	Strg + ⇧ + N
Vorschau im Primärbrowser	F12
Vorschau im Sekundärbrowser	⇧ + F12
Debug im Primärbrowser	Alt + F12
Debug im Sekundärbrowser	Strg + Alt + F12
Absatz beenden	Strg + ↵
Live Data-Modus	Strg + R
Code drucken	Strg + P
Nächstes Dokument	Strg + ⇆
Vorheriges Dokument	Strg + ⇧ + ⇆

HTML-Tags

Tag	Beschreibung
A	Definiert einen Anker oder einen Hyperlink
ABBR	Markiert eine Abkürzung
ACRONYM	Markiert eine Abkürzung
ADDRESS	Markiert eine Adresse
APPLET	Fügt ein Java-Applet ein
AREA	Definiert einen Ausschnitt für eine anklickbare Grafik
B	Markiert fett gedruckten Text
BASE	Definiert dokumentweite Zielfenster und Basis-URIs
BASEFONT	Definiert Basis-Schriftmerkmale
BDO	Änderung der Textrichtung bei Sprachen mit anderer Schreibrichtung
BIG	Markiert Text, der größer dargestellt werden soll als normal
BLOCKQUOTE	Markiert ein Zitat
BODY	Markiert den Dokumentkörper
BR	Erzeugt einen Zeilenumbruch
BUTTON	Erzeugt eine Schaltfläche
CAPTION	Tabellenüberschrift/Tabellenunterschrift
CENTER	Markiert einen Bereich, der zentriert dargestellt wird
CITE	Markiert ein Zitat
CODE	Markiert Text als Quelltext einer Computersprache
COL	Definiert Daten für eine Tabellenspalte
COLGROUP	Definiert eine Gruppe von Tabellenspalten
DD	Markiert in einer Definitionsliste eine Definition zu einem Term
DEL	Markiert Text als gelöscht (Änderungsmarkierungen)
DFN	Markiert eine Definition
DIR	Markiert eine Verzeichnisliste
DIV	Markiert einen allgemeinen Bereich (Layer, Ebene)
DL	Markiert eine Definitionsliste
DT	Markiert in einer Definitionsliste einen zu definierenden Term
EM	Markiert Text als hervorgehoben
FIELDSET	Markiert eine Gruppe von Formularobjekten

Tag	Beschreibung
FONT	Markiert Text mit Schriftgröße, Schriftfarbe und Schriftart
FORM	Definiert ein Formular
FRAME	Definiert einen Frame
FRAMESET	Definiert ein Frameset
H1-H6	Markiert Überschrift 1 bis 6
HEAD	Markiert den Kopfbereich einer HTML-Datei
HR	Erzeugt eine horizontale Trennlinie
HTML	Hauptelement einer HTML-Datei
I	Markiert kursiven Text
IFRAME	Definiert ein eingebettetes Fenster
IMG	Fügt eine Grafik ein
INPUT	Erzeugt ein Formularobjekt
INS	Markiert Text als eingefügt (Änderungsmarkierungen)
ISINDEX	Definierte eine HTML-Datei als durchsuchbar (veraltet)
KBD	Markiert Text als Tastatureingabe
LABEL	Ordnet einem Formularobjekt Text zu
LEGEND	Definiert eine Überschrift für ein FIELDSET
LI	Markiert einen Listeneintrag
LINK	Definiert logische Beziehungen zu anderen Dateien
MAP	Markiert einen Definitionsbereich für anklickbare Grafiken
MENU	Markiert eine Menüliste (veraltet)
META	Definiert Meta-Daten
NOFRAMES	Markiert einen Bereich für den Fall, dass keine Frames angezeigt werden
NOSCRIPT	Markiert einen Bereich für den Fall, dass keine Scripts ausgeführt werden
OBJECT	Definiert ein Multimedia-Objekt
OL	Markiert eine nummerierte Liste
OPTGROUP	Markiert eine Gruppe von Einträgen in einer Menüstruktur
OPTION	Markiert einen Eintrag in einer Auswahlliste für Formulare
P	Markiert einen Textabsatz
PARAM	Definiert Parameter eines Multimedia-Objekts oder Java-Applets
PRE	Formatiert einen Bereich wie eingegeben
Q	Markiert ein Zitat

Tag	Beschreibung
S	Markiert Text als durchgestrichen
SAMP	Markiert Text als Beispiel
SCRIPT	Definiert einen Bereich für Scripts
SELECT	Definiert eine Auswahlliste für Formulare
SMALL	Markiert Text, der kleiner dargestellt wird als normal
SPAN	Markiert einen Bereich zur Formatierung
STRIKE	Markiert einen Text als durchgestrichen
STRONG	Markiert einen Text als hervorgehoben
STYLE	Markiert einen Bereich für Stylesheets
SUB	Markiert einen Text als tiefgestellt
SUP	Markiert einen Text als hochgestellt
TABLE	Definiert eine Tabelle
TBODY	Bestimmt in einer Tabelle den Tabellenkörper
TD	Markiert eine Tabellenzelle
TEXTAREA	Definiert ein mehrzeiliges Eingabefeld in einem Formular
TFOOT	Definiert in einer Tabelle den Tabellenfuß
TH	Markiert eine Tabellenkopfzelle
THEAD	Definiert in einer Tabelle den Tabellenkopf
TITLE	Definiert den Titel einer HTML-Datei
TR	Definiert eine Tabellenzeile
TT	Markiert einen Text, der in Schreibmaschinenschrift erscheint
U	Markiert einen Text als unterstrichen
UL	Markiert eine Aufzählungsliste
VAR	Markiert einen Text als Variable

HTML-Sonderzeichen

Zn.	Beschreibung	Kürzel
"	Anführungszeichen oben	&quot;
&	kaufmännisches Und, Ampersand-Zeichen	&amp;
<	öffnende spitze Klammer	&lt;
>	schließende spitze Klammer	&gt;
	Festes Leerzeichen	
¡	umgekehrtes Ausrufezeichen	&iexcl;
¿	umgekehrtes Fragezeichen	&iquest;
€	Euro-Zeichen	&euro;
¢	Cent-Zeichen	&cent;
£	Pfund-Zeichen	&pound;
¤	Währungs-Zeichen	&curren;
¥	Yen-Zeichen	&yen;
¦	durchbrochener Strich	&brvbar;
§	Paragraph-Zeichen	&sect;
¨	Pünktchen oben	&uml;
©	Copyright-Zeichen	&copy;
®	Registriermarke-Zeichen	&reg;
™	Trademark-Zeichen	&trade;
«	Französische Anführungszeichen links	&laquo;
»	Französisches Anführungszeichen rechts	&raquo;
‹	Einfaches frz. Anführungszeichen links	&lsaquo;
›	Einfaches frz. Anführungszeichen rechts	&rsaquo;
¬	Verneinungs-Zeichen	&not;
-	kurzer Trennstrich	&shy;
¯	Überstrich	&macr;
°	Grad-Zeichen	&deg;
±	Plusminus-Zeichen	&plusmn;
²	Hoch-2-Zeichen	&sup2;
³	Hoch-3-Zeichen	&sup3;
´	Acute-Zeichen	&acute;

Zn.	Beschreibung	Kürzel
µ	Mikro-Zeichen	&micro;
¶	Absatz-Zeichen	&para;
·	Mittelpunkt	&middot;
¸	Häkchen unten	&cedil;
¹	Hoch-1-Zeichen	&sup1;
ª	Ordinal-Zeichen weiblich	&ordf;
º	Ordinal-Zeichen männlich	&ordm;
¼	ein Viertel	&frac14;
½	ein Halb	&frac12;
¾	drei Viertel	&frac34;
×	Multiplikations-Zeichen	&times;
÷	Divisions-Zeichen	&divide;
Α	Alpha groß	&Alpha;
α	alpha klein	&alpha;
Β	Beta groß	&Beta;
β	beta klein	&beta;
Γ	Gamma groß	&Gamma;
γ	gamma klein	&gamma;
Δ	Delta groß	&Delta;
δ	delta klein	&delta;
Ε	Epsilon groß	&Epsilon;
ε	epsilon klein	&epsilon;
Ζ	Zeta groß	&Zeta;
ζ	zeta klein	&zeta;
Η	Eta groß	&Eta;
η	eta klein	&eta;
Θ	Theta groß	&Theta;
θ	theta klein	&theta;
Ι	Iota groß	&Iota;
ι	iota klein	&iota;
Κ	Kappa groß	&Kappa;
κ	kappa klein	&kappa;

Zn.	Beschreibung	Kürzel
Λ	Lambda groß	&Lambda;
λ	lambda klein	&lambda;
M	Mu groß	&Mu;
μ	mu klein	&mu;
N	Nu groß	&Nu;
ν	nu klein	&nu;
Ξ	Xi groß	&Xi;
ξ	xi klein	&xi;
Ω	Omicron groß	&Omicron;
ω	omicron klein	&omicron;
Π	Pi groß	&Pi;
π	pi klein	&pi;
P	Rho groß	&Rho;
ρ	rho klein	&rho;
Σ	Sigma groß	&Sigma;
ς	sigmaf klein	&sigmaf;
σ	sigma klein	&sigma;
T	Tau groß	&Tau;
τ	tau klein	&tau;
Y	Upsilon groß	&Upsilon;
υ	upsilon klein	&upsilon;
Φ	Phi groß	&Phi;
φ	phi klein	&phi;
X	Chi groß	&Chi;
χ	chi klein	&chi;
Ψ	Psi groß	&Psi;
ψ	psi klein	&psi;
Ω	Omega groß	&Omega;
ω	omega klein	&omega;
θ	theta Symbol	&thetasym;
ϒ	upsilon mit Haken	&upsih;
ϖ	pi Symbol	&piv;

Zn.	Beschreibung	Kürzel
∀	für alle	&forall;
∂	teilweise	&part;
∃	existiert	&exist;
∅	leer	&empty;
∇	nabla	&nabla;
∈	Element von	&isin;
∉	kein Element von	&notin;
∋	enthält als Element	&ni;
∏	Produkt	&prod;
∑	Summe	&sum;
−	minus	&minus;
∗	Sternchen	&lowast;
√	Quadratwurzel	&radic;
∝	proportional zu	&prop;
∞	unendlich	&infin;
∠	Winkel	&ang;
°	und	&and;
∨	oder	&or;
∩	Schnittpunkt	&cap;
∪	Einheit	&cup;
∫	Integral	&int;
∴	deshalb	&there4;
∼	ähnlich wie	&sim;
≅	annähernd gleich	&cong;
≈	beinahe gleich	&asymp;
≠	ungleich	&ne;
≡	identisch mit	&equiv;
≤	kleiner gleich	&le;
≥	größer gleich	&ge;
⊂	Untermenge von	&sub;
⊃	Obermenge von	&sup;
⊄	keine Untermenge von	&nsub;

Zn.	Beschreibung	Kürzel
⊆	Untermenge von oder gleich mit	&sube;
⊇	Obermenge von oder gleich mit	&supe;
⊕	Direktsumme	&oplus;
⊗	Vektorprodukt	&otimes;
⊥	senkrecht zu	&perp;
·	Punkt-Operator	&sdot;
◊	Raute	&loz;
⌈	links oben	&lceil;
⌉	rechts oben	&rceil;
⌊	links unten	&lfloor;
⌋	rechts unten	&rfloor;
⟨	spitze Klammer links	&lang;
⟩	spitze Klammer rechts	&rang;
←	Pfeil links	&larr;
↑	Pfeil oben	&uarr;
→	Pfeil rechts	&rarr;
↓	Pfeil unten	&darr;
↔	Pfeil links/rechts	&harr;
↵	Pfeil unten-links	&crarr;
⇐	Doppelpfeil links	&lArr;
⇑	Doppelpfeil oben	&uArr;
⇒	Doppelpfeil rechts	&rArr;
⇓	Doppelpfeil unten	&dArr;
⇔	Doppelpfeil links/rechts	&hArr;
•	Bullet-Zeichen	&bull;
…	Horizontale Ellipse	&hellip;
′	Minutenzeichen	&prime;
‾	Überstrich	&oline;
/	Bruchstrich	&frasl;
℘	Weierstrass p	&weierp;
ℑ	Zeichen für „imaginär"	&image;
ℜ	Zeichen für „real"	&real;

Zn.	Beschreibung	Kürzel
ℵ	Alef-Symbol	&alefsym;
♠	Pik-Zeichen	&spades;
♣	Kreuz-Zeichen	&clubs;
♥	Herz-Zeichen	&hearts;
♦	Karo-Zeichen	&diams;
	Leerzeichen Breite n	
	Leerzeichen Breite m	
–	Gedankenstrich Breite n	&ndash;
—	Gedankenstrich Breite m	&mdash;
'	einfaches Anführungszeichen links	&lsquo;
'	einfaches Anführungszeichen rechts	&rsquo;
,	einfaches Anführungszeichen unten	&sbquo;
"	doppeltes Anführungszeichen links	&ldquo;
"	doppeltes Anführungszeichen rechts	&rdquo;
„	doppeltes Anführungszeichen unten	&bdquo;
†	Kreuz	&dagger;
‡	Doppelkreuz	&Dagger;
‰	Promille	&permil;

Dreamweaver MX im Web

URL	Beschreibung
http://www.dreamworker.de	Die Macromedia Usergroup (MMUG) für Dreamweaver, Dreamweaver Ultradev, Fireworks und Flash ist eine Online-Community, die sich den Gedankenaustausch und Support rund um die Macromedia-Produkte auf die Fahne geschrieben hat.
http://www.drweb.de	Ein gutes und ständig aktualisiertes Online-Magazin zum Thema Webdesign. Unter anderem finden Sie hier auch Seiten zu Dreamweaver.
http://cauzway.net/dreamweaver	Die englischsprachige FAQ der Dreamweaver-Newsgroups
http://www.mxzone.com	Ein umfangreiches englischsprachiges Portal zu Dreamweaver 4, UltraDev und MX mit dem Schwerpunkt Datenbankanwendungen.
http://dreamweaverfever.com	Eine Website zu Dreamweaver ab 3.0 mit zahlreichen Tipps, Tricks, Tutorials und Erweiterungen
http://www.smartwebby.com/web_site_design/dreamweaver_tips.asp	Zahlreiche Tipps und Tricks zu Dreamweaver ab Version 4. Daneben gibt es allgemeine Infos zum Thema Werbdesign und Entwicklung von Webanwendungen.
http://t.webring.com/hub?sid=&ring=dreamweaverring&id=&list	Ein Webring aus Dreamweaver-Websites. Zurzeit sind über 30 Sites angemeldet.
http://owlnet.net/dwnews	Eine Website zu Dreamweaver, die Neuigkeiten aus der Entwickler- und Designer-Community meldet
http://www.yaromat.com/dw	Ein umfangreiches und gut strukturiertes Verzeichnis von frei verfügbaren Dreamweaver Extensions
http://www.dwfaq.com	Eine umfangreiche Website, die neben vielen Artikeln und Tutorials auch zahlreiche Codefragmente und Extensions sammelt
http://www.dwteam.com	Eine Foren- und News-Site zu Dreamweaver ab Version 4.0
http://www.massimocorner.com	Eine Dreamweaver-Site, die in erster Linie zahlreiche Extensions anbietet

Stichwortverzeichnis

.NET	180
_blank	59
_parent	59
_self	60
_top	60

A

A	268
ABBR	268
abhängige Dateien	33
Abrufen	31
Absätze formatieren	62, 64
Absatzformat	64
Absatz-Zeichen	272
absoluter Pfad	76
Abspielmarkierung	154, 228
Access	180
ACRONYM	268
Active Server Pages	180
ActiveX	180
ActiveX-Control	213
Acute-Zeichen	271
ADDRESS	268
AIF	72
Aktion	145, 149
Aktualisieren	31
Aktualisierungsformular	199, 201
Alef-Symbol	276
Alpha	272
als Homepage einrichten	33
als Stammordner anzeigen	33
als Vorlage speichern	89
Alternativtext	130
Ampersand	271
Anführungszeichen	212, 271
Animation	71, 143, 153
Animationskanal	154, 228
Animationsleiste	154, 156, 161, 228
Animationspfad	161
Anker	76
Ansicht "Live Data" anzeigen	205
Ansichtsbefehle	261
Ansichtsoptionen	205
Antworten	233
Anwendung	215, 237
Anwendungsobjekt	188
Apache	183
Applet	74, 268
Arbeitsgruppe	23
AREA	268
ASP	163, 180, 185, 192
ASP-Seite	192
Audio	71, 74
Aufzählung	65
Aufzählungs-Liste	66
Auschecken	31
automatisch strecken	52

B

B	268
BASE	268
BASEFONT	268
BDO	268
bearbeitbare Attribute	92, 100
bearbeitbare Bereiche	92, 212
bearbeitbarer optionaler Bereiche	212
Bearbeiten einer Ebene	147
Bearbeiten eines Datensatzes	199
Bearbeitungsbefehle	260
Bedienfeldbreite verändern	18
Bedienfelder	15, 263
Befehle	19
Bindungen	185, 187
Code	125
CSS-Stile	114
CSS-Stile	112
Datenbank	183f
Datenbank	182f
Einfügen	205
Element	81, 83, 222
Element	104
Elemente	88
Elemente	90
erzeugen	20
Frame	57
gruppieren	20

Serververhalten	192f, 196, 200, 202
Site	29, 34
vergrößern	17
Verhalten	148, 156
Verhalten	136, 145
verkleinern	17
ziehen	19
Bedienfeldgruppe	15
schließen	20
umbenennen	20
Bedienfeldhöhe verändern	18
Befehle	264
Befehle im Bedienfeld	19
Befehlsleiste	17
Belbibliothekselement (Element)	83
Bereitstellen	31
Beschreibung	214
Beschriftung	166, 211
Beschriftungen einfügen	174
Beta	272
Bibliothek	85, 87, 102
Bibliothekselemente	86, 102f, 105
erzeugen	103
verändern	103
BIG	268
Bild austauschen	141, 152
Bild einfügen	71f
Bildaustausch wiederherstellen	141, 153
Bilder (Element)	83
Bilderordner	23
Bildfeld	166, 211
Bildfeld einfügen	172
Bindungen	237
Bindungen einfügen	185
Block, Stylesheets	119
BLOCKQUOTE	268
BODY	268
BODY-Bereich	38
BODY-Tag	38
Box, Stylesheets	120
BR	268
Browser	37, 51, 53f, 150, 179
BUTTON	268

C

Cache aktivieren	23
CAPTION	268
Cascading Stylesheets	33, 107f
CENTER	268
Cent-Zeichen	271

CFML	180
CGI	163
Chi	273
CITE	268
Client-Imagemap	132
Cloaking	25
CODE	268
Code- und Entwurfsansicht anzeigen	205
Codefragmente	125, 231
Code-Hinweise	242
Codeinspektor	229
Codeumschreibung	243
COL	268
ColdFusion	163
ColdFusion Markup Language	180
ColdFusion MX	180
COLGROUP	268
Copyright	271
Copyright-Zeichen	212
CSS	33, 107, 111
CSS-Datei	108, 112f
CSS-Schlüsselworte	110
CSS-Stile	112, 116, 224, 244
CSS-Stylesheet	113

D

Data Source Name	182
Dateiansichtsspalten	27
Dateien erzeugen	31
Dateien verändern	31
Dateien verwalten	29
Dateifeld	166, 211
Dateifeld einfügen	173
Dateitypen	245
Datenbankanforderung	179
Datenbanken	237
Datenbanknavigation	192
Datenbankobjekt	185, 188, 192
Datenbanksite	181
Datenbanksystem	179
Datenbanktabelle	185, 190
Datenbankzugriffe	179
Datenfeld	191
Datenfelder einfügen	187
Datenquelle	182f
Datensatz	190
bearbeiten	199
eingeben	197
löschen	201
Datensatzgruppe	185, 187f, 191, 196, 215

Stichwortverzeichnis

Datensatzgruppe einfügen 185
Datum einfügen 66
DBase 180
DD 268
Definitionsliste 65
DEL 268
Delta 272
Design Notes 23, 26
Detailseite 192f, 196, 201
DFN 268
DHTML 143
Dialogfeld Site-Definition 21
DIR 268
Direktsumme 275
DIV 145, 148, 159, 268
Divisions-Zeichen 272
DL 268
Dokument als Vorlage speichern 89
Dokument erzeugen 34
Dokumente aus anderen Anwendungen
    konvertieren 61
Dokumente aus Vorlagen erzeugen 34
dokumentrelativer Pfad 76
Dokumentsymbolleiste 205
Doppelkreuz 276
Doppelpfeil 275
Down-Zustand 129
Dreamweaver 4 13
Dreamweaver 4-Arbeitsbereich 15
Dreamweaver MX 21
Dreamweaver MX-Arbeitsbereich 15
Dreamweaver UltraDev 4 13
Dreamweaver-Vorlagen 34
Dreamworker 277
Dropdown-Liste einfügen 171
DSN 182
DT 268
durchbrochener Strich 271
DWT-Datei 87
dynamische HTML-Seiten 179
dynamische Tabelle 189, 192
dynamischer Text 188, 193, 195
dynamisches HTML 143

E

Ebenen 43, 94, 143ff, 159, 225, 246
    bearbeiten 147
    einfügen 146
    formatieren 147
    Sichtbarkeit 148

Ebenensymbol 146
Ebenenüberlappung 146
Editoren 245
Eigenschaften einer Layouttabelle 53
Eigenschaften einer Layoutzelle 53
Eigenschaften einer Seite 36, 90
Eigenschaften eines Frames 58
Eigenschaften eines Framesets 57
Eigenschafteninspektor 16, 62, 216
Einchecken 31
Einfügebefehle 261
Einfügeformular 197
Einfügen einer Ebene 146
Einfügen eines Datensatzes 197
Einfügen-Leiste 17
Eingabehilfe 247
Einstellungen 239
einzeiliges Textfeld 167
Einzelbild 157
Element hinzufügen 83
Elemente 81, 222
Elementkategorie 83
EM 268
E-Mail-Hyperlink 76, 79
Entwurfsansicht aktualisieren 205, 230
Entwurfsansicht anzeigen 205
Epsilon 272
Ereignis 145, 149
Ereignismenü 149
Ergebnisse 234
Erweiterungen, Stylesheets 124
Erzeugen eines Dokuments 34
Erzeugen einer Vorlage 88
Erzeugen eines Framesets 55
Erzeugen von Dateien 31
Eta 272
Euro 212
Euro-Zeichen 271
externes Stylesheet 109, 113

F

Farbe 63
Farbe für Code 248
Farben (Element) 83
Farbschema einstellen 36
Favoritenansicht 85
Feldgruppe 166, 211
Feldgruppe einfügen 176
Fenster 249
festes Leerzeichen 271

FIELDSET 268
Film (Element) 83
Filter 186
Fireworks 129, 134
Flash 71, 74
Flash (Element) 83
Flash-Film 213
Flash-Schaltfläche 131, 213
Flash-Text 213
FONT 269
font-family 109
font-size 109
font-style 109
font-weight 109
FORM 269
Formatieren 62
Formatieren einer Ebene 147
Formatierungsbefehle 262
Formular 151, 163
 einfügen 163
 gestalten 174
Formularbereich 163
Formulare 210
Formularobjekt 126, 163, 166
FRAME 269
Frame erzeugen 209
Frame-Eigenschaften 58
Frame-Name 58
Frame-Rahmen 56
Frames 53f, 57, 209, 225
Frames und Hyperlinks 59
Frameset 53ff, 57, 269
Frameset erzeugen 55
Frameset-Eigenschaften 57
französische Anführungszeichen 271
FTP 23
FTP-Protokoll 236

G

Gamma 272
Gedankenstrich 212, 276
geschütztes Leerzeichen 212
GET 164
GIF 71
Grad-Zeichen 271
Grafik einfügen 72
Grafikdatei 72

H

H1 269
Häkchen unten 272
Halb 272
Head 214, 269
HEAD-Bereich 38
HEAD-Tags 38f
Herz-Zeichen 276
hierarchisches Popup-Menü 137
Hintergrund, Stylesheets 118
Hoch-2-Zeichen 271
Homepage 33
HomeSite/Coder-Stil 15
horizontale Linien einfügen 67
Hotspot 132, 134
HR 269
HTM 180
HTML 107, 269
HTML-Dokument 33
HTML-Dokument als Vorlage speichern 89
HTML-Quellcode 102
HTML-Sonderzeichen 271
HTML-Stile 112, 232
HTML-Tag einfügen 80
HTML-Tags 268
HTTP-Adresse 23
http-equiv 39
Hyperlink 58, 90, 125, 136, 149, 151, 193
 einfügen 76f
 zu einer Mailadresse 79
Hyperlink-Prüfer 235
Hyperlinks in Frames 59

I

Identifikator 111
IFRAME 269
IIS 180
ILAYER 145
Imagemap 132, 134
IMG 269
individuelle Styles 110
Inhaltsangabe 39
INPUT 269
INS 269
Inspektor 229
Integral 274
interaktive Bilder 129

internes Stylesheet ... 108
Internet Information Server ... 25, 180
Iota ... 272
ISINDEX ... 269

J

Java ... 74
Java Database Connectivity ... 179
Java Server Pages ... 180
Java-Applet ... 213
JavaScript ... 13, 33, 136, 143f, 163, 180
JDBC ... 179
JPEG ... 71
JScript ... 180
JSP ... 163, 180

K

Kappa ... 272
Karo-Zeichen ... 276
KBD ... 269
Kennwortfeld ... 167
Klammer ... 271
Klassendefinition ... 110
Klassen-Styles ... 110
Kontrollkästchen ... 163, 165, 211
Kontrollkästchen einfügen ... 169
Kreuz ... 276
Kreuz-Zeichen ... 276

L

LABEL ... 269
Lambda ... 273
Layer ... 143, 145
Layoutansicht ... 41, 250
Layouttabelle ... 41, 43, 46, 53, 147
    Eigenschaften ... 53
    einfügen ... 47
    skalieren ... 49
    verschieben ... 49
    zeichnen ... 47
Layoutzelle ... 42f, 46, 53, 147
    Eigenschaften ... 53
    einfügen ... 48
    skalieren ... 49
    verschieben ... 49
    zeichnen ... 48
Leerzeichen ... 212

LEGEND ... 269
LI ... 269
Lineal ... 41, 44
Linealursprung ... 45
Linien einfügen ... 67
LINK ... 269
Linklisten ... 125
Listen ... 66, 165, 211
    einfügen ... 171
    formatieren ... 65
    mit lokalen Dateien ... 23
    Stylesheets ... 121
Listeneigenschaften ... 66
Listenelement ... 66
Listenfeld ... 163
Live Data ... 187f, 194
lokaler Stammordner ... 22
Löschen eines Datensatzes ... 201

M

Macromedia Director ... 71
MAP ... 269
Markieren Tastenkombinationen . 205ff, 222ff, 229ff, 234, 238f
Markierung ... 251
Markierungsleiste ... 17
Maßeinheiten in Styles ... 111
Master/Detail-Seite ... 192
Masterseite ... 192
Medien ... 213
Medien einfügen ... 71
mehrzeiliges Textfeld ... 167
MENU ... 269
Menü Text ... 64
Menüeditor ... 136
Menüliste ... 66
Menüliste einfügen ... 171
Menüstruktur ... 138
META ... 269
META-Tag ... 38
Microsoft .NET ... 180
MIDI ... 72
Mikro-Zeichen ... 272
Mittelpunkt ... 272
MouseOver-Animation ... 141
MP3 ... 72
Mu ... 273
Multiplikations-Zeichen ... 272
MySQL ... 183

N

Navigation 125f
Navigationsleiste 54, 87, 128f, 192, 194
    bearbeiten 131
    einfügen 129
    für Datensatzgruppe 195
Navigationsstatus 192
neue Datei 31
neuer Ordner 31
neues Dokument erzeugen 34
NOFRAMES 269
NOSCRIPT 269
NOSCRIPT-Bereichs 214
Nu 273
nummerierte Liste 66

O

Obermenge 274
OBJECT 269
Object Linking & Embedding Database 179
ODBC 179f
OL 269
OLE-DB 179
Omicron 273
onClick 145
onLoad 145
onMouseOver 145, 152
Open Database Connectivity 179
OPTGROUP 269
OPTION 269
optionale Bereiche 92, 97, 212
Optionsschalter 163, 165, 211
    einfügen 169
Optionsschaltergruppe 165, 211
    einfügen 170
Oracle 180
Ordinal-Zeichen 272
Ordner verwalten 29
Over bei Down-Zustand 129
Over-Zustand 128, 136

P

Paradox 180
Paragraph-Zeichen 271
PARAM 269
Personal Webserver 25, 180
Pfund 212
Pfund-Zeichen 271
Phi 273

PHP 180
Pi 273
Pik-Zeichen 276
Pixel 44
Platzhalterbild 51
Plug-In-Parameter 213
Plusminus-Zeichen 271
PNG 71
Popup-Menü 134, 136, 140
POST 164
PRE 269
Primärschlüssel 193, 197
Produkt 274
Promille 276
Psi 273
Pünktchen 271
Punkt-Operator 275
PWS 180

Q

Quadratwurzel 274
Quick Tag Editor 253
QuickTime 71

R

RA 72
Rahmen, Stylesheets 121
RAM 72
Raster 41, 43
Raute 275
RealMedia 71
Rechtschreibprüfung 61
Referenz 232
Referenzinfos 205
Registerkarte Grundeinstellungen 21
Registriermarke-Zeichen 271
Registriert-Zeichen 213
relative Schriftgrößen 63
relativer Pfad 76
Remote-Informationen 23, 181
Reset 174
Rho 273

S

SAMP 270
Schaltfläche 166, 211
Schaltfläche einfügen 173
Schlüsselbild 155, 157, 159, 161

hinzufügen	161
Schlüsselwörter	214
Schnittpunkt	274
Schriftarten	254
Schriftenliste	62
Schriftgröße	63
SCRIPT	270
Seite aktualisieren	91
Seitenbestandteile	86
Seiteneigenschaften	36, 90
Seitenränder	37
Seitentitel	36, 90
SELECT	270
Selektor	109, 116
Selektor	116
Server-Imagemap	132
Server-Side Includes	214
Serververhalten	237
Shockwave	71, 74
Shockwave (Element)	83
Shockwave-Animation	213
Sichtbarkeit einer Ebene	148
Sigma	273
Site	221, 255
Site-Befehle	263
Site-Berichte	236
Site-Definition	28, 181
Site-Definitionsassistent	21
Site-Elemente	81
Site-Liste	84
Site-Name	22
Sitemap	30, 32
Sitemap-Layout	27
siterelativer Pfad	76
Sites bearbeiten	28
Skript	214
Skript (Element)	83
SMALL	270
Sonderzeichen	213, 271
Sonderzeichen einfügen	67
sonstige Befehle	264
Spalte	68
Spalten automatisch strecken	52
Spaltenbreite	51f
Spaltensatz	42
SPAN	145, 148, 152, 270
Sprungmenü	126f, 166, 211
Sprungmenü	166
SQL-Server	180
Stammordner	22
Standardansicht	43
Standard-Bilderordner	23
Standardschrift	64
Stapelreihenfolge	148
statische HTML-Seiten	179
Statusleiste	256
Sternchen	274
Stile	
ändern	115
anwenden	112
bearbeiten	112, 115
entfernen	115
erzeugen	115
zuweisen	115
Stilkategorie	
Block	119
Box	120
Erweiterungen	124
Hintergrund	118
Liste	121
Positionierung	122
Rahmen	121
Schrift	117
Streaming	71
STRIKE	270
STRONG	270
STYLE	270
Style-Definition	109
Style-Klassen	110
Styles in einem Tag	111
Stylesheets	107f
anfügen	113
bearbeiten	113
Positionierung	122
Schrift	117
SUB	270
Submit	174
Suchen und Ersetzen	61
Summe	274
SUP	270
SWF	71

T

Tabellen	185, 209
einfügen	68
formatieren	69
Tabellenbefehle	262
Tabelleneigenschaften	69
TABLE	270
Tag-Inspektor	228
Tags	107, 268

Editor 253
　einfügen 80
Tastaturbefehle 260, 264
Tau 273
TBODY 270
TD 270
Templates 87
Testserver 25, 181
Text 207
Text eingeben 61
text/css 108
text-align 109
TEXTAREA 270
Textbereich 211
Textfarbe 63
Textfeld 163, 165, 210
Textfeld einfügen 167
Text-Links 125
Textmenü 125
TFOOT 270
TH 270
THEAD 270
Theta 272f
Titel des Dokuments anzeigen 205
Titel einer Seite 36
TITLE 270
TR 270
Tracing-Bild 37, 41, 45
Trademark 271
Trademark-Zeichen 213
Trennstrich 271
TT 270

U

U 270
Überschriftenformat 62
Überstrich 271
UL 270
umgekehrtes Ausrufezeichen 271
umgekehrtes Fragezeichen 271
unsichtbare Elemente 257
Untermenge 274
Untermenü 137
Up-Zustand 128, 136
URL 76, 82, 164
URL 76f
URL (Element) 83
URL-Parameter 192ff, 196, 200

V

Validator 258
VAR 270
VBScript 163, 180, 193, 200
Vektorprodukt 275
Verändern von Dateien 31
Verhalten 135, 141, 144, 149, 151f, 226
Verhaltenskanal 154, 157, 228
Verlauf 233
Verneinungs-Zeichen 271
Verschachtelte Vorlagen 92, 102, 211
versteckten Dateien 33
verstecktes Feld 165, 211
verstecktes Feld einfügen 168
Verwalten von Dateien 29
Verwalten von Ordnern 29
Verwalten von Site-Elementen 81
Verzeichnisliste 66
Video 71, 74
Viertel 272
Visual SourceSafe-Datenbanken 24
Voreinstellungen 239
Vorlagen 85, 87, 211
　(Element) 83
　bearbeiten 90
　benutzen 34
　erzeugen 88
　speichern 89
Vorlagendatei 34
Vorlageneigenschaften 100
Vorlagenobjekte 93
Vorschau im Browser 205, 230

W

Währungssymbol 212
Währungs-Zeichen 271
WAV 72
WebDAV 24
Webserver 179
Website ändern 28
wiederholende Bereiche 92, 95, 212
wiederholende Tabelle 95, 212
wiederholter Bereich 191
Windows XP Professional 181
Winkel 274

X
Xi 273

Y
Yen 212
Yen-Zeichen 271

Z
Zähler starten 66
Zeichen formatieren 62, 64
Zeile 68
Zeilenumbruch 212
Zeitleisten 153, 157f, 228
Zelle 68
Zentimeter 44
Zeta 272
Zielbrowser-Prüfung 235
Zielframe 130
Z-Index 146, 148
Zoll 44
Zwischenablage 61

Endlich Antwort auf ungeklärte Fragen: die neue Reihe zum Nachschlagen!

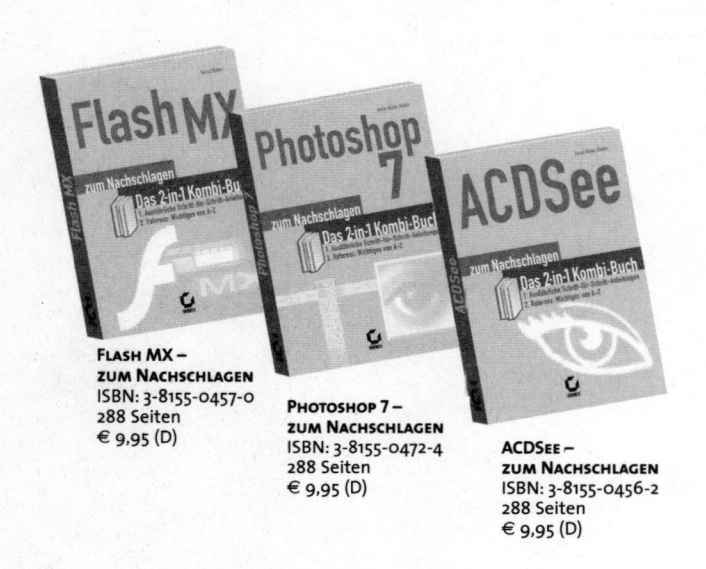

Flash MX – zum Nachschlagen
ISBN: 3-8155-0457-0
288 Seiten
€ 9,95 (D)

Photoshop 7 – zum Nachschlagen
ISBN: 3-8155-0472-4
288 Seiten
€ 9,95 (D)

ACDSee – zum Nachschlagen
ISBN: 3-8155-0456-2
288 Seiten
€ 9,95 (D)

Mit Schritt-für-Schritt-Anleitungen und alphabetisch geordneten Einträgen, damit Sie das Gesuchte schnell finden!

Bücher und Software vom SYBEX-Verlag erhalten Sie im Buchhandel, Fachhandel und im Warenhaus oder über das Internet unter www.sybex.de!
SYBEX-Verlag GmbH, Erkrather Str. 345-349, 40231 Düsseldorf,
Tel.: 0211/9739-0, Fax: 0211/9739-199, Internet: www.sybex.de

SYBEX